JN409583

Understanding of Management Information

경영정보의 이해

이재영 저

Preface
서문

세계경제는 급속한 정보통신발달과 더불어 경영환경이 급속도로 변화하고 있다. 이러한 경영환경 하에서 최적의 경영정보시스템의 구축을 통한 지식경영의 구축, 기업자원의 최적 활용 등은 기업의 성장과 발전을 위한 사명이 되고 있다.

1990년대에 도입되기 시작한 Internet의 도입과 확산은 세계를 거미줄처럼 이어 놓았다. 무수히 많은 정보를 포함한 글로벌 네트워크에 대하여 많은 기업과 사람들은 '정보'의 획득처로서 이 네트워크의 강점을 이용하고 있다. 네트워크에 접속하는 많은 사람들은 인류가 사용하는 미디어 가운데 가장 빠르고 가장 많은 사용자를 갖기 시작한 이 사이버공간에서 각자 자기의 목적에 부합한 형태로 사용할 수 있다는 점을 인식하고 이 공간을 선점하기 위한 노력이 지금 이 순간에도 치열하게 진행되고 있다.

특히, 기업에서 이러한 네트워크 및 관련 기술의 도입은 특정 기업의 핵심역량강화의 차원을 벗어나 기업의 내부적으로는 인사, 재무, 마케팅, 생산 등 제반 분야의 패러다임을 바꾸어 놓기 시작했고, 기업의 대외 상거래방식은 가능한 모든 서비스를 웹으로 제공하는 고객 중심의 시스템으로 발전시키면서, 새로운 경영 방식에 능동적이고 적극적인 적응을 요구하고 이를 수용하지 못하는 기업은 21세기 무한경쟁시대에 더 이상 기업의 안주를 용납하지 않고 있다.

이에 따라 전자상거래를 학문적으로 규명하고 연구하려는 시도가 최근 급속도로 진행되고 있으며, 다양한 내용의 서적이 출간되고 있다. 저자는 대학과 기업체에서 다양한 강의를 하면서 다수의 수강자들이 전자상거래를 명확히 이해하지 못하고, 단순히 홈페이지를 통해 기업을 홍보하는 수단으로 이해하거나, 조금 접근한 사람들조차도 전자상거래를 개인이 기업체의 사이버 쇼핑몰에 접속하여 제품을 구매하는 것으로 이해하는 것을 많이 보았다.

본 교재는 이러한 시대적 환경 하에서 학생들에게 정보통신기술에 대한 기본적인 내용을 이해하고 이를 통하여 기업이 효율적인 경영정보시스템의 구축과 활용을 위하여 어떠한 과업을 수행해야 하는지에 대한 내용들을 알기 쉽게 기술하려고 노력하였다.

내용구성은 제1부 기업과 경영정보, 제2부 인터넷의 확산과 전자상거래 성공전략, 제3부 정보통신을 통한 경영합리화, 제4부 정보시스템의 구현기술, 제5부 주요 정보시스템의 분석, 제6부 정보전략계획 방법론으로 구성되어 있다.

제1부에서는 디지털경제의 출현과 이로 인한 경영정보의 개념과 경영정보의 발전과정 등을 기술하였고 제2부에서는 최근 등장하는 기업의 상거래 형태인 전자상거래의 의의와 전자상거래 구현을 위한 내용 및 성공전략에 대하여, 제3부에서는 정보시스템의 구조와 유형 및 종류에 대하여, 제4부에서는 정보시스템 구현을 위한 각종 정보통신기술의 내용을 기술하였다. 제5부에서는 주요 정보시스템으로 광속상거래, 전자문서교환, 전사적자원관리시스템, 고객관계관리시스템, 공급망관리시스템의 의의와 내용 등에 대하여 기술하였고 마지막으로 제6부에서는 정보전략계획 수립과 실행을 위한 방법론에 대하여 기술하였다.

이 책을 쓰면서 저자는 국내외의 많은 서적들과 여러 학자들의 연구와 Internet에 공개되고 있는 자료들에 많은 도움을 받았다. 그러나 이 분야에 대한 저자의 연구가 부족하여 짧은 지식으로 인하여 여러 가지로 부족한 측면이 많이 있을 것으로 생각된다. 마지막까지 교재를 살펴보면서도 많은 부분이 부족한 것을 느끼고 있다. 향후 지속적인 보완과 개정을 통하여 좀 더 알기 쉽고 깊이 있는 서적이 될 수 있도록 노력할 것을 다짐하며, 본 서적의 출간을 위한 많은 관심과 애정을 가져주신 우용출판사 고종식 사장님께도 이 지면을 빌어 깊은 감사를 드린다.

2009년 2월

Contents 목차

Part Ⅰ 기업과 경영정보

Part Ⅲ 정보혁신을 통한 경영 합리화

Part Ⅳ 정보시스템의 구현기술

Part Ⅰ

기업과 경영정보

1. 경영정보의 의의
2. 기업조직의 계층별 정보관리
3. 경영전략과 경영정보시스템의 활용
4. 지식경영과 정보시스템의 융화

Chapter 1
경영정보의 의의

1. 디지털의 출현과 특성

1) 디지털경제의 출현

Internet의 등장과 함께 새로이 형성되기 시작한 경제 패러다임을 디지털경제(Digital Economy)라 한다. 이러한 디지털경제는 정보통신기술(IT: Information Technology)의 발전과 확산에 힘입어 경제활동 전반에 걸쳐 혁신적인 변화가 나타나고 있는 현상으로서의 "문자, 이미지, 음성 등을 0과 1의 숫자조합으로 변화시켜 전송· 저장하며, 이를 다시 원상 복귀시키는 디지털기술이 기업의 생산 및 유통·판매 그리고 소비 등 제반 경제활동의 중심이 되는 상태"를 말한다.[1]

이러한 디지털 경제는 다음의 세 가지 요소로 구성된다고 볼 수 있다. 첫째, 컴퓨터 및 관련 장비, 소프트웨어, 통신장비 및 통신서비스업 등 정보통신기술 생산 산업(IT Producing Industries)의 발전과 둘째, 이들 산업을 중심으로 여타 산업부문(정보통신기술 이용 산업으로 지칭) 및 개인들이 발달된 정보통신기술을 각자의 경제활동에 광범위하게 활용되는 측면과 셋째, 정치·사회·문화적 가치체계와 사고방식의 변화의 변화를 초래하는 패러다임의 변화를 의미하는 것이다. 이러한 디지털 경제는 BC 7,000년경 농업기술 출현에 따른

1) 박문서, "디지털 상품의 전자상거래 활성화 방안", 통상정보연구 제II권 제4호, 「사단법인 한국통상정보학회」, 2001. 12.

농업경제, 18세기 산업혁명에 따른 산업경제에 이어 인류역사상 세 번째로 출현한 패러다임의 근본적 변화를 의미하는 것이다.2)

디지털경제 시대에서는 시장 변동 폭의 확대, 기업경영관리의 혁신, 고용개념 및 근로패턴의 변화, 경제주체들의 역할 변화 등 각종 경제 패러다임의 대폭적인 변화가 요구되며, 그러한 변화는 이미 '보이지 않는 혁명'으로 진행되고 있다. 구체적으로 생산성이 증가함으로써 생산기술, 상품의 종류, 직업 및 여가 등에 큰 변화를 초래하며, 생산(production), 재고(inventory), 광고(advertising), 판매(sales), 마케팅(marketing), 가격전략(pricing) 등 제반 경영활동에까지 새로운 패러다임을 요구하고 있다.

〈표 Ⅰ-1〉 디지털시대의 주요 경제 패러다임 변화

구분	주요 경제 현상의 변화
직업 패턴	- 단순생산직(Green → Blue Collar) → 대인 서비스직(White Color) → 창조적 전문직 (Golden Collar) - 평생직장 → 평생직업 - 유연성의 사회(flexible society) : 근무시간, 장소, 패턴의 유연화
기업 경영 조직 구조	- 피라미드식 수직계층구조 → network형 수평구조 - 명령/통제 중시 → 학습능력 중시 - 중앙 집중 → 탈 집중/분권화 - 주주만족 → 고객만족 - 효율/경쟁 → 공동이익/상생/협력
경제 관점	- 규모의 경제 → 범위의 경제/연결의 경제 - 양(量) 중심 → 질(質) 중심 - 하드(hard) 중심 → 소프트(soft) 중심 - 소유(소유권) → 접속(사용권)
시장 환경	- 공급자 중심 시장 → 소비자 중심 시장 - 밀어내기식 판매 → 끌어들이기식 판매 - 소품종대량생산 → 다품종소량생산 - 노동·자본집약적 → 지식 집약적
소비 패턴	- 정보/문화/지식상품 등 서비스상품의 소비 증대 - 엥겔계수 저하

2) 전철환, "디지털 경제의 흐름과 금융", 한국표준협회, 2000. 7.

이러한 디지털경제 현상은 곧 정보화 진전의 결과로 볼 수 있지만 역으로 정보화를 촉진시키는 견인역할을 동시에 수행하고 있다. 가령 network를 비롯한 정보화 인프라가 구축되면서 빠른 전송속도를 구현한 결과는 디지털 상품의 전자상거래를 촉진시키는 직접적 요인의 하나가 되었다 할 수 있다.

2) 디지털 경제의 특성

(1) 패러다임 전환

디지털 경제의 도입은 과거의 패러다임을 상당부분 바꾸어 놓았다. 예를 들자면, 과거에 경제의 대상이 되었던 물질(atom)은 bit의 형태로 쪼개지는 정보(information)가 매우 중요한 요소로 개입되었으며, 소비자들이 구매하고자 하는 정보를 과거처럼 일방적이고 수동적으로 받아들이던 차원에서 Internet을 통하여 구매자와 소비자가 multimedia된 구체적 정보를 쌍방향성(interactive)을 갖고 실시간(real time)으로 찾을 수 있게 되었다.

(2) 완전경쟁

과거의 시장상황을 독점시장부터 완전경쟁으로 분류하였으며, 완전경쟁시장이야말로 경제학적으로 최적의 효용을 가질 수 있는 상태를 의미하지만, 완전한 의미의 완전경쟁은 존재하기 어렵다고 하였다. 또한, 기존의 완전경쟁은 공급자 기준의 일방적 완전경쟁 가정하고 있으나, 사이버시대의 완전경쟁은 수요자와 공급자 양측의 측면에서 경쟁하고 있다는 점은 전혀 새로운 측면의 완전경쟁이라 할 수 있다.

(3) 수확체증의 법칙 지배

수확체증의 법칙(The law of increasing return)이란 신고전학파 경제학에서 주장하는 수확체감의 법칙과 상반되는 메커니즘으로서 노동 시간이 추가되면 될수록 산출량은 기하급수적으로 증가한다는 뜻으로 '규모의 경제(economies of scale)'와 동의어로 사용되기도 한다. 즉, '현재 시장에서 우위에 있는 기업이 계속 이길 가능성이 많아지는 현상'이라 할 수 있다.

사실 수확체증의 법칙이란 완전히 새로운 개념은 아니며 전기, 가스, 철도,

전화, 쓰레기 처리 같은 자원독점형 산업 분야에서도 수확체증의 법칙이 적용된다. 그러나 Brian Arthur교수는 자연독점형 산업이 아닌 하이테크 산업에서도 수확체증의 법칙이 적용되고 있다는 사실을 발견했다. 즉, 산업화 시대의 대량생산 경제에서는 수확체감, 완전합리성, 균형상태, 변화하지 않는 상품 등 4가지 원리가 작용하고 있지만, 하이테크 산업에서는 수확체증, 한정합리성, 유동적인 상품 또는 서비스, 계속되는 변화의 원리가 적용된다.[3)]

지금까지의 전통적인 경제학은 수확체감의 법칙을 바탕으로 전개돼 왔다. 농업이나 자연 자원을 많이 소모하는 대량생산 체제에서는 수확체감의 법칙이 타당성을 갖고 있다. 그러나 첨단 기술의 개발과 정보 중심의 생산 체제에서는 반대로 수확체증현상이 일어나게 된다. 수확체증 현상이 일어나는 이유로는 거대한 초기 개발비용, network 효과, 학습 효과 등을 들 수 있는데 수확체증의 법칙이 많은 분야에서 관철되는 디지털 경제시대는 새로운 경영 방식을 요구한다. 수확체감의 법칙이 통용되던 대량 생산체제의 산업에서는 경쟁자간의 균형이 형성되기 때문에 각 경쟁자의 생산 계획과 통제, 관리의 최적화 등이 중요하게 여겨진다.

반면 수확체증의 법칙이 적용되는 디지털 경제시대에는 경쟁자간의 균형보다는 승자가 거의 모든 것을 가져가는 불안정한 구조가 형성되고 시장 예측이 어려워지며 자신의 제품으로 시장을 장악하는 능력이 중요해진다.

그러므로 기업은 항상 시장 선점을 위해 다음의 큰 비즈니스가 무엇인지 찾게 되며 기술력이 떨어지는 열등한 제품이라도 초기 시장 진입에 성공하면 시장을 선점, 큰 이익을 얻을 수 있다. 이에 따라 경영의 중심이 생산 지향적이기보다는 미션 지향적으로 바뀌고 이를 위해 조직의 구조도 계층화에서 수평화로 바뀐다.

(4) 역시장 형성

과거 시장이란 구매자 위주의 시장(Buyer's Market)으로서 제조업자와 판매업자가 시장에 제품을 출시하고 이를 소비자들이 수용하는 형태가 주류를 이루었다. 그러나 Internet이 개별적으로 흩어져 있던 소비자들을 하나로 뭉

---

3) 안철원, "수확체증의 법칙", http://www.uos.ac.kr/~cwahn/class/수확체증.htm

치게 하는 매체로 작용함으로서 이른바, '소비자주권의 시대(Buyer's Market)'가 도래하였다고 할 수 있다.

이렇듯 소비자가 하나로 뭉칠 수 있다는 의미는 더 나아가 소비자들이 공급자들보다 더 많은 정보 소유함으로서 거래 쌍방간에 정보가 비대칭적으로 분포되어 있는 상황인 정보 비대칭성(asymmetry of information)으로 인해 불리한 지위에 있던 소비자들이 보다 유리한 지위를 점유하게 되었다는 점이다. 구체적으로 소비자들은 인터넷을 통해 특정 제품 분야에 대한 가격비교 검색 프로그램의 이용을 통한 다양한 정보의 입수 및 각종 동호회 등을 통해 집단적 행동을 함으로서 공급자 위주의 가격 결정 구조 와해되는 시기가 도래한 것이다.

한편, 이러한 소비자의 행동은 구매력 집중현상을 나타나고 있는데, 사이버 공간을 통해 새로운 회원을 받아들이고 회원들끼리 서로 접촉할 수 있는 환경을 제공함으로써 구매력을 집중시키는 힘을 보유하게 된 것이다. 소위, 동호회 등의 성격으로 마음이 맞는 사람들끼리 시간과 장소를 극복하고 수시로 회원의 독특한 관심사에 초점을 맞춘 특정 커뮤니티를 형성하여 관심 있는 정보에 보다 능동적으로 접근함으로서 집단적 움직임을 보이고 있는 것이다. 또한 판매자의 입장에서도 과거 특정 고객에 대한 세분화된 마케팅의 수행이 사실상 힘들었던데 비해 이들 커뮤니티는 잠재적인 구매자를 한곳에 모을 뿐 아니라 과거에 행해 왔던 방식으로는 찾기 어려운 정보를 쉽고 저렴하게 얻을 수 있게 해준다.

이러한 커뮤니티는 과거 소비자들이 대중광고를 통해 획득되어진 정보에 비해 회원들은 기존에 나와 있는 정보보다 회원 컨텐츠에서 평가된 정보에 더 큰 가치를 두고 높은 신뢰성을 보이고 있다.

결국, 이러한 현상은 과거 공급자의 가격 정책의 약화와 함께 소비자의 강화된 시장 지배력을 통해 소위 '역시장'이 형성되고 있는 것이다.

(5) 생산자와 소비자의 통합

Prosumer(Provider + Consumer)란 소비자가 생산과정에 참여하는 「생산소비자(Prosumer)」는 앨빈 토플러가 제안한 말로 생산자(Provider)가 소비자(Consumer)

가 되고 소비자가 다시 생산자가 되는 환경을 의미하는 시대가 된다.

예를 들어 자신이 '비주얼베이직'이라는 프로그램 언어를 구입한다고 할 때, '비주얼베이직'이라는 상품을 구매하는 구매자의 역할이 된다. 하지만 구입한 프로그램 언어를 가지고 새로운 프로그램을 개발하고 이를 상품화하여 시장에서 판매한다면 이는 다시 제품을 공급하는 공급자의 역할을 하게 된다. 따라서 이처럼 생산자와 공급자는 현대사회에서 공동으로 갖게 되는 역할이다.

2. 경영과 경영정보의 개념

오늘날의 세계 경제는 정보통신기술의 비약적인 발전과 운송수단의 혁신 등으로 인하여 점차 상호 결합도가 심화된 경제 형태로 변화하고 있다. 이러한 세계 경제는 국제화(International), 글로벌화(Globalization), 현지화(Localization) 등으로 대변되고 표현되어 오기도 하였다.

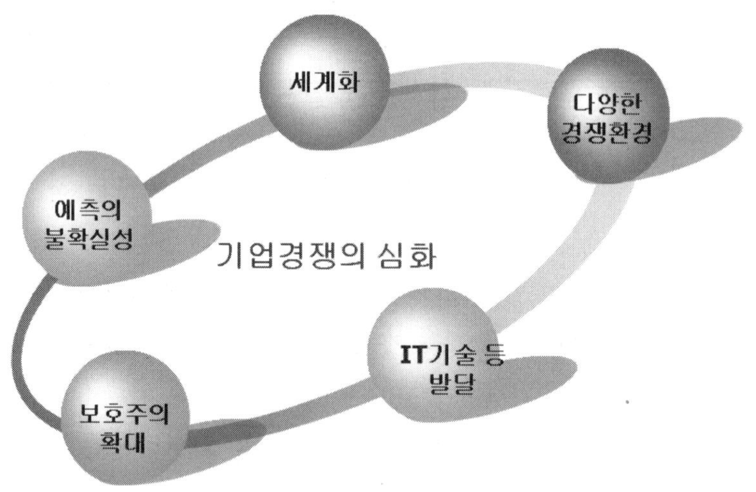

【그림 Ⅰ-1】 기업경쟁환경의 변화

이러한 국제환경은 과거의 점진적 변화의 형태에서 급진적 변화의 형태로 변화해가고 있으며, 이러한 형태는 기업경영에 있어서 보다 정확하고 신속한 결정을 요구하고 있다.

경영의 의미는 다양하게 정의내릴 수 있을 것이다. 이는 경영이 가지는 중요성과 영향력을 크기 때문이라고 볼 수 있다. 경영이란 기업활동을 의미한다. 즉, 조직체가 요구하는 근본적인 목적이나 목표를 달성하기 위하여 하는 모든 활동을 합리적으로 수행할 수 있도록 하는 모든 행위를 의미한다.

특히, 조직의 관리 운영에 있어서 경영의 개념이 도입되어 조직의 효율성과 효과성을 극대화하기 위한 많은 활동들이 전개되고 있으며, 이로 인하여 경영에 대한 중요성은 더욱 확대되고 있다.

다음으로 경영정보의 개념을 살펴보면, 경영정보 역시 다양한 형태로 정의되고 있다. 경영정보의 의미는 경영정보시스템으로 구체화되는데, 즉 경영활동에 대한 각종 정보가 정보시스템을 통하여 구체화되고 체계화되어 경영활동 전반에 있어 시너지효과를 창출할 수 있기 때문이다.

정보의 중요성에 대한 인식하에 정보통신기술의 급속한 발달과 이로 인하여 정치 경제 및 사회 문화에 미치는 파급 효과가 확대될수록 경영정보시스템의 의미도 동시에 확대되어 지는 경향을 보이고 있다.

1950년대 컴퓨터가 기업 조직에 활용되면서 정보시스템이라는 용어가 나타나기 시작하였다. 정보시스템(Information System)이란 조직 내에서 계획수립, 의사결정, 조정, 통제, 피드백 등의 활동을 지원하기 위하여 각종 정보를 수집, 저장 및 이에 대한 분석 등으로 정의되어 왔다.

이후에는 이러한 것이 보다 체계적이고 구체화되어 경영정보시스템(Management Information System)으로 시작하여 거래처리시스템(Transaction Processing System), 정보보고시스템(Information Reporting System), 의사결정지원시스템(Decision Supporting System), 사무자동화시스템(Office Automation System) 등 수많은 관련 용어들이 등장하게 되었다.

경영정보시스템에 대해서는 위에서 나타낸 것을 모두 통합하는 경영활동에 대한 전반적인 정보시스템이라 정의하는 경우도 있으며, 이와는 별개로 단순이 조직의 업무 수행을 위한 지원적 성격의 각종 정보시스템을 경영정보로 보는 협의적 관점도 있다.

그러나 정보통신기술의 확산과 세계 경제의 패턴 등을 종합적으로 고려할 때 경영정보시스템은 전자의 개념으로 다양한 정보기술을 조직의 경영활동에 활용하기 위해 다양한 형태로 구축된 시스템을 총체적으로 표현하는 것이라 하는 것이 타당할 것이다.

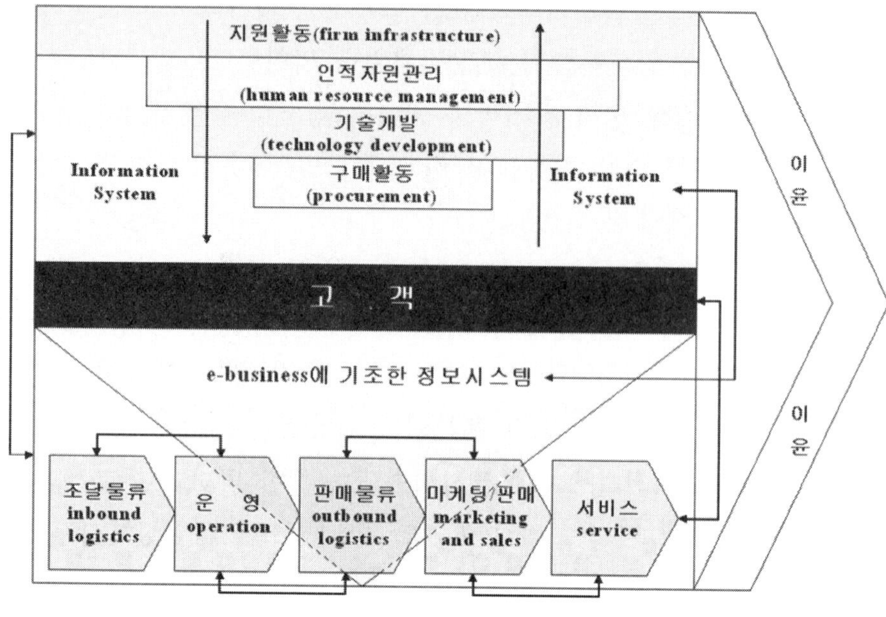

【그림Ⅰ-2】 e-비즈니스의 가치사슬

3. 경영정보의 발전과정

1) 제1단계 : 단순자료처리 중심

1950년대 기업으로서는 처음으로 미국의 GE사가 컴퓨터를 조직경영에 이용하기 시작한 이래, 초기에는 그 응용분야가 크게 제한되어 주로 다량의 회계자료를 신속 정확하게 처리하는데 중점을 두었다. 이는 당시의 컴퓨터가 갖고 있는 한계에도 이유가 있었지만, 막대한 컴퓨터 비용을 정당화시키기 위해서는 무엇보다도 고용 인력의 감소를 통한 조직운영비용의 절감이 시급하였기 때문이다.4)

4) 김은홍 외, 『경영정보학 개론』, 다산출판사, 2009, pp. 10~16

이 시기에는 주로 단순히 인력감축을 통한 비용절감이 기업입장에서 가장 큰 관심사였다. 즉, 인력자산에 대한 가치의 비중이 낮았으며, 단순이 물리적 비용의 절감에만 집중한 것으로 평가할 수 있다.

2) 제2단계 : 경영정보 제공의 중요성 인식

1960년대 중반에 들어서자 컴퓨터가 단순한 자료처리의 수준을 넘어서 조직의 관리 및 의사결정을 지원하기 위한 정보를 제공할 수 있는 수단으로 활용될 수 있다는 인식이 널리 확산되기 시작하였다. 그리고 이를 경영정보시스템 MIS(Management Information System)라고 부르게 된 것이다. 원래 컴퓨터가 단순히 자료를 처리하는 이상의 기능을 수행할 수 있다는 생각은 이미 1960년대 초기에 정보검색이라는 분야의 태동과 함께 현실화되어 있었다. 그런데 다가 1964년 집적회로(IC)를 채택한 제3세대 컴퓨터가 등장하면서 비교적 적은 비용으로 대용량의 기억장치와 연산능력을 갖춘 설비를 이용할 수 있게 되었다. 이러한 상황에서 컴퓨터 제조업자들은 새로운 하드웨어 판매전략의 일환으로 MIS 개념의 유용성과 실현가능성을 입증하고자 노력하였고 이것이 경영정보의 필요성을 인식한 조직경영자들의 요구와 부합함으로서 MIS 개념은 비약적으로 발전하게 되었다.

1970년대 MIS에 대한 회의론이 확산되면서 새로운 접근방법으로 제시된 것이 경영자에 대한 경영지원의 측면에서 의사결정에 중점을 두어야 하며, 정보시스템 또한 각 문제 상황에 맞도록 설계되어야 한다고 주장이 나오기 시작하였으며, 이러한 정보시스템을 의사결정지원시스템이라고 부른다.

3) 제3단계 : 사무자동화 및 정보통신기술의 급격한 발달

1981년 IBM의 PC의 출시와 함께 저가의 소형 및 개인용 컴퓨터가 급속히 보급되고 정보통신기술이 크게 향상되면서 사무자동화(Office Automation : OA)에 대한 관심이 급격하게 증가하였다. 처음에는 문서편집의 단순한 개념에서 출발하여 전자파일관리시스템, 전자일정관리 등 기술의 진보에 따라 다양한 형태로 발전하게 되었다.

한편 1980년대 미국의 통신시장 개방정책을 계기로 통신기술 및 서비스가 비약적인 발전을 이루게 됨으로서 기업활동을 수행하는 데 있어 통신기술에 기반을 둔 정보시스템이 차지하는 중요성은 더욱 확대되어 갔다. 특히 이 시기에 전자자금이체나 EDI 등과 같은 조직간 정보시스템의 구축이 활용되기 시작하면서 조직 내는 물론 조직 간에도 정보기술을 이용한 실시간 거래가 가능해졌다.

4) 제4단계 : 전략적 정보활용의 인식 확대 및 인터넷의 확산

정보기술을 단순히 기업운영의 효율성 증대를 위해 활용하는데 만족하지 않고 시장에서의 경쟁우위를 확보하기 위한 기업의 전략적 수단으로 인식해야 한다는 견해는 이미 1980년대 초반부터 제기되기 시작하였다. 1980년대 후반에 들어서 많은 기업들이 성공적인 전략적 정보시스템(SIS) 활용사례가 알려지면서 정보기술의 전략적 활용이 크게 강화되었다. 특히 1990년대 기업들이 BPR(Business Process Reengineering)과 같이 정보기술을 폭넓은 활용 없이는 실현 불가능한 경영혁신기법들을 채택하기 시작하면서부터 전략적 가치에 대한 인식이 점차 확대되었다.

또한 인터넷의 등장으로 인한 웹기반의 기술은 기업과 소비자, 공급자, 금융기관, 정부기관 등 비즈니스 관련 주체들 사이에 시간과 공간을 초월한 거래 및 정보교환이 가능하도록 하였다.

실제로 오늘날 기업의 입장에서 MIS와 관련된 가장 중요한 이슈는 정보기술에 기반을 둔 기업통합(EI : Enterprise Integration)을 통하여 기업의 경쟁우위를 확보하기 위한 노력이라고 할 수 있다. 여기서 기업통합이란 경영활동주기의 단축이나 새로운 서비스의 창출을 위해 기존에 상호 독립적이던 기업경영의 가능한 모든 영역을 연계통합 시키고자 하는 것을 의미한다. 이를 위한 ERP, CRM, SCM 등이 이를 위한 핵심도구라고 볼 수 있다.

4. 기업의 정보관리의 필요성

산업사회에서 기업 경영은 3M이라는 Man, Money, Machine 등의 경영자원을 효율적으로 운용하는 것에 기업에 흥망성쇠가 달려 있었다. 하지만 최근 기업 경영환경이 점차 불확실해지고, 환경의 변화가 클 경우에는 기업 경영활동을 수행하기 위해 많은 정보를 필요로 한다. 디지털 경제로 전환되고 있는 현재의 기업경영은 곧 정보가 중요한 자원으로 인식되고 있다.

특히 기업 활동을 더 효율적이고 효과적으로 수행하기 위해서는 경쟁기업보다 더 좋은 제품이나 서비스를 제공해야 하며, 소비자가 원하는 제품과 서비스를 먼저 만들어내야만 한다. 인적·재무적·물적 자원과 같은 경영자원 이외에도 정보가 중요한 기업의 경영자원이 될 수 있도록 하기 위해서는 기존 경영자원의 가치를 높이거나 생산된 제품이나 서비스의 가치를 높일 수 있는 고부가 가치 정보의 활용이 필수적이다.

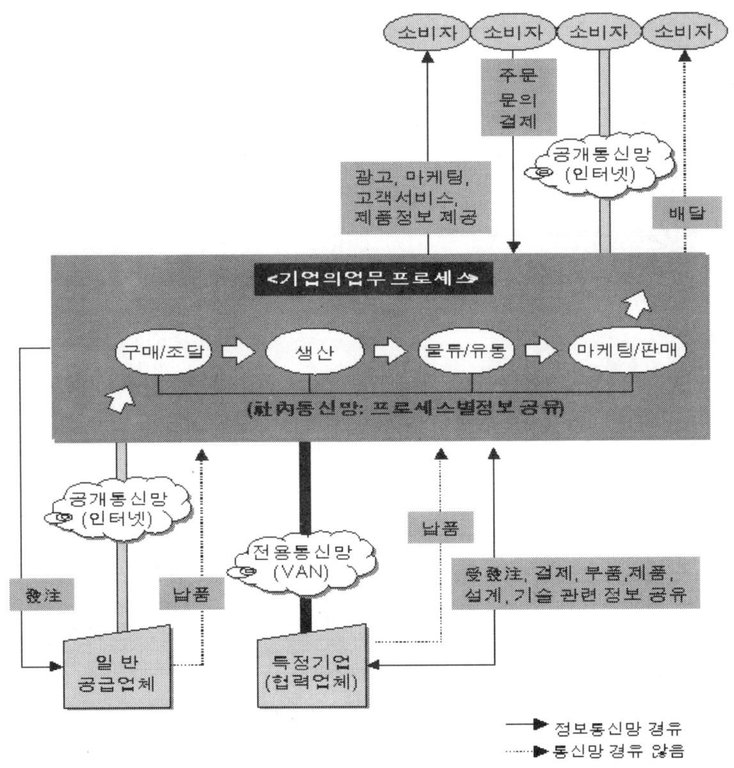

【그림 I -3】 기업의 업무프로세스

Chapter 2
기업조직의 계층별 정보관리

기업은 변화하는 기업환경에 적응하기 위해 부단한 노력을 수행하고 있다. 기업의 가장 중요한 목적은 생존과 성장을 거듭하는 것이다. 이를 위해서는 환경의 변화를 예측하여 기업의 경영활동을 계획하고, 계획에 따른 실행, 그리고 실행결과에 대한 통제를 통해 새로운 사업계획을 수립하는 순환과정을 거치게 된다.

고객이나 시장에서 원하는 제품과 서비스를 생산하기 위해서는 기업은 기업이 보유한 경영자원을 효율적이고 효과적으로 운용하여야 하며, 이를 위해서는 체계적인 업무지원 체계가 필요하다. 경영자원에 대해 무엇을, 언제, 어디에, 왜 사용할 것인지를 명확히 정의하고, 어떻게 조달하고 누가 실천할 것인가에 대해 체계화된 정의가 필요하다. 이것이 곧 기업의 경영관리이며, 경영관리활동을 수행하기 위해 정보가 필요하다.[5)]

1. 전자상거래 기업의 태동

1) 전자상거래 기업의 의의

전자상거래의 궁극적인 목적은 조직간 및 조직 내에서 정보 및 정보유통의 효율적인 관리를 통하여 기업경영상의 효율성 및 효과성 증진 추구라 할 수 있다.

5) 김의창 · 송유진 · 문태수, 『e-비즈니스시대의 정보관리론』, 학현사, 2005., pp.23~32.

이를 위해서는 ① 업무절차 혁신(BPR : business process re-engineering), ② 신속대응(QR : quick response), ③ 효율적인 고객대응(ECR : efficient customer response), ④ 적기공급체제(JIT : just in time), ⑤ 부가가치금융 서비스(value-added banking), ⑥ 고객 지향적 정부(responsive government), ⑦ 공급자 재고관리(vendor managed inventory), ⑧ 공급사슬관리(SCM : supply chain management) 등이 중요한 수단이 되고 있다.

특히, 전자상거래는 네트워크에 바탕을 둔 디지털 정보의 효율적인 교환과 공유를 통해 종이문서를 이용한 전통적인 업무처리 방식의 부담에서 탈피하여 고객의 요구에 신속하게 대응하고 새로운 기회를 창출할 수 있다는 점에서 전략적 중요성을 띠고 있다.

2) Internet 기업의 가치 평가

기업의 가치평가란 기업이 현재보유하고 있는 유·무형 자산들의 미래 수익 산출능력의 현재 평가액을 의미하는 것으로서 특정기업에 대한 가치가 얼마인가를 평가하는 중요한 척도가 된다.6)

그러나 기존 기업가치 평가로 전자상거래 기업을 평가하는 것은 문제가 있는 것이 사실이다. 왜냐하면, 기업가치를 산출할 때 미래의 수익산출능력을 측정하는 방법은 명확한 척도가 있다기보다는 여러 가지 방법들이 존재하는데 이것은 평가시점에서 파악할 수 있는 정보만으로 미래의 수익산출능력을 측정하는 데에는 한계가 있기 때문이다.

현재 대부분의 기업가치 평가방법은 미래의 수익산출능력을 손익계산서상의 수익성과 대차대조표상의 효율성을 포괄하는 계량적 부가가치를 이용해서 현재가치로 환산하는 방법을 채택하고 있다.

이와 같이 기업가치 평가방법은 상당한 기간의 실적이 있는 기존의 기업에는 타당성을 가지는 반면, 역사가 짧고 경영실적이 거의 없으며, 미래의 성공가능성이 불확실한 전자상거래 기업에게 적용하는 데에는 문제가 있다고 할 수 있다.

6) 이남주 · 정성인, "기업가치평가", 한국신용평가(주) 금융재정사정연구회.

따라서 Internet 기업의 가치 평가시에는 현재의 경영기반과 미래의 성장기회 및 성장성을 모두 반영한 IT벤처기업의 유·무형자산의 미래 수익산출능력을 감안하는 것이 타당할 것이다. 즉, Internet기업의 저변과 Internet기업의 창업아이디어를 구현할 수 있는 각종정보시스템 등 하부구조(infrastructure)의 구축이 확대되면서 새로운 패러다임(paradigm)의 출현을 반영해야 하기 때문이다.[7)]

따라서 다음과 같은 요소가 전제된 Internet 기업의 가치평가가 이루어져야 할 것이다.

첫째, 기업가치 평가에서 기술가치의 고려이다. 기술가치는 Internet기업의 창업원천이자 사업영위의 기반으로서 기술성의 근간을 이루고 있는 첨단기술 또는 특허를 보유한 기술 등은 이에 대한 가치를 실제로 측정하는 작업이 다양한 측면에서 연구되고 또 실제로 경제적인 가치로 환산·평가되고 있는 실정이다. 따라서 이러한 무형자산에 대한 기술가치평가 현실을 감안하여 기술성이란 단순한 용어보다는 가치개념이 반영된 기술가치가 새롭게 평가되어야 할 것이다.

둘째, 재무가치의 재조정이다. 일반적으로 재무가치는 기업가치평가의 주요요소로써 기존의 제조업의 평가방법으로 이용되었던 부분이며, Internet기업을 평가하는 데에 있어서도 그 중요성을 배제할 수는 없으나, 상당수의 Internet 기업은 벤처의 성격이 강하기 때문에 재무가치에 대하여는 안정성, 수익성, 유동성, 성장성 등의 요소 가운데 성장성 측면에 대한 가중치를 감안한 Internet기업의 평가가 적정하다고 판단된다.

셋째, 시장가치로서 브랜드가치, 고객가치, 시장성, 시장규모 등을 포함시켜 정보기술이나 아이디어를 이용하여 창업하고 있는 Internet기업에 있어 미래의 성장성을 뒷받침해주는 수익성 확보에 대한 평가를 Internet 기업 가치평가에 포함시키는 것이다. 기존의 시장가치란 용어의 의미인 주가총액과는 다른 의미로 사용되는 시장가치란 용어는 Internet기업이 영위하고 있거나 영위 가능한 범위의 시장을 인식 및 추정하여

7) 디지털기업가치평가협회, "기업가치평가 평가기법 개발 및 표준화", 2000.

그 안에서 기업의 상황을 평가 할 수 있도록 하는 것이 비교적 역사가 짧은 Internet기업에게 적당한 방법일 것이다.

넷째, 기업자원가치에 관한 것이다. 본래 인적자원은 사업의 지속적인 수행에 결정적인 요소이나 경영진의 능력만으로 Internet기업의 기업가치를 평가한다는 것은 문제가 있다. 왜냐하면 경영진 능력이외에도 그 기업의 비즈니스모델과 관련하여 경영자가 가지고 있는 인적 network가 매우 크게 작용하기 때문이다. 예를 들어 혈연·지연 등의 연고를 우선하는 풍토라든가 평소의 인간관계 또는 거래관계가 Internet기업의 성패에 결정적인 영향을 미치는 현실을 감안할 때 경영자가 평소 구축하고 있는 인간관계와 그 신뢰도 역시 중요한 요소이다. 경영자의 과거 경력과 경험, 그리고 학력도 중요한 요인이라고 판단된다.

2. 경영관리의 단계

기업은 조직을 구성하고 있는 종사원들의 목적과 목표 그리고 제 기능을 수행하는 조직체이다. 기업은 원재료의 구매에서부터 제품의 생산과 판매, 그리고 조직을 구성하는 인력관리, 현금의 입출금을 담당하는 회계업무, 자본금이나 투자업무를 수행하는 제무관리 등의 여러 가지 기업활동을 통하여 제품이나 서비스를 만들어 시장에 공습한다. 이와 같은 기업활동은 더욱 효율적이고 효과적일수록 다른 기업에 비해 더 좋은 제품이나 서비스를 만들게 되며, 동종 산업에서의 다른 기업에 대해 경쟁적 우위를 가지게 되며, 궁극적으로 높은 기업성과를 달성하게 된다.

경영이란 기업이 추구하는 목표를 달성하기 위하여 제한된 인적·물적 자원을 최적으로 배분하고 이용하기 위한 경영활동이라 할 수 있다. 이러한 경영활동은 경영관리의 연속적인 순환과정을 통하여 이루어진다. 경영관리는 계획(plan), 실행(do), 통제(see)의 세 가지 과정을 통하여 조직의 목적이나 목표를 달성하기 위한 세부적인 경영활동이 수행된다.

즉, 경영을 통하여 목적과 목표가 설정되면, 계획은 이를 달성하기 위하여 무엇을, 언제, 누가, 그리고 어떻게 할 것인가, 그리고 이를 위해서는 어떠한 자원들이 필요한지를 결정하게 된다. 계획이 설정되면, 계획에 맞게 실행하고, 통제는 계획에 따른 실행이 제대로 수행되었는지의 여부를 평가하게 된다.

최적의 경영목표를 설정하고 이를 효과적으로 달성하기 위한 계획을 수립하기 위해서는 과거의 업적이나 성과, 현재의 상황과 능력, 그리고 시장 및 경쟁환경 등에 대한 정보가 필요하다. 실행과정에서는 현재 수행되고 있는 업무의 진행상황과 문제점 그리고 향후 계획된 작업 등에 대한 정보가 필요하다.

1) 기획(plan)

경영관리의 가장 기본적인 기능 중의 하나는 모든 조직 구성원으로 하여금 조직의 목적과 사명, 그리고 중장기적인 목표를 제대로 이해하여 이를 달성하기 위해 노력하도록 하는 것이다. 기획은 언제, 어디서, 누가, 무엇을, 어떻게, 왜 하느냐에 대한 논리를 제공하고, 조직의 목표와 관련된 효과적인 달성방안을 설정하도록 한다.

기획은 조직의 중장기 경영계획에서 출발하여, 중기 사업계획, 단기 운영계획 등으로 연결되어 수립되며, 단기 운영계획에 의거하여 구매계획, 생산계획, 판매계획, 재무계획, 인력계획 등의 부서별 계획으로 연결된다. 즉, 기회과정은 기업 전체에서부터 출발하여 작게는 단위 부서의 목적과 목표를 설정하는 척도로서 작용하며, 그 목적 달성을 위해 필요한 여러 가지 대안들을 토대로 경영활동을 수행한다.

하지만, 계획을 수립하는 과정은 조직의 미래를 예측하는 일이기 때문에 미래의 불확실성을 어떻게 예측하고, 평가할 것인가가 관건이 된다. 그렇다고 계획 없이 추진되는 일은 추구하는 목적과 목표가 없으므로 어느 정도의 성과를 내었는지에 대한 판단이 서지 않는다. 그러므로 조직의 경영환경에 대한 명확한 판단으로 조직 외부의 기회(opportunity)와 위협(threat), 그리고 조직 내부의 강점(strength)과 약점(weakness)을 분석하는 SWOT 분석을 통하여 되도록 계량화한 목표를 제시할 수 있어야 다음 단계의 계획 수립이 용이해진다.

2) 실행(do)

실행과정은 수립된 계획을 근거로 하여 조직 구성원들의 조직화(organizing)와 구조화(structuring), 지휘(directing) 그리고 업무를 실행(implementing)하는 것이다. 조직화란 경영목표가 결정된 이후에, 이를 가장 효과적으로 달성할 수 있도록 조직의 활동과 장비, 그리고 구성원을 체계적으로 구성하고 배치하는 것을 말하며, 구조화란 결정된 활동을 수행하기 위한 조직내 하위 부서를 결정하는 것을 의미한다. 그리고 이러한 활동이 제대로 수행되기 위해서는 지휘기능이 단위 부서의 관리자에게 필요하다.

지휘는 해당 부서의 목표를 달성하기 위하여 권한(authority)과 책임(responsibility)을 부여하고 정보전달 및 활용을 위한 조정기능(coordinating)을 두도록 해야 한다. 그리고 조직 구성원의 동기부여(motivation)와 의사소통(communication)의 원활화를 위하여 경영관리자에게 리더십(leadership)을 부여하고, 조직 구성원의 욕구와 바람을 만족시킬 수 있는 통솔력이 제대로 발휘될 수 있도록 하는 것이 필요하다.

3) 통제(see)

통제과정은 경영활동의 결과, 실현된 성과를 수립된 계획과 비교하여, 기업활동의 성과를 향상시키기 위한 조치를 취하는 활동이다. 이 통제기능에는 크게 두 가지의 활동이 포함된다.

첫째는 계획된 기업활동이 제대로 수행되었는지의 여부를 판단하는 것이며, 둘째는 기업활동의 결과를 측정하고 평가하여 향후 더 나은 기업활동을 할 수 있도록 개선사항을 계획과정에 반영하는 것이다.

통제과정에서는 계획과 실행 간의 차이에 대한 비교 시 세 가지의 상황이 발생한다. 첫째는 계획에 비해 실행의 결과가 미흡한 경우이다. 이때는 그 원인과 문제점을 분석하여 계획이 너무 높게 책정되지는 않았는지 아니면 조직 구성원의 실행이 제대로 되지 못한 이유가 무엇인지에 대해 면밀히 파악하여 목표 및 실행과정의 수정을 통하여 조직 구성원이 계획된 목표를 달성할 수 있도록 유도하려야 한다.

둘째는 계획에 비해 실행의 결과가 높을 경우이다. 이 경우는 통제의 대상으로 될 수 없다고 생각하기 쉬우나 성과가 높은 경우에 그 차이의 원인이 진정한 목표의 초과달성인지 아니면 낮은 목표수준에 기인한 것인지를 분석하여 차후의 목표 설정에 반영하여야 하며, 조직 구성원의 높은 생산성으로 인한 초과 목표달성일 경우에는 인센티브(incentive)를 제공함으로써 조직 구성원에게 동기 부여하는 것이 바람직하다.

셋째는 계획과 실행의 결과가 일치하는 경우이다. 이 경우에는 목표관리(management by objective)에서와 같이 대부분의 조직 구성원이 자신의 목표를 달성한 경우에 해당한다. 이 경우는 조직의 목표 설정과 조직 구성원의 목표 달성이 원하는 데로 달성된 것으로 평가할 수 있지만 계획 및 실행의 완전성 여부를 조사하여 향후 목표 설정에 반영할 수 있는 피드백 과정이 수립되어야 한다.

대부분의 경우에 조직 구성원들은 예정된 목표를 달성하기 위해 노력한다. 하지만, 경제상황이 갑자기 호전되거나 악화되어 목표에 미달하거나 목표를 초과하더라도 주변의 여건에 따라 성과에 대한 평가는 서로 다를 수 있다. 그러므로 조직의 경영목표가 결정된 이후에는 조직 구성원으로 하여금 개인의 목표와 조직의 목표를 동시에 달성할 수 있도록 조직의 경영여건을 정비하고, 구성원들의 직무만족 및 동기부여를 항상 염두에 둔 경영활동을 수행하여야 한다.

3. 경영관리를 위한 조직구분

기업은 조직 구성원이 수행하는 경영활동 및 업무활동을 통해 목표를 달성한다. 이러한 활동이 효과적으로 수행되기 위해서는 경영관리의 기능 또한 체계화되어야 한다. 경영관리는 조직계층에 따라 서로 다른 특성과 기능으로 체계화되는데, 경영관리 기능을 수행하는 조직계층을 경영계층이라 한다. 전통적으로 경영계층은 최고경영층, 중간관리층, 하위관리층, 운영실무자 등으로 구분되는데, 조직 전반적으로 상위 경영층으로 올라갈수록 비정형적이고 전략적인 업무를 수행하게 되며, 운영실무자로 내려올수록 정형적이고 일상적인 업무를 수행한다.

엔토니(R.Anthony)는 조직에서 수행되는 다양한 경영활동을 일련의 계층적 활동으로 파악할 수 있다고 하였다. 즉 경영관리자에 의해 수행되는 활동은 경영계층에 따라서 크게 전략계획(strategic planning), 관리통제(management control), 그리고 운영통제(operational control)로 나누어진다는 것이다. 전략계획은 사업방향, 시장전략, 제품믹스와 같은 비정형적이고, 전략적이며 장기적인 경영활동을 의미하며, 관리통제는 중간경영층에 의해 수행되는 경영활동으로서 경영자원의 획득과 조직, 업무의 구조화. 종업원의 채용과 교육 등과 같이 중기적인 경영활동을 수행한다. 마지막으로 운영통제는 생산, 판매의 실적분석 및 관리와 같은 기업의 통상적인 운영에 필요한 단기적인 의사결정과 경영활동들로 하위경영층에 의해 수행된다.

〈표 Ⅰ-2〉 경영관리계층과 의사결정유형

경영계층	의사결정 유형	해당 의사결정 업무
최고경영층	전략계획	중장기 전략계획수립, 설비의 증설, 입지선정, 매수와 합병, 배당정책
중간관리층	관리통제	사업계획의 실행 및 통제 - 자금계획, 생산계획 - 판매계획, 구매계획 - 인력계획, 기타관리계획
하위관리층	운영통제	부서별 사업의 실행과 통제
운영실무자	업무운영	개인별 업무의 실행

계층별 조직의 규모는 상위경영층으로 올라갈수록 경영관리자의 수가 줄어드는 피라미드의 구조를 가지는 것이 일반적이다. 최고경영층은 회장, 사장, 전무, 상무 등을 포함하는 중역으로 구성되어 있으며, 조직의 중장기 전략계획 수립이나, 설비의 증설, 입지선정, 매수와 합병, 배당정책 등과 같은 중요한 의사결정을 수행한다. 중간관리층은 부장, 차장, 과장 등으로 구성되며, 하위관리층애서 올라오는 사업계획의 실행과 통제 업무를 수행하는데. 이와 관련된 업무로는 자금계획, 생산계획, 판매계획, 구매계획, 인력계획 등의 업무를 관장한다. 하위관리층은 대리, 계장, 주임 등으로 구성되며, 부서별 사업의 실행과 통제업

무를 관장하며, 주로 현업부서의 최일선 관리자로서 그 역할을 수행한다. 그리고 운영실무자는 개인별 업무를 실행하는데, 주로 생산업무, 구매업무, 판매업무, 회계업무, 인사업무 등의 일상적이고 정형화된 업무를 수행한다.

4. 경영관리를 위한 조직별 정보시스템

조직의 계층에 따라 정보시스템의 유형을 구분하게 되면, 경영계층의 분류에 따라 정보시스템의 지원기능도 달리 구분할 수 있다. 먼저 업무운영을 위한 정보시스템으로 기업의 경영활동 중 가장 기본적인 업무와 관련되어 데이터를 처리하는 거래처리시스템(Transaction Processing System, TPS)이 있으며, 중간경영층의 정보처리를 위한 경영보고시스템(management Reporting System, MRS) 혹은 정보보고시스템(Information Reporting System, IRS)이 있으며, 최고경영층의 경영활동을 지원하기 위한 정보처리시스템으로 중역정보시스템(Executive Information System, EIS) 등이 있다. 그 밖에도 경영계층별 정보시스템의 유형과는 달리 조직의 특정분야에 대한 의사결정 지원을 위한 의사결정지원시스템(Decision Support System, DSS)과 조직의 전략적 활동을 지원하기 위한 전략정보시스템(Strategic Information System, SIS) 등이 있다. 정보시스템의 유형들은 낮은 수준의 정보시스템에서 생성되는 정보를 이용하여 더 상위 수준의 정보시스템에 데이터 자원으로 활용하게 되며, 상위 수준의 정보시스템은 더 상위 수준의 경영활동을 지원하기 위해 활용한다.

1) 거래처리시스템

거래처리시스템은 조직의 경영활동 중에서 가장 기본적인 업무활동을 지원하기 위한 정보시스템으로 거래활동과 관련된 처리업무를 담당하며, 거래처리로부터 발생하는 데이터를 저장하고 관리한다. 거래처리시스템의 목적은 단지 많은 양의 데이터를 신속하게 처리하는 데에 있으며, 의사결정을 지원하는 것은 아니다.

거래처리시스템은 일상적이고 반복적인 거래처리 업무를 수행하며, 하위관리층이나 운영실무자에 의해 주로 사용된다. 의사결정 정보의 지원이 아닌 거래정보를 단순히 처리하여 저장하고 거래와 관련된 상세한 수준의 데이터를 취급하며, 조직의 일상적인 업무처리에 시스템을 활용한다.

거래처리시스템은 원자제의 수급에서부터 입고 및 출고와 관련된 자재관리시스템, 그리고 자재를 이용하여 공장에서의 생산공정과 관련된 생산시스템, 생산시스템에 의해 완제품의 재고는 판매시스템의 입력 자료가 되며, 판매부서의 영업실적은 회계정보시스템에서 처리된다. 이와 같이 거래처리시스템은 기업의 생산 및 영업과 같은 기본적인 업무활동에 관한 데이터를 기록, 처리, 관리하는 데 이용된다.

과거에는 거래처리시스템을 EDPS(Electronic Data Processing System)라 불렀다. 이것은 전자적으로 데이터를 처리한다는 의미와 명칭이다. 하지만, 최근에는 전자적으로 처리하는 시스템의 유형이 많아지게 되면서 EDPS가 거래처리시스템을 대응하는 개념으로 바뀌게 되었다. 이처럼 거래처리시스템은 기업의 일상적인 업무를 보다 쉽게 처리하고 업무에 관한 데이터를 효율적으로 저장하고 관리하는 데 그 목적이 있다.

2) 정보보고시스템

거래처리시스템은 거래 처리의 자동화를 통한 업무의 개선에 중점을 두었기 때문에 업무처리에 효율성은 높였지만, 정보를 종합하여 요약하거나 보고서를 작성하는 중간관리자의 업무에는 큰 도움을 주지 못하였다. 하위관리층은 업무를 감독하고 통제하며, 최고경영층의 의사결정에 필요한 정보를 제공하는 중간관리층의 경영관리업무를 지원하는 시스템을 경영보고시스템 혹은 정보보고시스템이라 한다.

정보보고시스템은 협의의 경영정보시스템이라 불리기도 하는데, 이 이유는 중간관리층의 경영활동을 지원하기 위해 구축된 정보시스템은 기업경영에 활용되는 모든 종류의 정보시스템을 포함하는 광의의 경영정보시스템과 구별되기도 하지만, 시스템의 이용대상이 먼저 중간관리층으로 제한되며, 경영활동에 있어서 조직의 업무활동이나 분석, 계획, 의사결정을 위한 필요한 정보를 제공한다는 차원에서는 경영정보시스템의 개발목적과 유사하기 때문이다.

정보보고시스템은 일상적인 거래처리시스템의 업무결과와 실적을 통제하기 위한 정보를 제공함으로서 중간관리층에 대한 하위관리층의 업무성과보고서를 작성하여 제공한다. 조직 내 관련된 부서간의 데이터를 종합하여 필요한 정보를 생성하여 제공하고, 경영관리를 위해 통합된 데이터베이스를 활용하여 정보를 관리하며, 조직내 부서별·업무별 성과를 비교·분석하여 평가한 정보를 제공하며, 필요시에는 성과에 대한 예외보고서나 비정기적인 보고 자료를 작성하여 제공한다.

3) 중역정보시스템

중역정보시스템이란 최고경영층의 전략적 기획과 각종 의사결정에 필요한 정보를 제공하기 위한 시스템을 말한다. 중역정보시스템은 중역들을 위한 전문화된 의사결정지원시스템(DSS)으로, 조직 내 고위 경영층을 지원하는 데 사용되는 모든 하드웨어, 소프트웨어, 데이터, 절차, 그리고 사람을 포함하고 있다.

여기서 중역이란 회장, 사장, 부사장, 전무, 상무 등과 같은 재무, 마케팅, 생산, 회계 등의 주요 기능을 책임지고 있는 이사급 이상의 임원을 의미한다. 때로는 EIS가 주주에 대하여 책임을 지는 이사회의 활동을 지원하기도 한다. 중역정보시스템은 조직 전체의 장기적인 전망이나 비전과 관련된 구체적인 정보와 조직의 강점 및 약점, 기회와 위협에 관련된 정보를 요약하여 제공한다. 이 외에 조직의 인력배치 및 노사관련 정보를 제공하고, 인사기록을 조회할 수 있으며 영업이나 생산실적 정보 제공 시에 위기관리를 위한 체계화된 정보를 제공한다.

참고로, 중역들에게 제공되는 의사결정 지원정보는 되도록 미래의 불확실성을 감소하기 위한 측면에 중점을 많이 두고 있다. 이를 위하여 EIS 시스템의 추가적인 기능으로 계량화된 모델을 이용하거나 시나리오 기법과 같은 상황에 따른 의사결정 정보를 제공함으로써 최고경영층의 의사결정 위험도를 낮추고 특정상황에 적합한 의사결정을 내릴 수 있도록 도와주고 있다.

일반적으로 중역정보시스템은 중역을 지원하는 독특한 성격으로 인해 사용의 편리성을 제공해야 하며, 모든 수준의 전략적 의사결정을 지원해야 하며, 특정상황에 적합하도록 시스템의 변경관리가 용이해야 하고, 전체적인 접근

방법이나 표현이 유연해야 한다.

중역정보시스템 구축을 위해서는 첫째, 사용자에게 친근한 사용자 인터페이스를 제공해야 하며, 중요한 의사결정유형별 정보를 제공할 수 있어야 하고 광범위한 계산 기능의 제공, 전문화된 보고서와 그래픽 기능을 가진 출력화면, 의사결정 환경의 변화에 따른 유연성 있는 시스템, 조직외부 데이터 및 데이터베이스를 연결하여 정보를 제공할 수 있는 환경이 구축되어야 한다.

Chapter 3 경영전략과 경영정보시스템의 활용

경영정보시스템을 올바로 이해하기 위해서는 구축되어 있는 정보시스템을 생각하는 것이 아니라 개발된 정보시스템의 통합된 개념으로 인식하는 것이 중요하다. 경영정보시스템은 컴퓨터 기반의 프로그래밍을 통해서 개발된 정보시스템이다. 하지만 구매, 생산, 판매 등의 개별적인 시스템을 경영정보시스템이라 부르지는 않는다. 이것은 곧 경영정보시스템의 조직의 목적과 목표를 달성하기 위해서 개별적인 생산, 판매, 재무, 회계 등의 하위시스템을 통합하여 필요한 정보를 제공하는 시스템이라는 확장된 개념의 이해가 필요하다.

1. 경영전략의 개념

전략(strategy)이란 개념은 크게 두 가지의 관점에서 이해할 수 있다. 하나는 조직의 목적과 목표를 달성하기 위한 조직의 경영자원을 집중하여 일관성 있게 추진하는 계획이라는 일반적인 관점이다. 이 개념은 기업이 장기적인 경영계획을 수립하여 조직의 경영자원들을 최적화하여 운영함으로써 기업의 추구하는 경영활동의 목표를 달성하고자 하는 것이다. 다른 하나는 전략이 깁의 내부적인 환경과 외부적인 환경을 적응시키고 보완하게 하는 경영활동의 하나로 보는 관점이다. 이 개념은 외부 환경에서 갑작스러운 충격(skock)이 왔을 때, 그 충격을 완화하기 위하여 기업의 경계를 탐색하는(boundary spanning)활동으로 그 충격을 미연에 방지하기 위한 스폰지(spongy)의 역할을 수행하는 것이다.

기업의 경영활동은 조직의 목적과 목표를 달성하기 위한 전략의 수립에서 출발한다. 최근의 정보기술 발전은 기업으로 하여금 과거에는 상상할 수 없는 전략적 기회를 많이 가지게 되었다. 기업은 중장기적인 경영전략의 수립에 따라 경쟁에서 우위를 차지하기 위한 새로운 정보기술의 활용에 많은 관심을 가지게 되었으며, 정보기술을 이용하여 이룩한 많은 성공사례가 기업으로 하여금 더욱 정보기술 활용 가능성에 대한 관심과 인식도를 높이고 있는 것이다.

정보사회에 접어들면서 정보통신을 비롯한 수많은 정보기술의 발전으로 기업은 기존의 경영활동을 개선하는 것만으로는 더 이상 경쟁적 우위를 유지하기 어렵게 되었다. 최근 경영혁신의 개념이 기업에 도입되면서, 기존의 경영활동 방식은 무시하고 새로운 가치의 창조를 위하여 많은 기업들이 기업의 형편과 상황에 맞는 경영혁신을 추진하고 있다.

경영혁신은 심화되는 산업내의 경쟁 속에서 기업의 생존과 성장을 추구하기 위하여 기업이 생산하는 제품 및 서비스의 가치를 높이고 원가를 줄이며, 다른 기업과는 차별화되거나 집중화된 경영방식을 추진하려 하고 있다. 즉, 기업은 산업에서의 경쟁적 우위를 확보하기 위하여 산업의 구조와 소비자의 성향 그리고 경쟁자와의 우위 비교를 통하여 기업 자신의 강·약점을 도출해 내어 이를 바탕으로 지속적인 경쟁우위(competitive advantage)를 획득할 수 있는 방안을 수립하여야 한다.

마이클 포터(Micheal Porter)는 기업의 경쟁우위를 “경쟁시장에서 산업의 평균 수익률보다 지속적으로 높은 수익률을 올릴 수 있도록 하는 힘(power)”이라고 정의하고, 경쟁전략을 설명하는 경쟁세력 모형과 가치연쇄 모형을 제시하였다. 포터는 모든 산업에 있어서 다섯 가지의 경쟁 세력들(five forces)이 산업에서의 기업 경쟁력을 결정하며, 이러한 세력의 전반적인 힘은 그 산업에서 기대할 수 있는 궁극적인 이윤 잠재력에 의해 결정된다고 보았다. 포터가 제시한 다섯 가지의 경쟁세력들은 산업 내에서의 경쟁기업, 잠재적 진입기억, 대체품을 만드는 기업, 공급자, 구매자 등이다. 먼저, 산업 내에서의 기업 경쟁은 기업이 추구하는 전략이나 전술 등에 의해 다양한 형태로 진행된다. 특히 가격 경쟁이나 광고 경쟁, 신제품 소개, 대고객 서비스나 품질 보증과 같은 경우에서 기업간 경쟁이 치열하게 전개되는데, 경쟁 기업 간에는 제품에 대한 차별화나 시장세분하를 통한 집중 고객의 선정 등을 통하여 경쟁력을 유지한다.

잠재적 진입 기업의 위협은 새로운 제품과 서비스를 보유한 기업이 시장에 진입하게 되면, 기존의 구매자들은 새로운 제품의 이미지와 품질의 정도에 따라 시장점유율을 순식간에 바꾸어 놓게 된다. 그러므로 새로운 기업이 시장에 진입할 때의 강도는 진입 장벽의 높이와 진입 시에 기존의 경쟁사들이 보이는 반응 정도에 따라 달라진다. 새로운 기업이 진입 시 자금이 많이 소용되거나 새로운 기술이 필요하거나 기존 경쟁사들의 대응이 치밀한 경우에 진입장벽은 더욱 높아지며, 새로운 진입기업의 위협은 상대적으로 낮아진다.

대체품의 위협은 경영활동을 수행하는 기업의 제품 영역이 넓을 경우에 많이 발생한다. 예를 들어, 철강재를 생산하는 기업의 경우, 플라스틱이나 알루미늄 등의 대체 소재를 제품으로 가지고 있는 회사와 경쟁할 수 있다. 대체품의 압력이 증가되는 요인은 대체품의 가격이 상대적으로 낮거나 혁신기술에 의해 기존 제품을 대체하는 제품을 개발하는 경우이며, 예외적으로 고객의 제품에 대한 선호도가 달라지는 경우를 들 수 있다.

공급자의 교섭력은 특정 산업에 속한 기업들에 대해 가격인상이나 판매하는 원자재 및 부품의 질을 낮추어 공급하는 경우에 발생한다. 공급자들의 교섭력을 증대시키는 요인은 소수의 대규모 공급자가 존재하거나 대체품이 없는 부품이나 원자재를 공급할 경우이다. 공급자의 교섭력이 증가되면, 산업에 속한 기업들은 원가 부담이나 제품가격의 상승으로 인해 산업 내에서의 경쟁력을 상실할 수 있다. 그러므로 공급자와의 교섭력을 유지하고, 공급선의 다변화 등을 통한 대응전략을 수립하는 것이 중요하다.

구매자의 교섭력은 가격에 대한 인하 요구, 품질 및 서비스의 증대에 대한 요구 등으로 경쟁기업간의 경쟁을 유도하여 구매자의 이익을 향상하기 위해서 발생한다. 구매자의 교섭력이 증대되는 요인으로는 소수의 대규모 구매자가 있을 경우, 제품의 차별화가 불가능한 경우, 구매되는 물품 또는 서비스가 구매자에게 있어 그리 중요한 것이 아닌 경우 등을 말한다.

2. 경영정보시스템의 의의

데이비스(G. Davis)와 올슨(M. Olson)[8]의 정의에 의하면, 한 조직 내 업무운영(operation), 관리(management), 분석(analysis) 그리고 의사결정기능(decision making Function)을 지원하기 위하여 정보를 제공하기 위한 통합된 인간-기계 시스템이라 하였다. 일반적으로 경영정보시스템은 컴퓨터를 기반으로 한, 조직의 업무관리와 분석, 그리고 경영층의 의사결정을 지원하기 위하여 하위시스템(subsystem)이 상호 연결된 집합체라 할 수 있다.[9]

경영정보시스템은 1980년대만 하더라도 시스템의 구성요소를 컴퓨터 하드웨어(H/W), 소프트웨어(S/W), 데이터베이스(database), 계획이나 통제, 그리고 의사결정의 수행을 위한 모델(model)과 이를 처리하는 운영절차(procedure)로 구성되어 있다고 하였다. 하지만, 1990년대에 들어서면서 인터넷의 폭발적인 성장으로 최근에는 기존의 구성요소에 컴퓨터 네트워크가 중요한 구성요소로 추가되었고, 조직의 존속과 성장을 위한 구성원들의 업무지식 및 아이디어를 저장하는 지식베이스의 필요성이 높아지고 있다.

또한, 최근에는 인터넷을 이용하여 새로운 사업이 창조되고, 사업에 참여하는 조직이나 구성원도 기존의 경영활동 방식에서 완전히 다른 새로운 개념의 경영활동 및 업무처리방식이 나타나게 되었으며, 기존의 한 조직 내에서 정보를 처리하던 것과는 대조적으로 조직과 조직 간의 정보전달 및 처리과정을 통해 경쟁력이 향상되는 계기를 맞이하게 되면서 조직간 정보시스템(Inter-Organizational Information System, IOS)의 개념이 대두되었다.

조직간 정보시스템은 공급조직과 구매조직 간의 거래 처리에 있어서 수많은 서류와 의사소통이 오고 가야 하는 불편함을 해소하기 위해 정보통신망을 활용하고 각 조직이 보유한 정보시스템을 상호 연결함으로서 거래에 필요한 서류의 전송 및 처리를 자동화하기 위한 시스템이다. 조직간 정보시스템의 유형으로는 전자문서교환(Electronic Data Interchange, EDI), 광속상거래(Commerce At Light Speed, CALS), 전자상거래(Electronic Commerce, EC) 등이 있다.

8) Davis, G. B. and M. H. Olson, "Management Information Systems", McGraw-Hill, 1984.
9) 김의창 · 송유진 · 문태수, 『e-비즈니스시대의 정보관리론』, 학현사, 2005, pp. 59~62.

이와 같은 경영정보시스템의 영역이 기존의 조직 내 정보의 저장 및 처리에서 조직간 정보 전달 및 활용으로 확대된 근본적인 배경은 국가의 정보통신 인프라 구축에 따라 통신망을 활용한 데이터, 이미지, 화상 정보의 전달이 가능해지면서 조직의 필요성에 의해 거래비용을 줄이고, 시장에서의 경쟁적 우위를 확보하기 위해서이다.

조직은 전략적·전술적·운영적 경영활동을 수행하며, 각 경영활동에는 구매, 생산, 판매, 인사, 재무, 회계, 연구개발(R&D)과 같은 기능이 수행된다. 이들 각 영역은 의사결정을 위한 서로 다른 정보를 지원하게 되는데 이들은 공통의 정보를 요구하기도 하며, 다양한 조직의 계층이 이 기능들을 수행하고 있다. 따라서 전략적·전술적·운영적인 업무의 계층 이외에도 각 업무 계층에는 구매, 생산, 판매, 인사, 재무, 회계, 연구개발과 같은 고유의 기능을 수행한다. 조직의 목표를 달성하기 위한 기능적인 측면에서 정보시스템은 각 기능은 관리자를 위해 개발되는데, 각 기능영역은 업무의 계층별로 하위관리층에서 최고경영층에까지 이르게 된다.

각 고유의 기능은 업무의 수행을 위해 기능과 관련된 정보의 저장 및 처리를 수행하게 되나, 필요에 따라서는 조직의 기능별로 공유해야 할 정보의 검색 및 조회가 요구되기도 한다. 경영정보시스템은 통합된 데이터베이스를 기반으로 각 기능의 고유 정보를 처리하면서 공통의 성격을 가진 정보를 공유할 수 있도록 해준다.

사용자의 필요에 의해서 개발되는 시스템들은 구매, 생산, 판매 등의 개별적인 시스템들이다. 하지만 조직 전반적인 입장에서 정보시스템의 개발을 추구하게 되면, 구매, 생산, 판매 등의 기능적인 업무에서 처리되는 상당수의 정보들이 통합된 데이터베이스를 이용하여 개발함으로써 훨씬 경제적이고 시스템의 활용가능성을 더욱 높여준다.

3. 경영정보시스템의 구성과 기능

경영정보시스템을 구성하고 있는 하위시스템으로는 구매, 생산, 판매, 인사, 재무, 회계 등의 업무의 기능을 지원하는 개별적인 정보시스템뿐만 아니라 사무자동화, 의사결정지원시스템, 전문가시스템, 중역정보시스템, 전략정보시스템, 조직간 정보시스템 등의 다양한 정보시스템이 있다. 일반적으로 기능수준의 업무를 지원하는 구매, 생산, 판매 등의 정보시스템은 거래처리시스템이라 불리며, 전문가시스템, 의사결정지원시스템, 중역정보시스템 등은 MIS의 하위시스템이면서 특수한 목적의 의사결정을 지원해 주기 위한 시스템이다.

거래정보시스템은 일상적인 업무를 수행하는 데에는 도움을 주지만 중간관리층이나 최고경영층의 의사결정을 지원하는 데에는 별로 도움이 되지 않는다. 그것은 거래처리 시스템의 데이터가 너무 상세하여 대부분의 경영관리자에게 별로 유용하지 못하기 때문이다. 즉, 이들 경영자에게는 보다 체계화되고 요약되고 가공된 정보가 필요하다. 예를 들어, 일상적인 판매정보가 아니라, 갑자기 재고를 훨씬 상회하는 폭발적인 수요가 생겼을 경우, 공장의 가동률을 높이는 것이 좋은지 아니면, 새로운 공장의 증설을 계획 할 것인지에 대해 어떻게 결정을 내리는 것이 좋은지에 대해서는 과거의 실적 데이터를 분석하고, 향후 발생될 예상수요를 계산하여 면밀한 검토 아래 의사결정을 내리는 것이 바람직하다. 이 경우 의사결정지원시스템이나 중역정보시스템 등을 이용하여 최고경영층에게 정보를 제공하는 것이 필요하다.

결국 MIS는 조직의 목표를 실현하고, 조직의 전략적 우위를 달성하기 위하여 기업운영 전반에 걸쳐 통합된 개념의 정보시스템이다. MIS의 개발 수준에 따라 조직의 업무 운영이나 분석, 계획 업무의 기능이 더욱 강화되기도 하며, 의사결정을 내리는 경영의 판단 근거로서 중요한 역할을 수행하기도 한다.

그러므로 MIS가 제대로 구축되기 위해서는 기초적인 정보의 저장 및 처리를 담당하는 거래처리시스템의 효율적인 운영은 필수적이라 할 수 있다. 왜냐하면, 거리처리와 관련된 데이터가 제공되지 않고, 경영층에게 필요한 정보를 처리하거나 활용할 수 없기 때문이다.

4. 전략경영정보시스템의 태동

경영정보시스템이 조직 내 업무지원과 의사결정정보를 제공하기 위한 시스템으로 인식되었다며, 1990년대 이후의 정보시스템 역할은 주로 기업의 경영전략을 지원하고 경쟁우위를 확보하기 위한 수단으로 정보시스템을 활용하게 되었다. 전략정보시스템이 1980년대 중반 연구자들에 의해 제안된 이후, 정보기술을 이용하여 고객관계를 개선하고 제품설계를 가속화하며, 공급업체와의 관계를 확대하고 새로운 매출기회를 창출하며 새로운 비즈니스의 기회를 제공한다는 인식이 확산되었다. 특히, 기업의 경영전략과 연계한 정보기술의 활용은 곧 기업전략을 지원하는 중요한 경영자원으로서 정보시스템을 인식하게 되었고, 기존 시스템의 틀과 구조를 기반으로 새로운 경쟁무기를 창출할 수 있다는 측면에서 MIS를 또 다른 차원으로 향상시키는 계기를 제공하고 있다.

정보시스템(Information System : IS)활용이 과거에는 경영효율성을 개선하기 위한 내부지향적인 차원에서 추지되었다. 하지만, 1980년대 중반 전략경영을 연구하는 학자들에 의하여 정보시스템이 점차 외부지향적이거나 조직의 전략적 차원으로 개발되어 활용됨으로써 기업의 경쟁우위 확보를 위한 방안으로서 정보시스템의 전략적 활용에 관한 연구가 활발히 이루어져 왔다.

정보시스템을 활용하여 전략적 성과를 달성함에 있어 가장 중요한 문제는 특정 기업이나 상황에 적합한 정보시스템의 특성이 무엇인가 하는 점이다. 즉, 정보시스템의 전략적인 활용은 조직을 둘러싸고 있는 환경과 기업의 상황요인에 의해 결정되는 경우가 많기 때문에 산업여건을 면밀히 분석하고, 환경에서의 위협을 제거하고, 기회를 선정하여 내부능력의 집중화를 통한 결정적인 가치활동에 경쟁적 우위를 확보하기 위한 노력을 추진하여야 한다.

와이즈먼(Wiseman)에 의하면, 정보시스템의 전략적 활용 여부는 시스템 고유의 성격에 의해 결정되기보다는 기업의 전략에 어떤 영향을 미치는가에 달려있다. 기업의 경쟁우위를 장기적으로 유지하도록 도와주며 경쟁위협에 대처하거나, 중요한 경쟁전략을 지원하며, 또는 새로운 전략적 조치를 위해 구축되었다면 어떤 정보시스템이든 전략적 시스템이 되는 것이다.

정보시스템을 활용하여 전략적 효과를 달성하기 위한 출발점은 전략적 활용

기회가 어디에 있는가를 발견하는 일이다. 그런 이후에 제반 영향요인들을 고려하여 기업 상황에 적합한 활용유형을 파악하는 것이 요구된다. 전략정보시스템의 개념도 이러한 차원에서 개발되었다. 1980년대 중반의 전략정보시스템은 조직의 기존 정보기술을 활용하거나 아니면 조직의 전략을 지원하기 위한 정보시스템의 개발이라는 개념 하에서 전략 정보시스템의 개념이 탄생되었다. 최근에는 이 개념에서 더 나아가 조직의 내부적인 관리능력과 외부적인 교섭력을 동시에 고려한 개념으로 확장되고 있다.

전략정보시스템은 조직의 목표에 따른 업무운영이나 제품 및 서비스의 생산, 그리고 경영환경과의 관계에 있어서 조직의 가치 활동들을 최적화하여 산업 내에서 경쟁하고 있는 기업에 대해 경쟁적 우위를 확보할 수 있도록 지원하는 정보시스템을 말한다. 예를 들어, Merrill Lynch는 정보기술을 활용하여 증권업에서 금융서비스업까지 업무를 확장하는 계기를 마련하였다. 또한 미국 American Airline은 SABRE라는 비행기 예약시스템을 개발하여 항공예약을 수행하는 관련회사에 단말기를 설치하여 줌으로써 최근에는 항송운임 수입보다도 여행사 및 렌터카, 호텔 등과 같은 예약을 대행하는 곳에서 발생하는 수익이 더 많다.

포터는 경쟁전략의 개념을 설명하면서 기업의 중요한 환경요소로 소비자, 경쟁기업, 그리고 자사 기업을 고려하였다. 세 가지의 주체 중 자사 기업이나 경쟁기업은 각기 자신의 이익을 최대화하기 위해 제품과 서비스를 생산하며, 한편 소비자는 자신의 기호에 맞는 제품과 서비스를 구매한다.

소비자와 자사 기업, 소비자와 경쟁기업, 그리고 자사 기업과 경쟁기업 등이 그것이다. 먼저, 소비자와 자사 기업 간의 관계에 있어서 소비자는 품질이 좋고, 가격이 낮은 제품을 선택하고자 한다. 이 경우 고려할 수 있는 전략은 제품 및 서비스의 창출을 위하여 되도록 낮은 원가로 생산하여 소비자를 만족시키려는 관계가 형성된다.

그리고 소비자와 경쟁기업간의 관계는 자사 기업의 입장에서 볼 때, 소비자가 다른 시장을 가지고 있으며, 경쟁기업의 시장세분화에 따라 자사 기업의 시장이 확보되고 있다는 생각을 하게 되며, 경쟁기업의 대소비자 관계를 면밀히 조사하여 자사 기업의 시장점유율을 향상하기 위한 전략을 추구하게 된다.

마지막으로, 자사 기업과 경쟁기업과의 관계는 산업 내에서 같은 소비자를 놓고, 서로 다른 제품과 서비스를 제공하고자 노력한다. 제품의 설계나 품질을 고려하는 과정에서도 똑같은 제품이나 서비스가 아닌 차별화된 제품과 서비스를 제공함으로써 소비자의 인지도를 높여 시장에서의 우위를 확보하려 하고 있다.

이와 같이 기업들은 소비자와의 관계나 경쟁기업과의 관계에서 경쟁우위를 확보하기 위하여 내부적인 전략의 수립이나 변화뿐만 아니라 외부의 산업환경에 대처하면서 기업의 전략을 도출하려 하고 있다. 즉, 기업이 속해 있는 산업 내 제품을 변혁시키거나 소비자 시장의 세분화, 그리고 제품의 가격을 내림으로써 기업의 경쟁우위를 획득할 수 있다.

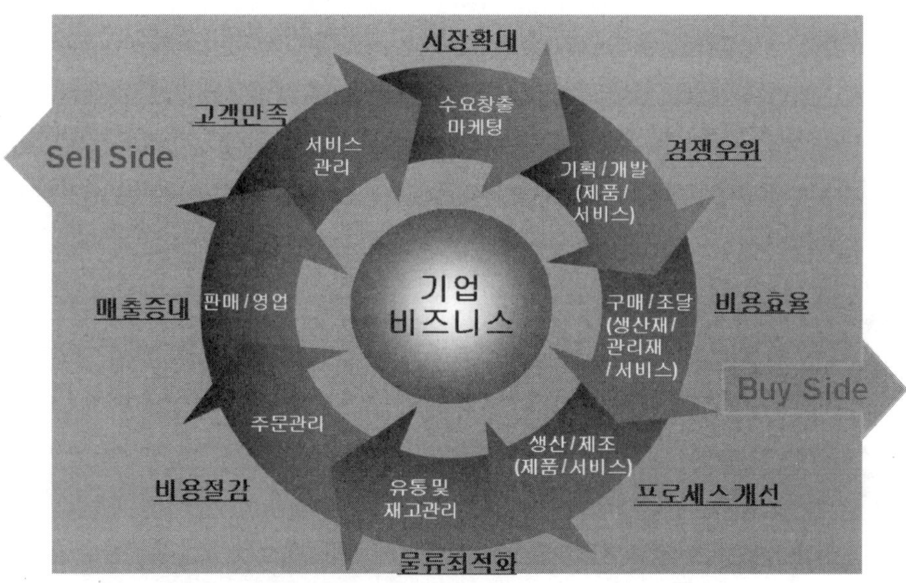

자료 : 김병철, 『e-business 성공의 요인과 Business Transformation』

【그림 Ⅰ-4】 기업 비즈니스의 성공요인

Chapter 4
지식경영과 정보시스템의 융화

1. 지식의 개념

오늘날 정보경제 사회에서 지식은 점차 조직의 핵심자산이 되어가고 있다. 차별화된 제품과 서비스를 생산할 수 있는 능력, 제품과 서비스를 다른 기업보다 낮은 가격에 생산할 수 있는 능력, 바로 이러한 능력이 기업의 핵심자산이다. 이러한 핵심자산에는 생산과정에 대한 높은 지식과 제품과 서비스에 대한 뛰어난 설계, 즉 지식이 밑바탕을 이루고 있으며 기업 이익의 주요한 원천이 되고 있다.[10)]

현재 미국 근로자 가운데 70%가 지식근로자이고, 재무, 출판 등의 지식과 정보 부문이 미국 국내총생산(GDP)의 75%를 차지한다고 한다.[11)] 월마트와 같이 지난 수십 년 동안 계속 성장해온 전통적 업체들은 대개의 경우 지식과 정보를 중심으로 자신의 모습을 재조직해 왔으며, 이를 통해 생존·번영 할 수 있었다. 또한 컴퓨터 회사, 소프트웨어회사, 정보시스템 설치운영 회사 등의 지식관련 산업들은 업계의 중요한 위치를 차지하게 되었다. 정보통신 분야에서의 패러다임 이동을 살펴볼 때, 1945~1965년 사이의 기간을 데이터프로세싱 시대, 1966~1995년 사이의 기간을 정보관리 시대라 하면, 앞으로는 지식관리 시대라 할 수 있을 것이다.

10) 자세한 내용은 안중호, 『경영을 위한 정보시스템』, 홍문사, 2000, pp. 207~221. 참조.

11) *U.S. Department of Commerce, Bureau of the Census,* Statistical Abstract of the United States, 1994. *Table 644* and Historical Statistics of the United States, Colonial Times to 1970. *Vol. 1, Series D 182-232*

지식에 대한 정의는 시대와 지역, 관점에 따라 다양하게 변화·정의 되고 있다.[12] 가령, 전통적으로 지식은 일반화된 지식을 의미했으며, 오늘날에 와서는 매우 전문화된 지식을 의미하고 있다.[13] 일반적으로 지식(knowledge)은 상황에 따라 필요한 의사결정과 행동을 이끌어내는 본능, 사상, 법칙, 절차 등의 집합체로서 데이터가 정보로 전환되는 과정에서 이를 여과하고 수정하는 역할을 한다.[14] 조직적 차원에서 살펴볼 때 지식은 유용하고 강력하게 처리된 정보로서 행동의 바탕이 되는 재능, 기술, 통찰력, 이해력, 판단력 등과 관련되어 있다. 개인적 차원에서 볼 때 지식은 각 개개인의 두뇌나 근육에 체현(體現)되어 있다.[15] 집단적 · 조직적 차원에서 볼 때 지식은 조직의 프로세스, 문서, 제품, 서비스, 설비, 시스템에 코드화되어 저장되어 있다. 지식은 개별적으로 획득되어 개인의 능력이 되고, 함께 공유되어 기업의 자산이 되며, 활용되어 효과적이고 가치 창출적인 조직을 만든다. 이러한 지식은 학습의 결과로 생성되며 기업에 지속적인 경쟁우위를 제공해 주며, 새로운 환경에 적응할 수 있는 능력을 제공해 준다.

2. 지식의 특성

지식의 의미를 보다 명확히 이해하기 위해 기업활동의 차원에서 지식의 몇 가지 특징을 살펴보면 다음과 같다.

첫째, 지식에는 명시적 지식과 묵시적 지식이 있다. 명시적(explicit) 지식은 공식 언어로 표현되어 개인들 사이에 전달될 수 있는 지식인 반면, 묵시적(tacit) 지식은 개인적 경험을 통해 체현되며, 개인적 신념, 관점, 가치 등과 같은 무형의 요소를 포함하는 지식이다. 묵시적 지식은 개인적 능력 차원을 넘어 조직의 자원이 되려면 기록되고 공식화되어 명시적 지식으로 전환되어야 한다.

12) 지식에 대한 정의는 소크라테스(Socrates, 470-399 B.C.)는 자기 자신을 아는 것으로, 프로타코라스(Protagoras, 483-414 B.C) 는 논리·문법·수사학으로, 도가에서는 깨달음과 지혜에 이르는 길로, 그리고 산업혁명 이후에는 실용성을 지니며 사회적 지위가 경제적 성과를 얻을 수 있는 수단으로 다양하게 정의되고 있다.

13) Peter F. Drucker 저, 이재규 역, 「자본주의 이후의 사회」, 한국경제신문사, 1993. p.83.

14) 이러한 정의는 의사결정 관점에서 내린 것으로, 다른 관점에서 볼 때는 다르게 정의될 수도 있다.

15) 윤석철, 「과학과 기술의 경영학」, 경문사, p.175.

둘째, 지식의 주요 특징은 추상화(abstraction)이다. 업무를 성공적으로 수행하려면 상세한 내용의 기록된 정보가 있어야 한다. 추상화는 이러한 상세한 정보를 적정 수준으로 요약하고, 세부내용 속에 존재하는 패턴을 추출해내는 역할을 한다. 추상화는 사람들이 다양한 상황에서 판단하는 것을 도와주고 일반화하는 것을 도와준다.

셋째, 지식은 권위가 있어야 한다. 먼저 지식은 최신의 자료로 시기적절성을 유지해야 하며, 지식은 관련 전문가에 의해 검증되어야 하며, 또한 지식은 문제해결에 유용한 해결책으로 받아들여져야 한다. 또한, 정보와 달리 지식은 믿음과 헌신적 요소를 포함하며 지식 간에 상호 모순이 있어서는 안 된다.

지식과 관련되어 조직은 지식 병목현상, 집단적 망각, 의사결정의 부문 최적화, 지식의 낭비 등의 문제들을 겪고 있다. 지식 병목현상은 어떤 지식은 공급이 부족하여 경영활동을 제약하는 반면, 어떤 지식은 많이 축적되어 있음에도 불구하고 잘 사용되지 않는다. 집단적 망각은 가령, 조직 구성원이 자리를 옮기거나 그만두게 되면 조직은 과거에 획득한 지식과 교훈을 더 이상 유지하지 못하게 되는 경우가 많다. 의사결정의 부문최적화로, 지식이 제대로 활용되지 않아 최적의 의사결정을 내릴 수 없게 된다. 지식의 낭비란 조직은 자산이 어떤 지식자원을 가지고 있는지를 파악하지 못하고 있기 때문에 가치있는 지식을 낭비하는 결과를 낳을 수도 있다.

조직이 이러한 지식과 관련된 문제들을 해결하고 경쟁우위를 유지해 나가기 위해서는 지식은 적절히 관리될 필요가 있다.

지식을 전달하는 방식으로서 얼굴을 마주보고 하는 대면회의나 개인적 접촉은 오늘날에도 여전히 존재하고 있으며, 지식을 종이매체에 담는 프린터기도 또한 존재하고 있다. 그러나 정보나 지식을 전달하는 방식으로서 이러한 전통적인 방식이나 매체는 컴퓨터에 의해 대체되거나 보완되고 있으며, 지식 자원을 창출·기록·공급·활용하는 방식을 크게 변화시키고 있다.

전통적 지식경영 모델은 출판모델(publishing model)로, 특정 정보나 지식을 필요로 하는 사람들에게 관련된 커다란 정보덩어리를 던져주면 정보 탐색자가 많은 시간과 노력을 들여 이러한 정보뭉치에서 지식을 뽑아 쓰는 방식이었다. 그러나 이러한 전통적 지식경영 모델은 유기적 모델로 변화해가고 있다.

유기적 모델(organic model)은 지식 탐색자가 대화방식(interactive)으로 원하는 정보에 즉각적으로 접근하여 지식을 습득·활용하는 방식이다. 이는 사람과 정보에 실시간·온라인으로 접근가능하게 하는 정보통신기술의 기술적 압박과 작업환경의 복잡성과 급속한 변화 등의 환경적 견인이라는 수요와 공급요인에 의해 발전하게 되었다.

오늘날 제반 조직에는 지식과 관련되어 많은 변화들이 일고 있다. 가령, 정보의 전달매체인 종이문서와 전자문서의 비율이 급격히 변화하고 있으며, 문자·그래픽·차트·스프레드시트·소리·동화상 등의 통합 멀티미디어 정보를 조직의 모든 수준에서 접할 수 있게 되었다. 지식경영은 기업의 생산성을 향상시키고, 그렇게 함으로써 궁극적으로 사원들의 행복과 만족감을 향상 시킬 수 있다. 기업이 지식을 효과적으로 관리하기 위해서는 이러한 기술적 변화의 방향과 이러한 변화가 기업에 제공해주는 기회에 대해 관심을 기울여야 할 것이다.

3. 지식경영의 의의

지식경영(knowledge management)은 정보기술의 데이터·정보 가공능력과 인간의 창조적이고 혁신적인 능력을 통합해 기업의 지적자산과 구성원 개개인의 지식 및 노하우를 발굴·공유·전파함으로써 기업의 가치창조 활동을 극대화하는 과정이라 볼 수 있다. 지식은 마치 샘물과도 같다. 샘물은 끊임없이 샘솟아야 하고, 믿을 수 있어야 하며, 깨끗해야 한다. 마찬가지로 기업의 지식도 끊임없이 축적·갱신되어 기업 곳곳으로 흘러야 한다. 이를 위해경영자들은 올바른 지식의 원천을 탐색하고, 지식에 대한 접근 및 보급에 힘써야 하며, 조직의 지적자산이 부패하지 않도록 보호해야 한다. 또한 지식경영은 조직의 지적 자산이 부패하지 않도록 보호하고, 정보추가, 가치향상 등을 통해 의사결정·제품·서비스의 질을 향상시킬 기회를 탐색하는 것이며, TQM, 비즈니스 리엔지니어링, 조직학습 등이 지니는 경영기법의 허점을 보완하고 향상시키는 것이다. 경영자나 관리자, 컨설턴트들에게 이러한 지식경영 개념은 다소 생소하게 들릴 수 있으나 컴퓨터 등장 이후로 지식을 창출하고, 관리하고, 이전하는 역할을 담당했던 사람들, 예컨대 커뮤니케이션 전문가나 교육훈련 전문가, 정보학 전문가, 시스템 분석가들에게는 그다지 낯선 개념은 아니다.

지식경영의 주요 내용은 지식과 관련된 욕구, 자산, 문제, 기회 등을 확인하는 것과 지식경영 전략과 해결책을 설계·개발·실행하는 것이다. 여기서 지식경영 전략과 해결책은 인적 측면, 과정적 측면, 기술적 측면으로 이루어져 있다. 먼저, 인적 측면은 채용, 훈련, 개발, 동기부여, 조직화, 직무설계, 문화적 변화 등을 포함하며, 과정적 측면은 점진적 개선(TQM), 리엔지니어링(BPR), 조직학습 등을 포함한다. 그리고 기술적 측면은 기존의 정보시스템 외에도 인터넷, 인트라넷, 그룹웨어, 데이터웨어하우스(data warehouse), 데이터마이닝(data mining) 등의 웹, DB 기술 등을 포함하는데 아는 기업에 새로운 가능성을 제시해 주고 있다. 가령, 고객지원에 사용되는 전문가시스템, 컨설팅 분야에 사용되는 모범사례공유시스템, 기업의 생산 및 마케팅에 활용되는 실시간 지식공유시스템, 문서관리에 초점을 둔 지식관리시스템 등이 그것이다. 이러한 각종 기술과 도구들은 지식을 공유하고 재사용하고 관리할 수 있도록 도와주며 팀 간 네트워킹을 가능하게 해주고 있다.

4. 지식경영 사례

오늘날 업계 및 학계에서 진행되고 있는 지식경영을 위한 노력들은 지식저장소의 구축, 지식접근성의 증대, 지식환경의 조성, 자본으로서의 지식관리라는 네 가지 차원에서 살펴볼 수 있다.

1) 지식저장소의 구축

기업의 지식경영을 위한 첫 번째 사례로 지식저장소의 구축을 들 수 있다. 지식경영에 투자하는 노력 중 상당 부분은 연구 자료나 보고서, 논문 등에 담겨있는 지식들을 수집·저장하는 것으로 이는 다음과 같은 세 가지 방식으로 진행되고 있다.

첫째가 구조화된 내부지식 저장소를 구축하는 것이다. 기업은 연구보고서,

제품의 마케팅 자료·기법·방법론 등 구조화된 기업 내부의 지식을 지식저장소에 축적할 수 있다. 일반적으로 지식저장소에는 데이터보다는 어느 정도 지식을 담고 있는 문서정보가 저장된다. 가령 HP는 "Electronic Sales Partner"라는 구조화된 내부지식 저장소를 구축하고 있다. 여기에는 제품기술정보, 판매프리젠테이션, 마케팅 기법, 고객정보 등이 저장되는데 판매원들은 이를 활용하여 판매성과를 향상시키고 있다.

둘째가 비구조화된 기업 내부지식 저장소를 구축하는 것이다. 기업에는 구조화된 지식 외에도 사람들의 손끝이나 두뇌에 들어 있는 비구조화된 지식이 있다. 사람들은 이를 흔히 묵시적 지식(명시적 지식의 반대)이라 부르는데, 이러한 지식을 저장소에 축적하기 위해서 기업조직은 일명 공동체기반 전자토의시스템을 사용한다. 가령, HP 교육담당부서 직원은 각자가 교육현장에서 터득한 비법이나 경험, 통찰력 등을 DB에 저장한다. 기업 곳곳에 흩어져 있는 약 2,000명의 트레이너와 교육자들은 전자토의시스템을 통해 이러한 지식을 접할 수 있다. 이와 같은 지식저장소는 전통적으로 신입사원 오리엔테이션, 문화적 의식, 조직적 관행 등을 통해 이루어지고 있는 지식공유 활동을 가속화하고 넓혀나가고 있다.

셋째가 기업 외부지식 저장소를 구축하는 것이다. 기업환경이나 경쟁사 등의 외부지식을 다루는 경쟁정보시스템은 지식경영시스템으로서는 다소 간과되는 경향이 있는데, 이는 외부 환경에 대한 정보를 여과·체계화·추가함으로써 기업에 더 나은 가치를 제공할 수 있다. 가령, 미국의 한 자동차 제조업체는 경쟁사에 대한 외부지식저장소를 보유하고 있다. 여기에는 경쟁사에 대한 시장조사 결과나 보고자료 등이 들어 있는데, 지식관리자는 지식관리시스템을 이용하여 정보에 상황설정 및 체계화 등의 과정을 통해 지식을 축적·갱신하고 기업 내 필요한 사람들에게 제공한다.

2) 지식경영환경 구축

기업조직에 지속적으로 지식을 공급하고 이를 활용할 수 있는 분위기를 조성하기 위해서는 정보기술 인프라를 구축하는 것 외에도 지식경영에 대한 인식의 확대, 지식공유 문화의 창출, 지식관리 프로세스의 개선 등 지식경영을 위한 보다 효과적인 환경을 조성하는 것이 중요하다.

가령, IBM은 지속적으로 지식경영에 대한 성과측정을 개발하고 있는데 여기에는 회사의 지적자산 축적에 기여한 직원들에게 특별보너스를 주는 방법이 활용되고 있다. 또한 한 컨설팅회사는 컨설팅 서비스의 제공자에게 관리지식의 창조·분배자로 종업원의 직업에 대한 인식을 변화시켜 나가고 있으며 이를 정착시키기 위해 기업의 구조화된 지식베이스에 대한 공헌을 보상의 결정요인으로 삼고 있다. 인센티브나 성과측정지표를 개발하는 것 외에 기업은 지식 경영을 담당하는 직책을 마련할 수도 있다. 가령, Ernst & Young은 기업의 지식관리활동을 총 책임지는 CKO(chief knowledge officer)를 두고 있는데 이들은 조직에 숨어있는 지식을 발굴 전파하여 기업의 자산으로 전환함으로써 효과적이고 가치창출적인 조직을 만들어가고 있다.

3) 지식자원의 관리

지식경영을 위한 또 다른 사례로 고객과의 관계, 업무지식·노하우·특허 등의 조직지식, 조직의 혁신능력 등 비재무적인 지표들을 자금, 건물 토지 등의 재무적 지표와 마찬가지로 관리하는 것을 들 수 있다.

스웨덴 금융회사인 스칸디아(Skandia)는 재무제표는 물론 인적자본 및 조직에 체화된 지적자본을 측정하고 이를 중심으로 기업발전을 유도해나가고 있다. 이 회사는 지식자본의 가치를 주주들에게 인식시키고 지적자본의 효과적인 사용을 증가시키기 위해 매년 지적자본 가치를 연차회계보고에 포함하여 주주들에게 발표하고 있는데 여기에는 회사의 임직원, 고객, 정보인프라, 업무프로세스 등에 대한 정보가 들어 있다. 또한 다우케미컬(Dow Chemical)은 가치창출의 원천인 현금자산과 고정자산 뿐만 아니라 지적자산의 효율적인 운용이 중요함을 인식하고 특허, 기술, 노하우 등 지적자산관리를 효과적으로 추진함으로써 프로그램 시작 1년 만에 4백만 달러를 절약했다.

위에서 언급한 지식경영 사례는 설명의 편의상 구분 지어본 것으로 실제의 기업현장에서 그 어느 하나만 독자적으로 존재하는 경우는 드물다. 가령, 한 직접마케팅 회사에서는 CKO가 공식·비공식 지식이전 프로그램을 추진하여 지식접근성을 향상시키면서 동시에 지식 친화적인 문화를 조성해나가고 있다. 또한 컨설팅회사의 경우는 기업 내부의 문서 저장소를 구축하거나 경험 등의 비구조화된 지식베이스의 구축함으로써 구조적·비구조적 지식을 축적하면서 전문가 네트워크와 개발 등으로 지식접근성을 향상시키고 있다.

5. 지식경영책임자

지난 몇 년 동안 기업의 CIO(chief information officer)들은 기업경영에 정보통신기술을 활용함으로써 이익을 창출하고 경쟁우위를 확보하는 데에 많은 영향을 미쳐왔다. 그러나 최근 들어 지식의 발견, 창출, 전파, 활용하는 것과 관련된 지식경영 활동의 중요성이 부각되면서부터 CIO에 대한 명칭이나 조직상의 역할에 대한 변화의 움직임이 서서히 일고 있다. 이와 관련되어 경영계에서 일고 있는 논의의 핵심은, 기업의 전세계적으로 경쟁하기 위해서는 전통적인 CIO의 역할은 어느 정도 변화할 필요가 있다는 것이다. 즉, CIO는 CKO로 진화·발전함으로써 개인용 컴퓨터나 데이터웨어하우즈에 들어 있는 정보를 행동으로 옮길 수 있는 지식으로 변환시킬 수 있어야 한다는 것이다.

1) 지식경영책임자의 정의

미국 등지에서 지식경영 총책임자(CKO: chief knowledge officer)란 용어가 등장하기 시작한 것은 비교적 최근에 일이다. 따라서 CKO가 무엇인지 명확히 정의되지 않은 채 회자되고는 있지만, 지식관련 활동을 담당하는 총책임자 정도로 생각해 볼 수 있다. 앞서, 지식에는 명시적 지식과 묵시적 지식이 있고, 이러한 묵시적 지식은 개인적 능력 차원을 넘어 조직의 자원이 되어야 하며, 이렇게 되기 위해서는 기록되고 공식화되어 명시적 지식으로 전환되어야 한다고 살펴보았다. 바로 이러한 역할을 담당하는 직책이 CKO라고 볼 수 있다. CKO는 기업의 여기저기에 숨어있는 지식을 발굴·전파하여 기업의 자산으로 전환함으로써 효과적이고 가치 창출적인 조직으로 만드는 사람이다. 이러한 역할을 효과적으로 담당하기 위해 CKO는 저널리스트와 같은 재능을 보유하고 있어야 한다고 주장되고 있다.

가령, 전국(또는 전세계)에 지사를 두고 운송업을 경영하고 있는 기업이 있고, 부산(또는 워싱턴) 지사에 있는 총책임자가 제품운송을 효율적으로 수행할 수 있는 지식을 보유하고 있다고 하자. 이 때 이러한 지식을 입수하여 다른 지사에도 전파·활용할 수 있다면 그 기업의 경영 효율성을 그만큼 향상될 수 있을 것이다. 이처럼 기업은 지식을 소유하고 있는 사람들로부터 이를 끌어내어, 일반 사람들이 사용할 수 있는 형식으로 재조직하고, 그러한 지식을 주기적으로 갱신하고 수정할 수 있어야 한다.

한 연구에 따르면, CKO는 조직이 지식과 학습을 획득·배분하는 데 요구되는 전략적 정책을 수립하는 사람으로서 다른 어떤 중역들보다도 조직에 있는 사람들의 생산성과 모티베이션에 보다 큰 영향을 미칠 수 있다고 한다. 기업의 지식경영을 담당할 상위 직책으로서 CKO(chief knowledge officer)와 CLO(chief learning officer)를 제안하고 있는데, CKO는 정보기술을 활용하여 구조화된 지식을 획득하고 활용하는 책임을 지며, CLO는 정보기술 보다는 학습과정을 통해서 조직구성원들이 지식을 획득 할 수 있도록 지원해주는 인사관리 기능을 담당한다. 기업이 지식경영업무를 효과적으로 수행하려면 이러한 기업에 직책을 담당할 사람을 마련해 두어야 한다고 한다. 이러한 CKO나 CLO는 전통적인 CIO의 역할에서 진화·발전된 것이라 볼 수 있는데 이는 인터넷, 인트라넷, HTML, 데이터웨어하우징 등의 지식창출 및 전파와 관련된 정보기술의 발전에 많은 영향을 받았다.

2) 지식경영책임자와 관련용어

기존의 기업에 위치하고 있는 CIO와 최근 등장하고 있는 CKO가 어떻게 다른가에 대해 살펴보도록 하자. CIO는 기술 지향적이라 볼 수 있다. CIO는 전형적으로 어떻게 하면 정보기술을 활용하여 정보를 잘 처리할 수 있을까 하는 데에 중점을 두는 반면, CKO는 기술보다는 기술을 통해 구현 될 수 있는 지식의 전략적 측면에 보다 많은 초점을 둔다. 따라서 CKO는 기술적 용어와는 거리가 멀고 오히려 사람이나 사람의 아이디어 등을 다루는 일종의 경영기술과 관련되어 있다고 볼 수 있다. 즉, 우리가 무엇을 알고 있는가, 우리가 이를 어떻게 왜 알고 있는가, 그리고 우리가 이를 입수할 때 언제 알게 되는가 하는 것을 확인하고 이해하는 데에 초점을 둔다. 아울러 CKO는 지식이전을 책임지며, 정보를 수집하는데 있어서 무엇이 중요한가, 기업을 구축하고 경쟁우위를 획득하는 데 어떠한 정보가 필요한가 하는 데에 관심이 있다.

6. 지식경영과 정보기술의 활용

지식경영을 위한 정보시스템은 지식경영에 있어 기업으로 하여금 정보의 흐름을 최적화하고, 지식 기반을 축적하도록 도와줌으로써 가치 있는 역할을 수행하고 있다. 지식경영에 유용한 정보시스템으로 사무정보시스템, 지식작업시스템, 그룹협력시스템, 인공지능시스템 등을 들 수 있다.[16] 이 시스템들은 지식작업을 지원하고 조직의 지식 베이스를 정의하고 포착하는 데에 주로 초점을 맞춰져 있다.

사무정보시스템(office information system)은 조직에 정보를 확산시키고 정보의 흐름을 조정한다. 여기에는 워드프로세싱, 탁상출판, 이미지처리, 전자 캘린더, 데이터베이스 등이 포함된다.

지식작업시스템(knowledge work system)은 숙련된 지식근로자와 전문가들의 지식 창출 활동을 지원한다. 여기에는 CAD, 가상현실시스템, 포트폴리오 관리자의 재무활동을 지원해주는 투자 워크스테이션 등이 있다.

그룹협력시스템(group collaboration system)은 그룹으로 작업하는 사람들의 지식 창출 및 공유 활동을 지원하며 여기에는 그룹 의사결정지원시스템, 전자회의실, 그룹웨어, 인트라넷, 인터넷 등이 있다.

인공지능시스템(artificial intelligence system)은 조직 또는 개별 관리자들에게 코드화된 지식을 제공함으로써 조직 내의 다른 사람들이 이를 재활용할 수 있게 해준다. 여기에는 전문가시스템, 신경망, 퍼지이론, 유전자 알고리즘이 있다.

16) Laudon, Kenneth C., and Jane P. Laudon, "*Essentials of Information Management system,*" Prentice-Hall, 1997, pp.370-379.

Part Ⅱ

인터넷의 확산과 전자상거래의 성공전략

Chapter 5

전자상거래의 의의와 발전과정

1. 전자상거래의 의의

전자상거래(Electronic Commerce : EC)는 기업, 정부기관과 같은 독립된 조직 간 혹은 개인 간에 다양한 전자적인 매체를 이용하여 상품이나 서비스를 교환하는 방식으로 정의할 수 있다. 전자상거래라는 개념은 1989년 미국 국방성의 프로젝트를 수행하는 과정에서 처음으로 사용되었으며, 1993년 미국 연방정부의 구매 조달 프로그램에서 채택하면서 확산되기 시작하였다.

전자상거래가 인터넷의 등장으로 확산되게 된 것은 인터넷이 별도의 소프트웨어를 구매하고 비싼 통신료를 지불해야 했던 기존의 사설 데이터시스템이나 부가가치통신망(Value Added Network : VAN)의 경우와 비교할 때 비용이 저렴하고 손쉽게 이용할 수 있기 때문이다. 따라서 일반적으로 전자상거래라고 말할 때에는 인터넷 전자상거래를 포함한 광의의 전자상거래를 의미하며, 이 경우 정형화된 데이터뿐만 아니라 이미지, 비디오, 음성 등과 같은 비정형적인 데이터를 비롯하여 CAD(Computer-aided design)/CAM(Computer-aided manufacturing)과 같은 생산 및 기술 데이터 등이 모두 포함된다.

전자상거래와 유사하게 사용되는 용어로 EDI와 CALS가 사용되기도 한다. 전자상거래는 EDI를 이용한 생산, 유통, 물류업체간 상거래 데이터의 전자적 교환은 물론 최근 인터넷의 활성화와 함께 최종 소비자와의 전자적인 상거래도 포함하고 있다. 따라서 전자상거래는 EDI보다 상위 개념으로 보는 것이 일반적이다.

한편, CALS는 1985년 '컴퓨터에 의한 병참지원(Computer Aided Logistic Support)'에서 출발하여 조달업무, 제품수명주기 관리, 기업통합 등의 개념이 추가되면서 1994년에는 '광속 상거래(Commerce At Light Speed)'로 확대 발전되어 왔다.

여기에서 EDI란 'Electronic Data Interchange'의 약어로써, 거래당사자가 인편이나 우편에 의존하는 종이서류 대신 컴퓨터가 읽을 수 있도록 표준화된 전자문서를 데이터 통신망을 통해 컴퓨터와 컴퓨터 간에 교환하여 재입력 과정 없이 업무에 직접 활용할 수 있도록 하는 새로운 정보 전달 방식이다. EDI는 CALS의 중요한 구성요소 중의 하나로써, 실제로 CALS 표준의 구성요소중 상거래 비즈니스를 위한 표준으로 EDI 표준을 그대로 수용하고 있으며, 현재 기업들 간의 CALS 도입을 위한 전 단계로서 EDI 도입이 활발하게 이루어지고 있다. 따라서 EDI는 비즈니스 거래를 위한 CALS/EC의 핵심요소로서 여전히 중요한 위치를 차지하고 있다.

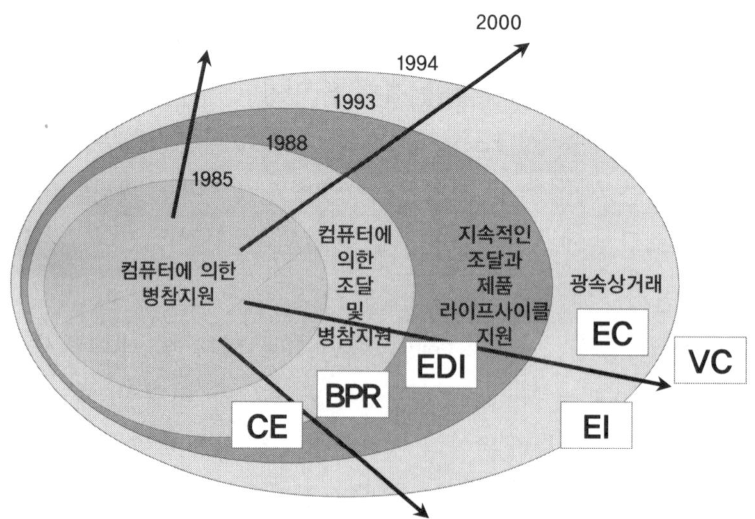

BPR : Business Process Reengineering(리엔지니어링, 업무재설계)
C E : Concurrent Engineering(동시공학, 동시병행설계)
EDI : Electronic Data Interchange(전자문서교환)
E C : Electronic Commerce(전자상거래)
E I : Enterprise Integration(기업통합)
V C : Virtual Corporation(가상기업)

【그림 Ⅱ-1】 전자상거래 등 용어의 범주

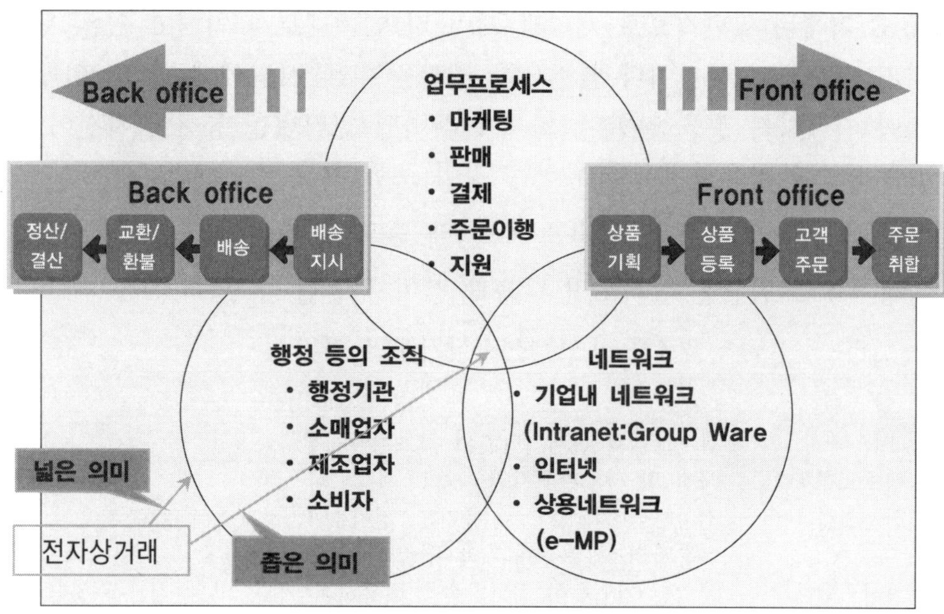

【그림 Ⅱ-2】 전자상거래의 범주

전자상거래는 거래 주체에 따라서 B to B 거래, B to C 거래, G to C 거래, C to C 거래 등으로 구분할 수 있다.

B to B 거래는 기업 간 거래로서 EDI나 CALS의 발전된 모습으로 볼 수 있다. 기업 간 자재를 조달하거나 물품을 사고 팔 때 거래의 효율성을 높이기 위해 인터넷 등을 통하여 거래하는 방식을 말한다. B to B거래에서 주로 거래되는 물품으로는 상품이나 원재료 및 부품뿐만 아니라 전자자금이체, 문서의 송수신, 주식 및 채권거래에 이르기까지 다양하며, 최근에는 전자적 형태의 무체물의 거래도 활성화되고 있다.

B to C 거래는 기업과 개인 간의 거래로서 기업이 개인에게 상품을 사고파는 거래를 의미한다. 기업이 웹브라우저를 통하여 상품을 마케팅하고 고객은 인터넷을 통하여 주문을 하고 대금을 지불하면 물품이 도착하게 되는 형태로 진행된다.

G to C 거래는 정부와 개인 간의 거래로서 일반적으로 상거래보다는 거래에 집중하여 이루어지는 개념이다. 즉 정부는 일반적으로 고객이라 할 수 있는 국민에게 많은 서비스를 제공하는데, 이러한 것들이 인터넷 기반의 거래 형태로 진행되는 것을 의미한다. 전자민원서비스나 공과금납부서비스 등이 해당한다고 볼 수 있다.

C to C 거래는 일반적으로 개인과 개인 간의 거래로서 가지고 있는 물건을 교환하거나 오래된 물건이나 불필요한 물건을 다른 사람에게 팔 때 인터넷을 이용하여 거래하는 것을 말한다. 넓게 해석하면 인터넷을 통하여 자신이 가지고 있는 정보를 공유하거나 교류하는 것이 포함된다.

이 밖에도 G to G거래 또는 B to G 거래 등도 있다.

전자상거래의 범위를 살펴보면 다음과 같이 구분할 수 있다.

〈표 Ⅱ-1〉 전자상거래의 범위

영 역	내 용
계 약	잠재고객과 잠재기업간의 최초계약체결
정보교환	사전 및 사후판매지원
전자지불	전자자금이체(EFT), 신용카드, 전자수표, 전자캐쉬 등을 활용
유 통	유통관리, 제품출하 추적시스템 등
가상기업	독립된 기업들이 정보기술을 이용하여 기술, 비용, 정보를 공유
기업프로세스 공유	ERP, 기업과 협력회사가 기업프로세스를 공동으로 소유하고 운영
정보기술	전자우편, 팩스, EDI, EFT, CALS

2. 전자상거래의 특성

전자상거래는 다음과 같은 장점을 가지고 있다.

첫째, 유통채널이 짧다.

전자상거래는 컴퓨터 네트워크를 통해 공급자와 구매자를 연결하기 때문에 도매점, 소매점과 같은 중간 유통 채널이 필요하지 않다.

둘째, 시간과 공간의 제약을 초월한다. 전자상거래를 활용할 경우 기업활동에 있어 시간과 공간의 제약이 사라져 기업은 24시간 실시간으로 전세계 어디서나 상품의 매매가 가능해진다.

셋째, 판매거점이 필요 없다. 기존의 상거래는 상품전시, 영업, 고객접대 등을 위한 판매 공간이 필요하였지만, 전자상거래의 경우 네트워크상에서 매매가 형성되어 판매거점이 필요 없게 된다.

넷째, 고객정보를 수집하기가 용이하다. 전자상거래는 디지털통신을 통해 형성되어 마케팅 및 판매과정에서 수집된 고객정보를 별도의 가공 없이 자사의 데이터베이스에 저장하여 마케팅 활동에 사용할 수 있다.

다섯째, 마케팅 활동이 효율적이다. 축적된 데이터베이스를 통하여 상품에 관심이 있는 특정고객을 대상으로 일대일로 상호대화식으로 마케팅이 가능하다.

여섯째, 고객의 욕구에 즉각적인 대응을 할 수 있다. 컴퓨터 네트워크를 이용하면 실시간으로 서비스가 가능하여 고객의 불만사항 및 문의사항에 대하여 즉각적으로 대응할 수 있고, 고객의 욕구변화를 신속히 파악할 수 있기 때문에 고객욕구의 만족이 가능하다.

일곱째, 소액자본으로도 사업을 전개할 수 있다. 인터넷을 이용한 가상공간에서의 사업은 토지 및 건물비용이 필요 없이 소자본으로도 사업영위가 가능하다.

위에서 언급한 장점 이외에 전자상거래는 다음과 같은 단점을 가지고 있다.

첫째, 거래에 대한 최초 소비자의 심리적 불안감을 야기 시킬 수 있다. 전자상거래의 경우 대면거래와 달리 소비자가 상품의 신뢰도나 선택에 있어 소비자의 심리적 불안을 야기 시켜 고액 상품의 취급이 곤란할 수 있으며, 특히 전자적 무체물의 경우를 제외하고는 운송중의 파손이나 선택제품과 실제 입수된 제품의 차이 등으로 인한 고객 불만이 발생될 수도 있다.

둘째, 거래의 안정성과 보안 문제가 선결되어야 한다. 전자상거래의 경우 거래의 특성으로 인하여 거래의 안정성과 보안 문제가 해결되지 않을 경우 고객이 거래를 진행하는 데 있어 불안감과 불편함을 수반하게 됨으로 이를 해결하기 위한 거래의 안전성 등이 확보되어야 한다.

〈표 Ⅱ-2〉 전자상거래와 전통적 상거래와의 비교

구분	전자상거래	전통적인 상거래 방식
유통채널	기업 ↔ 소비자	기업 → 도매상 → 소매상 → 소비자
거래대상지역	전 세계(global marketing)	일부지역(closed clubs)
거래시간	24시간	제약된 영업시간
판매 거점 및 방법	cyberspace	판매 공간 필요
고객수요 파악	온라인으로 수시 획득 재입력이 필요 없는 digital data	영업사원이 획득 정보 재입력 필요
마케팅 활동	쌍방향 통신을 통한 1대1 interactive marketing	구매자의 의사에 상관없는 일방적인 마케팅
고객 대응	needs를 신속히 포착 즉시 대응	needs포착이 어렵고 대응 지연
소요자본	홈페이지 구축등에 상대적으로 적은 비용 소요	토지·건물 등의 구입에 거액의 자금 필요

3. 전자상거래의 파급효과

전자상거래의 확산은 거래당사자인 공급자와 소비자의 거래형태에 대한 변화 이외에 거시 경제적인 국가경제의 총체적인 변화와 함께 개별경제, 사회, 문화, 가정, 개인 등 국가의 각 부문에서도 다양한 변화를 가져오고 있다.

또한 정보통신기술의 발전에 따른 새로운 정보통신기기 및 서비스는 인터넷 등 전자적인 매체에 의한 거래에 새롭고 편리한 기능을 거래당사자에 제공하고 거래당사자 이외에도 시장 구성원간의 관계를 재구성하게 되었으며, 이는 기업간, 산업간, 국가간에 있어서도 새로운 환경을 전개하는 계기가 되고 있다.

1) 경제·사회에 미치는 영향

전자상거래의 발전은 기업, 개인뿐만 아니라 국가 차원의 경제 및 사회적인 측면에서도 많은 영향을 미치고 있다.

그 내용을 살펴보면

첫째, 전자상거래의 발전은 기업의 내부 업무절차와 조직을 변화시키고 있으며, 정보기술을 활용한 경영혁신 활동은 기업의 업무를 단순화하고 불필요한 인력을 줄여 경쟁력을 대폭 향상시킬 수 있다.

둘째, 전자상거래는 기업에게 외부적으로는 고객에게 새로운 방식으로 접근할 수 있도록 하며, 새로운 사업영역 및 사업기회를 제공하는 역할을 한다. 전자상거래를 통하여 새로운 사업 환경이 조성됨에 따라 이를 통한 새로운 사업영역과 기회가 발생한다.

셋째, 전자상거래는 국가적 차원에서 정보 인프라 구축을 앞당기는 역할을 할 수 있다. 전자상거래의 확대는 전자상거래 관련 법적 제도(전자거래기본법, 전자서명법, 전자상거래 등에서 소비자보호에 관한 법률 등) 뿐 만 아니라 기술적 인프라(전자문서, 보안 및 인증, 전자금융거래 등의 기술 등)의 발전과 확산을 가져오게 된다.

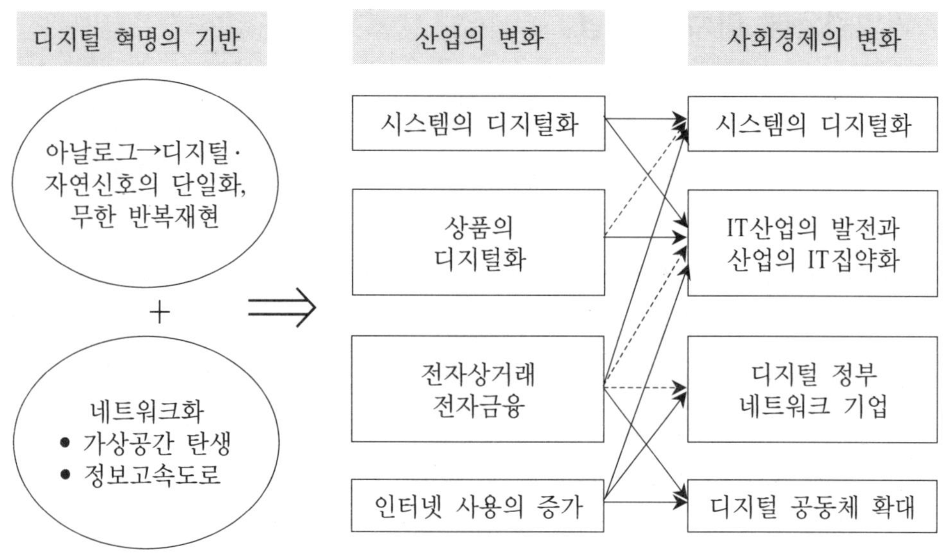

【그림 Ⅱ-3】 전자상거래가 경제사회에 미치는 영향

2) 산업에 미치는 영향

전자상거래의 발전을 정보 자체가 하나의 경제재가 되며, 정보의 표준화 가능성에 따라 정보가 상품이 된다. 개별적인 활동을 조직 내부 및 외부에서 효율적으로 통합하고 조직간 국가 간 경제활동의 장에서 시간과 공간의 제약을 극복하는 수단을 제공하며, 이는 과거의 산업활동을 효율적으로 변화시킨다는 점 이외에 전자상거래 방식에 맞는 서비스산업의 비중을 증대시키는 결정적인 촉매역할을 하게 됨을 의미한다.

서비스산업의 특성은 생산과 소비가 동시에 이루어진다는 점인데, 과거에는 정보, 지식, 아이디어가 상품에 체화되어 상품화되어야 하는 제약이 있었지만, 정보기술과 전자상거래의 발달로 정보와 지식을 중심으로 하는 서비스산업이 상품에 체화되는 과정이 없이도 경제재로 변화되어 이것이 상품으로서 거래되고 이를 통한 고부가가치를 실현할 수 있다.

3) 기업경영에 미치는 영향

인터넷은 기업 내부는 물론 외부와의 비즈니스 패러다임을 바꾸는 전략적인 중요성을 지니고 있으며, 기업의 상거래 활동과 조직 측면에서도 커다란 변화를 초래한다.

첫째, 시장 규모가 변화하고 있다. 즉 범세계적인 경쟁이 심화되고 있다는 것이다. 전자상거래가 가지고 있는 개방적이고 범세계적인 특성 때문에 시장 구성원의 수와 규모 그리고 구성원들이 세계 시장에서 경쟁하는 방법적인 측면에서 시장의 규모와 구조는 변화하고 있다.

둘째, 경쟁우위 원천의 변화를 들 수 있다. 인터넷을 기반으로 한 전자상거래의 발달은 과거의 기업의 경쟁력의 원천이 물리적 자산에 그 우위를 두고 있는 반면에 최근의 경쟁환경에서의 경쟁력의 원천은 정보 또는 협업의 관계 형성 등으로 주된 경쟁우위의 원천이 변화해가고 있다.

셋째, 구매비용의 감소이다. EDI를 활용할 경우 5~10%의 조달비용을 절약할 수 있고, 인터넷을 이용할 경우 감소폭 또한 확대 가능하다. GE의 사례를 살펴보면 온라인구매시스템을 통해 구매부서의 인건비를 30% 절감하고 원·부자재 비용을 20% 인하한 효과를 거두고 있는 것으로 나타나고 있다.

넷째, 재고 감소를 들 수 있다. 재고수준의 적정 운용으로 서비스 향상 및 운영비용 감소의 효과가 기대되고 있다. IBM의 사례를 살펴보면 부서 간 전자적인 정보교환과 신속한 처리로 재고회전율을 40%를 증대시키고 판매량을 30%로 증가시킨 예가 그것이다.

다섯째, 제품생산기간(cycle time)의 단축을 들 수 있다. 공급자와 수요자간의 정보교류 확대로 생산소요시간을 단축시킬 수 있습니다. 미국 자동차업계의 사례를 살펴보면 새로운 모델 개발에서 대량생산까지 80년대에 4~6년 걸리던 것이 30개월로 단축되었다.

여섯째, 보다 효율적이고 효과적인 고객 서비스를 제공할 수 있다.

제품에 대한 설명, 기술적인 지원, 주문한 제품에 대한 진행 상황 등을 실시간으로 관리할 수 있으며, 이를 통하여 보다 적절한 customize를 고객에게 제공할 수 있게 됩니다. Cisco의 사례를 살펴보면 고객서비스의 생산성을 200% 증가시키고 1억 2,500만 달러 이상의 고객서비스의 비용을 절감시켰다.

일곱째, 새로운 시장개척 및 판매기회 확대할 수 있습니다. 전자상거래 등을 통하여 기업의 입장에서 시장개척이나 판매기회에 대한 시간적·공간적인 제약을 극복할 수 있게 되고 이를 통하여 보다 용이하게 시장개척이나 거래처를 발굴할 수 있게 되었습니다. Dell의 사례를 살펴보면 Dell 고객 중 80%가 Dell의 web site 이용하고 있었고 이전에는 Dell 제품을 구매한 경험이 없었던 것으로 조사되었다.

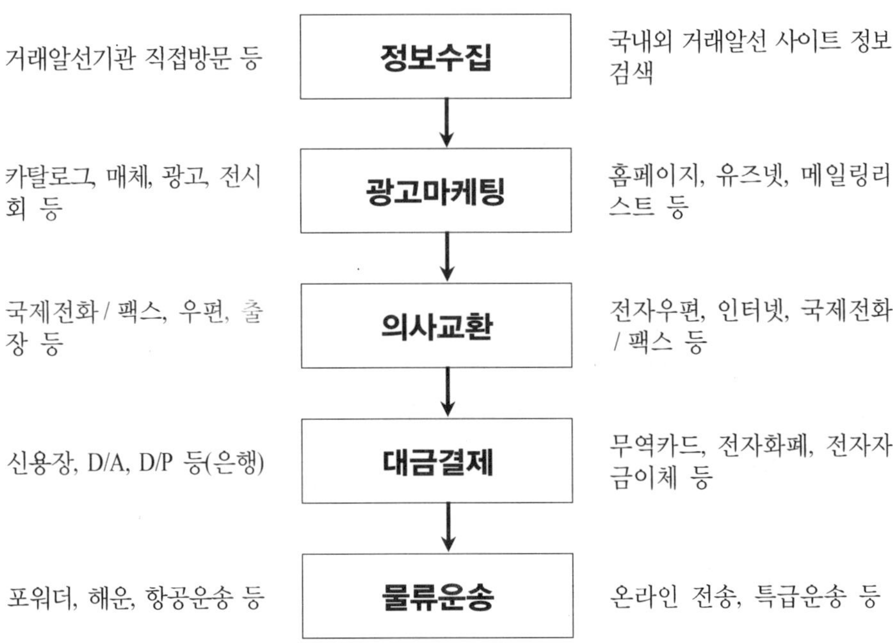

【그림 II-4】 수출기업의 경영활동에 있어서의 정보기술 적용 사례 -i-

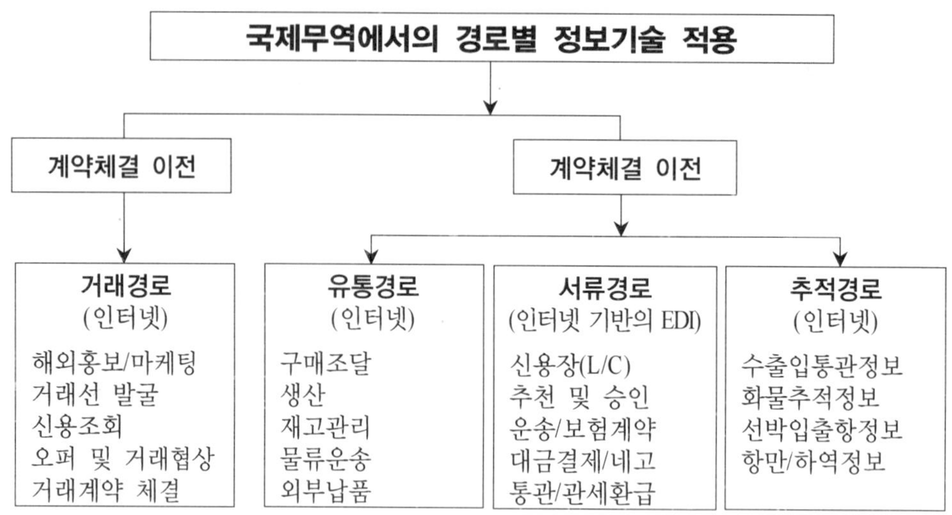

【그림 Ⅱ-5】 수출기업의 경영활동에 있어서의 정보기술 적용 사례 -ii-

4) 소비자에게 미치는 영향

첫째, 선택의 다양성이 확대된다. 전자상거래는 지리적, 공간적인 제약을 극복할 수 있으며, 가상의 공간속에서 전세계 정보와 기업, 제품, 서비스를 선택할 수 있는 선택의 다양성을 제공한다.

둘째, 편리성의 증대를 들 수 있다. 인터넷을 통해서 쇼핑하는 것은 시간을 절약할 수 있고, 소비자는 상점을 방문하거나 상점 영업시간에 맞춰서 다른 일정을 조정할 필요가 없게 된다.

셋째, 보다 풍부하고 다양한 정보를 제공받을 수 있다.

웹 소비자들은 풍부한 정보를 접할 수 있으며, 이러한 정보를 비교해서 정보의 질을 평가하고 선택할 수도 있다. 각종의 쇼핑정보를 지능형 에이전트를 통해 비교하고 원하는 가격과 색상 등을 선택해서 구매 할 수도 있다. 그러나 웹 환경 하에서 정보의 양은 늘어났지만, 이에 대한 문제점으로 양질의 정보를 이용하는데 어려움이 발생하고 개인의 신상정보나 지적재산권에 대한 정보의 관리가 문제로 나타나고 있다.

넷째, 제품 가격이 점진적으로 인하되는 효과가 나타나고 있다. 전자상거래가 실물 경제가 지닌 지리적, 차별화 속성에 의한 시장의 구분이 사라지게 되고 전 세계적 경쟁체제가 도입되면서 업체 간의 가격경쟁이 심화되고 지속적인 비용인하 노력으로 가격은 지속적 하락될 것이며, 전자상거래에서는 실물경제에서 발생되는 각종 비용의 축소로 가격인하 가능성 또한 확대되고 있다.

다섯째, 주문형 제품 또는 다품종 소량생산시스템의 전환을 들 수 있다. 인터넷은 개별 고객들에게 주문형 제품을 제공할 수 있는 가능성이 높다. 웹을 기반으로 하는 기업, 그 중에서도 특히 방송사 및 신문사 등은 이미 각 고객의 요구를 만족시켜줄 수 있는 주문형 제품 즉 컨텐츠 등을 제작하는 환경이 들어나고 있으며, 기업의 입장에서도 고객의 요구사항을 수렴한 제품을 생산하는 체제로 전환하고 있는 추세이다.

4. 전자상거래의 발전과정

정보통신기술의 발전과 더불어 전자상거래는 하나의 통일된 기술에 의존하기보다는 다양한 기술을 통하여 기업경영에 있어 광범위하게 응용되고 있다.

이러한 전자상거래의 업무는 정형화된 업무 유형과 비정형화된 업무 유형으로 구분할 수 있는데, 정형화된 업무유형은 EDI 방식을 이용하여 진행되고 있으며, 비정형화된 업무 유형은 인터넷 등을 이용한 방법으로 진행되어 가고 있다.

최근에는 EDI 업무의 경우도 과거 폐쇄망 형태에서 개방형통신망인 인터넷 기반의 EDI로 변화되어 가고 있다. 이러한 EDI의 이용 변화는 과거에는 기존의 VAN을 이용한 EDI 문서 전송(구조화된 EDI)을 실행하여 왔으나, VAN을 이용한 EDI의 경우 비싼 통신망 이용료 등으로 기존의 EDI를 사용하는 기업이 인터넷을 이용하는 EDI로 전환하여 활용하고 있다.

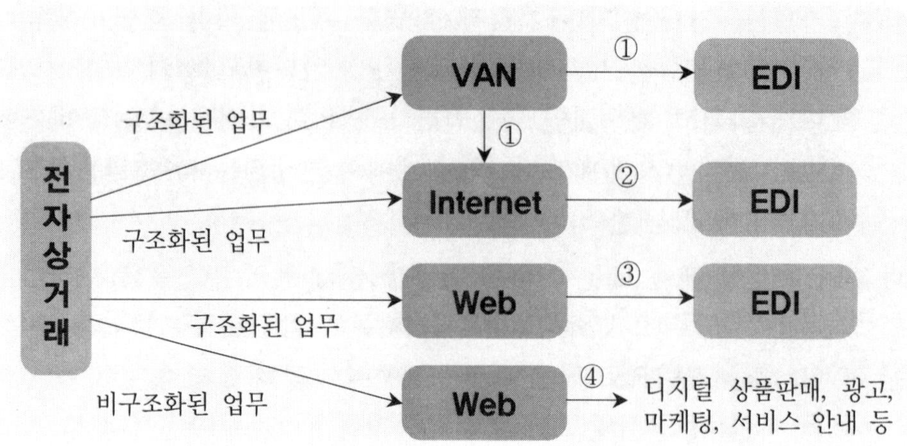

자료 : 정호원, "경영전략으로서의 전자상거래", 네트워크트랜드, 1997. p 130.

【그림 II-6】 전자상거래의 변화 추이

〈표 II-4〉 전자상거래 관련 주요 기술

기 간	주요내용
1970년대	- 은행간 전자자금이체(EFT)의 출현 - 송금정보를 전자적으로 제공하는 전자지불 제시 - EFT수단(신용카드) 출현
1970년대 후반~ 1980년대 초반	- EDI, E-Mail 등 전자메세징기술 출현/확산 - 종이에 의한 작업 감소, 자동화 확산 결제, 구매요구서, 선적문서 등의 전자화 재고관리, 자금관리 등 업무의 전자적 처리
1980년대 중반	- EC관련 신기술(Online 서비스)의 확산 - 대화형(interaction) 통신기술의 등장 IRC, News group, FTP - Virtual Community의 창출, Global Village의 태동 - Internet사용에 의한 세계시장 확대
1980년대 후반~ 1990년대 초반	- 전자메세징기술의 Workflow 또는 Groupware 기술과 통합, ERP 확대
1990년대 이후	- WWW의 출현으로 Internet의 쉬운 사용법 제공 - EC 활용과 더불어 이를 통한 체계적인 수단과 다양한 기업응용 제공 - 범세계시장에서 동등한 경쟁력 제공

5. 인터넷 라운드의 대두

인터넷라운드 정보통신 기술의 발달과 인터넷 이용의 증가에 따라 인터넷을 통하여 미국, EU등 선진국들이 주축이 되어 인터넷 전자상거래에 대한 기본틀(Framework)마련을 위해 새롭게 부상되는 무역 라운드를 말한다. 이에 따라 유엔국제무역거래법위원회(UNCITRAL)[17]에서는 1996년 6월 전자메시지의 효력 및 법적 구속력, 전자서명의 인정 및 법적 효력, 전자서명 인증기관 및 배상책임, 해상운송서류의 법적 문제 등에 관한 규정을 담은 "전자상거래에 관한 모델법"을 제정하기에 이르렀다.

국제기구에서의 전자상거래에 대한 논의는 OECD의 주도로 1994년 이후 본격화되었으나, 전자정보의 교환 등 개별이슈에 대한 기본적인 논의는 이미 1980년대부터 진행되었다.

인터넷 라운드의 동향을 살펴보면, OECD의 경우 전자상거래에 대한 논의에서 초기에는 개인정보 보호와 정보이동의 자유 등에 중점을 두었으나, 이후 전자적 환경에서의 상업적 활동의 유용성 및 경제 질서에 미치는 영향에 대한 인식과 함께 무역, 경쟁, 정부조달, 조세 등 국제경제활동 측면에 대한 연구 분석과 논의가 점진적으로 증대되고 있다.

APEC의 경우 "민간부문의 인프라 투자촉진을 위한 기본 틀"을 채택하여 2001년까지 아·태 정보화사회 달성을 목표로 전자상거래 촉진을 위한 암호화, 안전장치 개발 및 인적자원개발을 추진 중에 있다.

UNCTAD는 유엔아태경제사회이사회(Economic and Social Commissional for Asia and Pacific: ESCAP)와 공동으로 1997년 5월 "아태 정보기술 및 전자상거래에 관한 회의"를 개최한 바 있으며, 향후 5년 안에 세계교역의 20% 이상이 인터넷을 통해 이뤄질 것으로 전망하였다.

개별 국가들의 인터넷 전자상거래 관련 정책을 살펴보면, 미국의 경우 클린턴 대통령이 직접 '지구촌 전자상거래 기본계획'을 발표하면서 인터넷상거래는 더

17) 국제무역법위원회(United Nations Commission on International Trade Law: UNCITRAL)에서는 'UNCITRAL 전자상거래 모델법(UNCITRAL model law on electronic commerce)'은 1996. 6. 14, UNCITRAL의 제29차 회기에서 채택되고, UN총회 제51차 회기에서 통과되어 성립하였다. 모델법은 전문 17개조로 제1부(전자상거래 일반)와 제2부(특정분야에서의 전자상거래)로 구성되어 있다.

이상 강 건너 불이 아니라 모두가 관심을 갖고 적극 대처해야 할 것으로 정부에서 적극적인 육성정책을 추진하고 있다.

여기에서 "지구촌 전자상거래 기본계획(A framework for global electronic commerce)"이란 1997년 7월에는 클린턴 대통령이 발표한 계획인데, 인터넷상에서 이루어지는 전자상거래에 대해 세금 신설 금지, 소비자 권익 및 개인정보 보호, 무관세화 등과 관련한 국제적 통일규범 마련을 위해 세계 각 국과 협정체결을 위한 협상의 발판을 만들었다는데 의의가 있다. 이 계획은 국경의 장벽이 없고 기술적 발전이 빠른 인터넷 공간의 특성상 민간의 자율적 경쟁만이 순발력 있게 대응할 수 있다는 것이며, 정부는 단지 관련된 최소한의 법률을 제정하여 공정한 게임을 벌일 수 있는 장만 만들면 된다는 주장이다.

유럽연합(EU)의 경우 1997년 7월 8일 즉각 '본 선언'을 통해 미국의 인터넷 자유무역지대 주장에 즉각 동조하고 나서면서, 가입국 전체에 적용될 전자거래 법안을 마련하고 이와 관련된 국제표준을 선점하기 위한 다각적인 노력을 경주하고 있다.

일본의 경우 디지털사회 구현을 위하여 지속적으로 국가재정을 투입하고 있으며, 캐나다, 호주, 싱가포르 등의 나라도 인터넷 환경 하에서의 자국의 경쟁력 확보를 위한 다양한 노력을 경주하고 있다.

우리나라의 경우도 기업 간의 통합구도를 실현한다는 비전을 가지고, 정보통신부의 '인터넷 비즈니스 발전대책', 산업자원부의 '전자상거래 종합대책' 등을 통해 전자상거래에 대한 국제규범화에 대응하고 우리나라의 전자상거래를 위한 기반 구축, '전자거래기본법' 및 '전자서명법' 제정, 관련 제도 및 법규의 정비, 시설자금 및 핵심기반기술에 대한 지원 확대 등을 통한 전자상거래를 활성화하기 위한 다양한 정책을 추진하고 있다.

Chapter 6 전자상거래의 구현

전자상거래의 구현은 결국 비즈니스 모델의 창출이라는 측면에서 접근할 수 있다. 기본적으로 기업이 사업을 영위하고 이익을 창출하는 방식이라 정의할 수 있다.

1. 사이버 쇼핑몰의 구성

1) 시스템의 구성

전자상거래의 시스템 구성도는 다음과 같다.

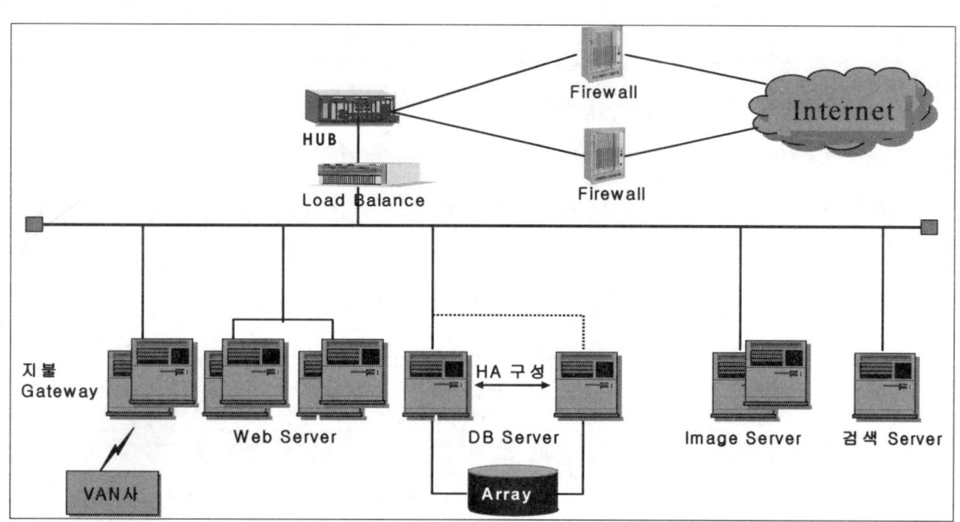

자료 : 김영덕, "전자상거래 쇼핑몰 구축 및 Back Office의 효율적 구성방안", 2000.

【그림 Ⅱ-7】 전자상거래의 시스템 구성도

(1) 하드웨어

사이버 쇼핑몰 구축 시 전자상거래 서비스를 운영할 수 있는 적절한 컴퓨터 시스템은 필수적이다. Internet상에서 사업을 수행하기 위한 여러 가지 시스템 가운데 서버의 구성 및 선택은 대단히 중요한데, 현재 전자상거래의 활성화에 따라 이와 관련된 다양한 장비들이 시장에 출시되고 있는데 이들 가운데 운영자의 목적에 부합하는 제품의 선택과 구성은 신중할 필요가 있다.

기본적으로 서버의 선정은 서비스의 질과 비용이라는 두 마리 토끼를 다 잡을 수 있도록 적절한 규모의 서버를 선정하는 것이 중요하며, 이를 위해서는 다음의 요인을 고려하여야 한다.[18)]

첫째, 서비스의 규모에 적합한 장비의 선정이다. 구축하고자 하는 사이트는 그 특성에 따라서 사용자의 수와 빈도, 접속시간 및 이용시간별 차이가 있을 것이므로 이에 따라 발생하게 되는 트랜잭션[19)] 이용량을 정확하게 예측하여 필요로 하는 Processor 처리 속도, Memory 및 Hard Disk Drive 용량 등 시스템 자원을 산출하여 관련 장비를 선택하여야 한다.

둘째, 서비스의 추가와 이용량 증대에 따른 확장성이 고려되어야 한다. 전자상거래를 시작하는 당사자들은 처음부터 막대한 금액의 투자를 하기 보다는 사업의 안정적 확대 측면을 고려하여 추가 투자를 전제로 하는 경우가 대부분이기 때문이다. 따라서 최초 시스템 도입 시 관련 장비의 확장성을 고려하여야 한다.

셋째, 서비스에 필요한 관련 소프트웨어를 고려하여야 한다. 시스템 구축에는 반드시 운영체계(OS : Operation System)에 따라 관련 Data Base, Web Server, Application S/W 등이 동작하지 않거나 연동에 문제가 발생하거나 최적의 성능을 발휘하지 못할 가능성이 있으므로

---

18) 구본철, 「전자상거래」, 박영사, 2001. 3. pp. 571 - 572.

19) transaction이란 상점에서의 고객의 주문이나 판매, 은행에서의 예금주의 입금이나 출금과 같은 하나의 외부 거래를 기록하기 위하여 컴퓨터 시스템 내부에서 완료되어야 하는 일련의 처리 동작. 트랜잭션에는 파일내용의 갱신, 수신응답(acknowledgement)의 통보 등이 포함된다. 트랜잭션 데이터가 단말기를 통해 입력되는 경우(teleprocessing), 하나의 트랜잭션은 단말기와 트랜잭션응용 프로그램을 작동시키는 컴퓨터 시스템 간의 몇 번의 메시지 교환으로 이루어지기도 한다.

이를 고려하여야 한다.

하드웨어의 구성에 있어 전자상거래 시스템의 구축에는 Single 대용량 서버로 구축하는 방법과 Multi 분산서버 시스템으로 구성하는 방법이 있다.[20] 전자상거래 시스템에서 핵심적인 서버로는 Database Server, Web Server, Merchant Server 등이 있는데 서비스에 따라서는 Fax Server, Mail Server 등을 따로 구축하기도 한다. 이러한 Application Server를 운용하기 위한 방법으로 하나의 하드웨어 시스템에 모든 Application Server를 운용하는 단일의 고성능, 대용량 서버를 이용하는 방법과 소요되는 시스템 자원을 여러 대의 하드웨어로 분산시켜 운용하는 Multi 분산 서버 시스템을 이용하는 방법이 있다.

국내외 대형 사이버 쇼핑몰의 대부분은 분산서버 시스템을 채택하고 있는데, 만일 웹 서버에 많은 부하가 걸릴 경우 웹 서버의 시스템 자원을 늘리거나 별도의 웹 서버를 전체 시스템에 추가할 경우 서비스의 확장성, 유연성의 측면에서 유리하기 때문이다.

또한 시스템의 High Availability를 확보할 수 있도록 구성해야 한다. 보통 High Availability를 구성하기 위해서는 대용량 저장장치로 Disk Array를 이용하고 시스템을 이중화하여 'System Ⅰ'과 'System Ⅱ'중 하나의 시스템이 Down되어 운영 불가능한 상태에 빠지더라도 다른 하나의 시스템이 Fail Over하여 서비스를 지속할 수 있게 된다.

그러나 이러한 형태의 구성은 상당히 많은 금액의 금전적 부담을 전제로 하기 때문에 신중할 필요가 있을 것이며, 쇼핑몰을 운영하는 사용자의 관점에서 최적의 대안을 도출해야 할 것이다.

(2) 소프트웨어

시스템 소프트웨어란 응용 소프트웨어의 실행이나 개발을 지원하지만, 응용 소프트웨어에 의존적이지 않은 독립적인 소프트웨어로서 컴퓨터의 운영 체계(OS), 컴파일러[21], 유틸리티 등이 있다. 전자상거래를 위해서 전제되

20) 구본철, 「전자상거래」, 박영사, 2001. 3. pp. 572 - 575.

21) 고급언어로 쓰여진 프로그램이 컴퓨터에서 수행되기 위해서는 컴퓨터가 직접 이해할 수 있는 언어로 바꾸어 주어야 한다. 이러한 일을 하는 프로그램을 컴파일러라고 한다. 예를 들어 원시언어가 Pascal이나 코볼(Cobol)과 같은 고급언어이고 목적 언어가 어셈블리 언어나 기계어일 경우, 이를 번역해 주는 프로그램을 컴파일러라 한다.

어야 할 고려 요소는 다음과 같다.

첫째, 시스템 소프트웨어의 안정성이다. 전자상거래 서비스 운영을 위해서는 서비스의 변경, 시스템의 점검 등 일부 특수한 경우를 제외하고 24시간 365일 중단되어서는 안되기 때문이다.

둘째, 경제성 측면으로 전체 쇼핑몰 시스템 구축시 제한된 예산 범위 내에서 관련 장비의 구매는 필연적이므로 비용과 효율성을 고려한 시스템 소프트웨어와 그 사양을 선택하는 것이 필요하다.

셋째, 응용소프트웨어 개발의 용이성 문제가 전제 되어야 한다. 일반적으로 응용소프트웨어 개발에는 많은 시간과 비용이 소요될 수밖에 없는데, 응용소프트웨어의 종류에 따라 그 차이가 존재하게 된다.

(3) 웹 서버

WWW는 TCP/IP에 기반한 Internet Protocol의 하나인 HTTP(Typer TexT Protocol)을 이용하는 서비스의 총체적인 개념이며, HTTP는 Web Server와 Client가 Hyper Text 문서를 송·수신하기 위해 사용하는 표준 Protocol이다. 모든 Web Server와 Client는 Hyper Media Document를 주고받기 위해서는 HTTP를 이용하여야 하며, HTTP Client와 HTTP Server 프로그램이 필요하다. 이와 같은 이유로 웹 서버는 HTTP 서버라고 한다. 그리고 HTTP Client가 탑재되어 있는 S/W가 Web Browser이다.

이러한 Web Server에는 UNIX에 주로 설치하는 Apache Web Server와 Enterprise Web Server가 있으며, Windows 계열에 주로 설치하는 IIS(Internet Information Server)가 있다.

Apache Web Server는 기본적으로 NCSA[22] Server의 Source를 사용자의 요

22) NCSA(National Center for Super computing Applications(미국 국립 슈퍼컴퓨터 활용센터) : 웹 서버의 원조라고 할 수 있는 NCSA 서버는 미국 일리노이 대학에서 만들어 졌다. GUI가 지원되는 최초의 Web Browser가 개발된 곳으로 이 브라우저의 개발자인 당시 22살의 마크 앤드레센은 후에 Netscape

구에 맞게 개량한 형태로서 성능과 기능면에서 우수하며, 하나의 Port(default : 80)에서 일반 Web과 Proxy를 동시에 지원할 수 있고, 각 기능이 Module화 되었다. 또한, IIS(Internet Information Server)는 Windows NT 기반 시스템에 설치 할 수 있는 웹 서버로서 환경설정이 쉽고, 높은 성능을 보장하며, NT와 잘 통합된다는 장점을 가지고 있다.

(4) 데이터베이스 관리 시스템

현실세계의 사물과 사건을 문자, 수치, 기호, 음성 또는 그림 등의 형태로 표현한 기록을 데이터라 하며, 이러한 데이터는 종이, 필름, 디스크 등의 여러 가지 매체에 저장되고, 사용자에게 필요한 내용을 검색, 정렬 또는 요약 등의 처리작업을 수행함으로서 정보로 전환된다.

데이터베이스(DB)[23]는 조직 내외에서 발생하는 발대한 양의 데이터를 수집, 저장하고, 복잡한 구조와 의미를 지닌 현실세계를 표현함으로서 여러 사용자들이 다양한 정보요구를 원활히 충족시키기 위한 주요한 정보기술로서 정착되었다. 즉, 데이터베이스는 한 조직 안의 여러 응용 시스템들이 공용할 수 있도록 통합, 저장된 운영데이터의 집합이라고 정의할 수 있다.[24]

이러한 데이터베이스와 사용자의 중간에서 일종의 교량역할을 수행하는 소프트웨어 시스템을 데이터베이스 관리 시스템(DBMS : Data Base Management System)이라 한다. DBMS는 데이터를 효과적으로 이용할 수 있도록 정리, 보관하기 위한 기본 소프트웨어로서 DBMS는 데이터베이스를 관리하기 위해 필요한 수행 과정인 Data의 '추가', '변경', '삭제', '검색' 등의 기능을 집대성한 소프트웨어 Package이며, 데이터베이스를 저장, 관리하는 기관이나 기업의 정보시스템 구축에 필요한 소프트웨어로서 고유의 문법과 의미를 가진 DBMS언어를 제

Browser의 탄생을 주도하였으며 그 회사의 설립자가 되었는데, 그 주요 기능은 다음과 같다. 시작할 때 미리 서버 프로세스의 수와 최대한 fork 할 수 있는 서버 프로세스의 수를 지정할 수 있다. SSI(Server Side Include)와 Multihome/Virtual Host를 지원한다. 이것은 하나의 서버에 다수의 이름과 IP address 가 있는 경우 필요한 기능이라 할 수 있다. 경로에 다른 이름을 줄 수 있으며 접근제한도 가능하다. 사용자 인증도 가능한데 이러한 기능은 더욱 발전한 Apache 웹 서버에서 계승되었다.

23) DB라는 용어는 정확히 언제부터 사용되었는지 그 출처를 알 수 없지만, 다만 1960년대에 미국의 시스템회사인 SDC, GE, IDC등이 데이터베이스 관리시스템을 만들었으며, 이는 현대적 개념의 데이터베이스 개념을 확립하는데 중추적인 역할을 하였다.

24) 최덕원·이동철, 「경영정보 데이터베이스 시스템」, 2000. 2. pp. 15-25.

공하여 왔으며, 최근에는 이러한 언어가 SQL[25](structured query language)로 표준화되고 있다. 주로 계층형(tree)과 network형(network) 및 관계형(relational)으로 구분되는데, 최근에는 관계형이 주류를 이루고 있다.

상용DBMS는 방대한 양의 데이터를 체계적으로 관리하며, 일반 사용자의 정보요구를 적시에 충족시켜주기 위하여 사용자가 별도의 응용프로그램을 작성하지 않아도 DBMS가 스스로 최적의 실행대안을 선택할 수 있도록 되어있다. 또한 여러 사용자가 동시에 접근을 시도할 경우의 문제점이나 보안, 고장복구, 무결성, 보고서 작성, 그래픽 처리 등의 부가적인 기능도 제공한다. 이러한 상용 데이터베이스의 종류로는 Oracle, Infomix, Sybase, Ingres, DB2, dBASE, FoxPro, Access 등이 있으나, 모든 제품이 기능과 성능 그리고 가격 면에서 차이가 있으므로 용도에 따라 적절한 DBMS를 선택해야 한다. 현재 활용빈도가 높은 상용 소프트웨어로는 MS사의 MS-SQL, 오라클사의 Oricle, IBM의 DB2 등이 있다.

전자상거래나 기업정보시스템에서 정보의 생성, 저장, 가공 등은 필수적인 기반기술이며, 정보관리기술은 컴퓨터 하드웨어의 기술과 병행하여 왔다. 또한 데이터베이스 관리기술도 데이터 웨어하우스[26], 데이터 마이닝기술, ERP, SCM, CRM 등 최신의 관리기술로 발전하고 있다. 이러한 정보산업의 핵심기반기술로서 데이터베이스는 그 중요성이 계속해서 지속될 것이다.

2) 전자상거래 서버

전자상거래 서버는 전자상거래 시스템의 핵심소프트웨어로서 전자상거래에 활용되는 서버를 구축하는 경우 사업자가 직접 구축하거나, SI업체에 수주를 주는 경우가 빈번하였으나, 전자상거래의 활성화와 함께 특정상용 프로그램을 활용하여 사이트를 구축하는 추세이다.

---

25) SQL은 현재 사용 중인 관계형 데이터 조작어 중 가장 중요한 언어로서 미국표준기구(ANSI)에서 데이터베이스를 조작하기 위한 언어로 선정되었고, DB2, Oracle, Ingres, dBASE, Access와 같은 많은 상용 DBMS제품들이 이를 데이터 접근어로 사용하고 있다.

26) 데이터 웨어하우스란 경영 및 정책 결정에 필요한 정보 처리기능을 효율적으로 지원하는 데이터베이스라 할 수 있다. 데이터웨어하우스는 단순히 데이터가 보관되어 있는 거대한 창고를 말하고, 웨어하우징은 처리과정의 측면을 고려한 아키텍처라 할 수 있다.(최덕원·이동철, 「경영정보 데이터베이스 시스템」, 기전연구사, 2000. 2. pp. 347-349)

이러한 전자상거래 서버는 해당 사이트의 특성 즉, 쇼핑몰의 성격과 운영정책에 따라 다양한 업무관계들이 존재하며, 이에 따라 그 성격이나 강조점이 상이해 질 수 있으나, 백오피스(Back Office)와 프런트 오피스(Front Office)로 구분할 수 있다.

(1) Front Office

Front Office란 웹 사이트 통해 특정 제품을 구매하려는 사용자가 최초의 쇼핑몰 접속에서부터 상품 분류 페이지, 최종 상품 카탈로그 페이지, 주문 페이지, 결제 및 배송정보 입력 페이지, 주문 완료 페이지에 이르기까지의 기본적인 Navigation과 상품 검색, 회원 등록, 각종 이벤트 페이지, 주문확인 및 취소 페이지 등 다양한 부가 기능이 쇼핑 몰 내에 특정한 메뉴로 구현되어 있는 전형적인 Front Office 구현시 전체적인 Navigating 구조와 흐름을 명확히 하는 것이 필요하다.[27)]

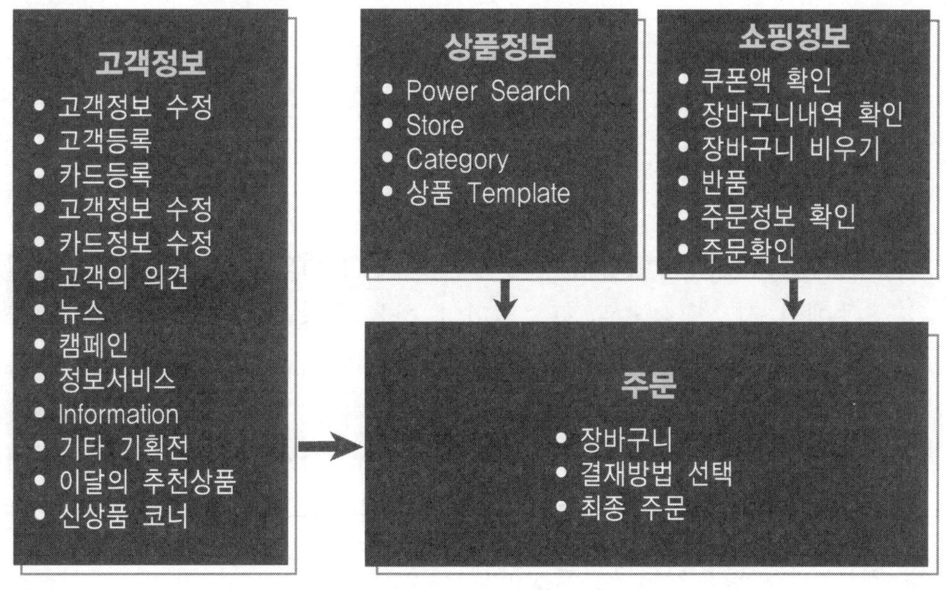

【그림 Ⅱ-8】 Front Shop의 구성

27) 구본철, 「전자상거래」, 박영사, 2001. 3. p. 579. ; 김영덕, "전자상거래 쇼핑몰 구축 및 Back Office의 효율적 구성방안", 2000.

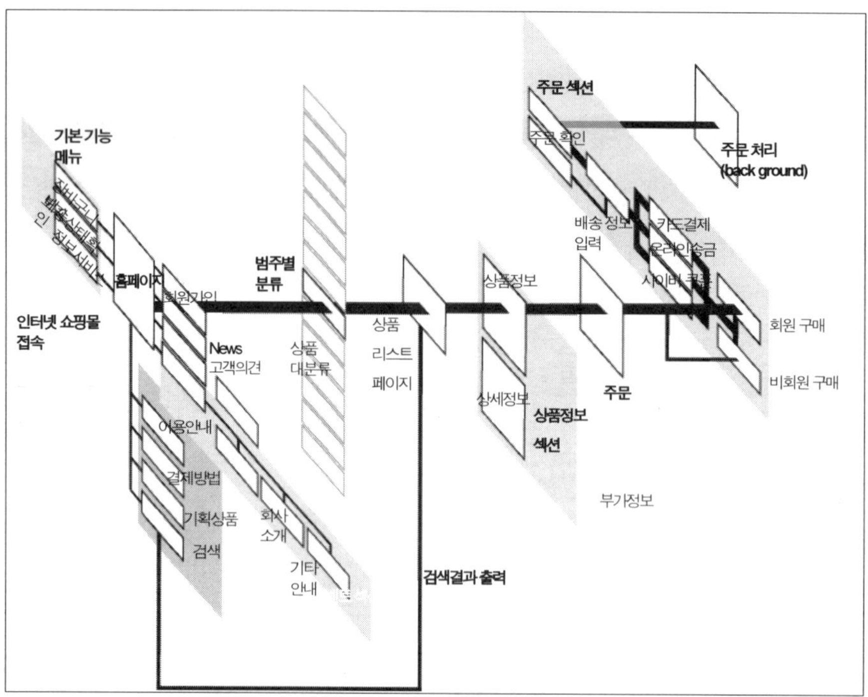

【그림 II-9】 Front Office의 Flow

(2) Back Office

Back Office란 웹 사이트 통해 비즈니스가 전개되는 과정에서 웹 사이트의 뒤쪽에서 시스템적으로 충족되어야 하는 작업들을 관리하는 시스템이다. 즉, 전자상거래 사이트를 기획할 때 필요한 각종 의사 결정을 지원하기 위하여 웹 사이트의 뒤쪽에서 정보의 수집·가공·저장·배포하는 작업이며 또한 이들의 상호 연관된 요소의 집합을 의미한다. 이러한 흐름도는 해당 쇼핑몰에 따라 일부 상이해 질 수 있으나, 각각의 거래 주체들의 업무관계를 중심으로 살펴보면 다음과 같다.

이벤트 신상품 정보, 이메일 발송, 고객의 주문 처리사항 제공, 배송 현황 확인, 감사 메일 발송 등 쇼핑몰 운영자가 고객에게 각종 정보를 제공하는 것을 포함하고 있다. 특히, 이러한 쇼핑몰과 고객과의 지속적인 관계 형성을 통한 마케팅은 사이버 쇼핑몰 구축에 있어서 매우 중요한 영역을 차지하고 있다.

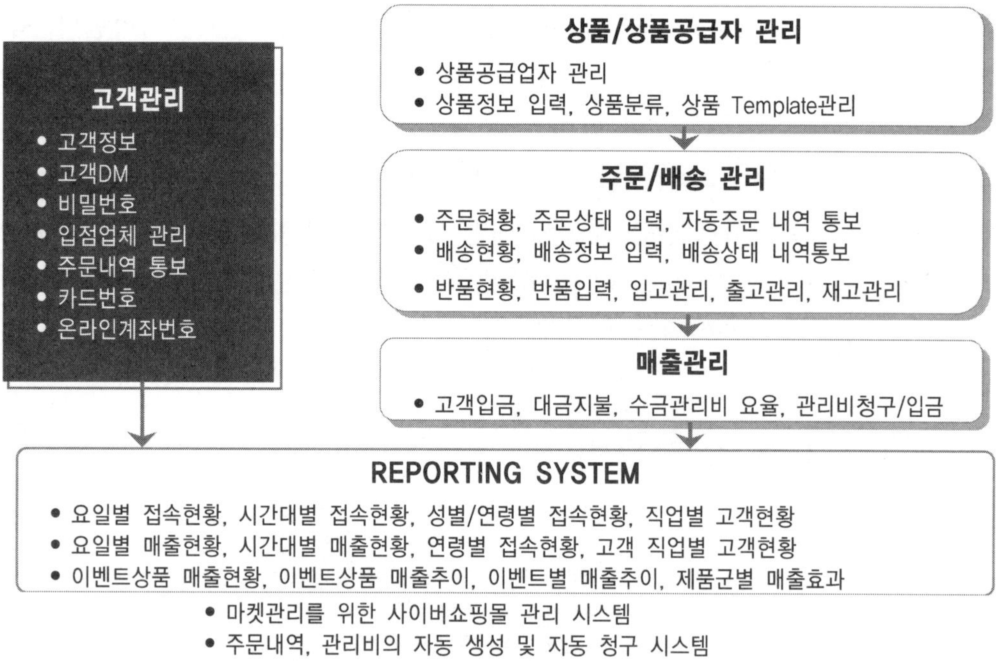

고객관리

- 고객정보
- 고객DM
- 비밀번호
- 입점업체 관리
- 주문내역 통보
- 카드번호
- 온라인계좌번호

상품/상품공급자 관리

- 상품공급업자 관리
- 상품정보 입력, 상품분류, 상품 Template관리

주문/배송 관리

- 주문현황, 주문상태 입력, 자동주문 내역 통보
- 배송현황, 배송정보 입력, 배송상태 내역통보
- 반품현황, 반품입력, 입고관리, 출고관리, 재고관리

매출관리

- 고객입금, 대금지불, 수금관리비 요율, 관리비청구/입금

REPORTING SYSTEM

- 요일별 접속현황, 시간대별 접속현황, 성별/연령별 접속현황, 직업별 고객현황
- 요일별 매출현황, 시간대별 매출현황, 연령별 접속현황, 고객 직업별 고객현황
- 이벤트상품 매출현황, 이벤트상품 매출추이, 이벤트별 매출추이, 제품군별 매출효과

- 마켓관리를 위한 사이버쇼핑몰 관리 시스템
- 주문내역, 관리비의 자동 생성 및 자동 청구 시스템

【그림 Ⅱ-10】 Back End 구성

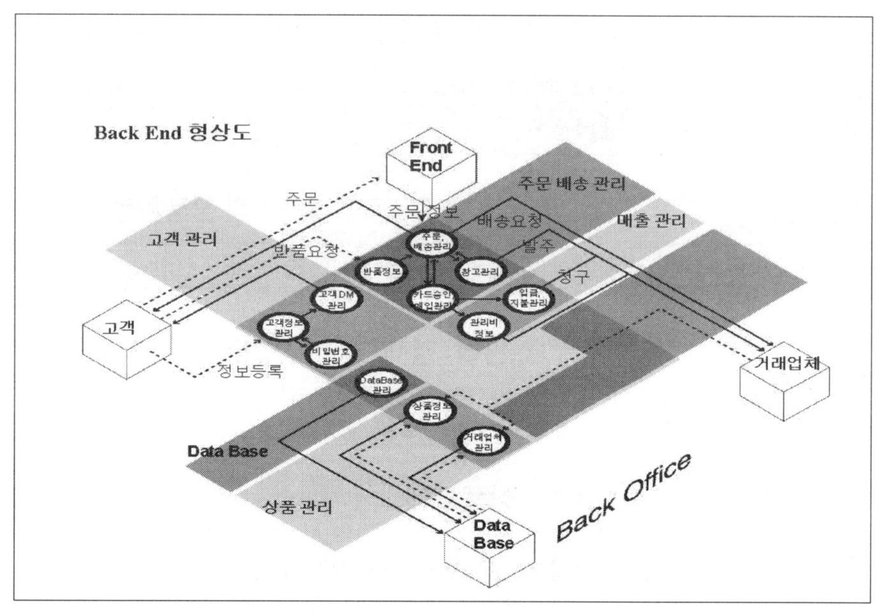

【그림 Ⅱ-11】 Internet 쇼핑몰 Back Office 흐름도

앞에서 언급한 Front Office의 흐름을 제어하기 위해 전자상거래 서버를 중심으로 제반 업무를 적절히 처리할 수 있게 만드는 흐름을 의미한다. 즉, 쇼핑몰 운영 내부적인 업무, 취급하는 공급 업체에서 수·발주한 상품의 출하정보를 이메일 또는 팩시밀리를 통해서 전달하고 상품대금에 대한 정산을 월, 주 등 일정한 주기별로 수행해야 한다.

동시에 물류센터로 상품 배송에 대한 지시가 내려가야 하고, 전체 상품배송비에 대한 정산이 이루어져야 하며, 신용카드 등 결제와 관련된 승인 번호의 흐름 역시 제어되어야 한다.[28]

2. 회원관리 및 상품관리

1) 회원관리

대부분의 쇼핑몰은 회원제로 운영이 된다. 회원이 아닌 경우 기본적인 검색은 가능하지만 구매시에는 상품구입자의 전화번호, 지불방법, 카드번호 등을 입력해야 한다. 따라서 매번 구매할 때마다 입력하는 번거로운 일을 방지하기 위해 회원의 기본 사항을 등록하게 되는데, 회원정보는 쇼핑몰의 운영자가 어떻게 관리하느냐에 따라 쇼핑몰의 재산이 될 수 있는 정보이며 보안에 각별히 신경을 써야하는 요소이기도 하다.

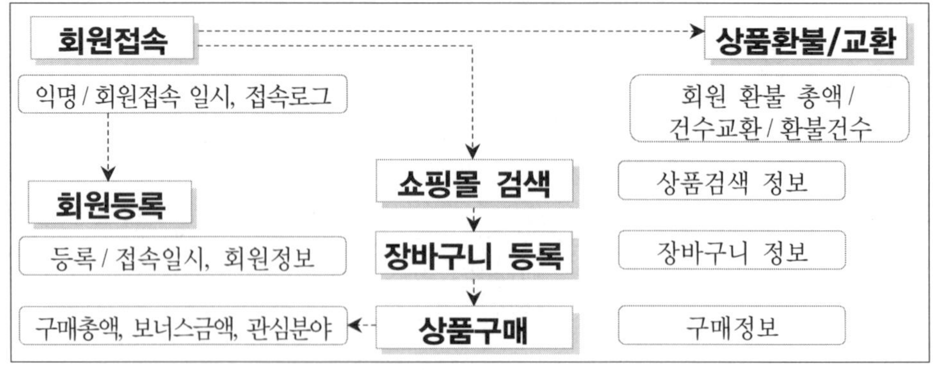

【그림 Ⅱ-12】 회원정보와 쇼핑정보의 관계

28) 구본철, 「전자상거래」, 박영사, 2001. 3. p. 578.

2) 상품관리

상품정보의 관리에 있어 상품을 조회하고 관리하기 위한 상품코드는 상품의 현황 및 재고관리 등에도 매우 유용하게 사용되고 있다. 일반적인 쇼핑몰의 구성은 상품의 개요를 볼 수 있는 리스트 기능과 상세정보를 보여주는 부분으로 구분되어 제공되어야 한다.

상품정보 등록절차는 아래와 같이 정리할 수 있다.

ⓐ 자료 입수 (이미지 및 텍스트)
ⓑ 자료 분류 및 기록
ⓒ 자료 스캐닝 (이미지)
ⓓ 이미지와 자료 텍스트 링크 부여 (관리 대장 기록)
ⓔ 온라인 등록 등

일반적으로 쇼핑몰에서의 상품정보 등록은 판매 희망업체가 신청서와 자료를 제출하여 서비스업체 서버에 등록을 하는 경우와 인터넷 상에서 직접 등록하는 두 가지 방법이 있다.

주문을 처리하기 위해서는 본인 확인 절차와 주문 내역 및 결제 정보 입력의 절차를 거치게 된다. 쇼핑몰에 따라 상품 조회 완료 후 주문서를 작성할 경우 또는 최초 로그인 할 때 본인을 파악하는 절차를 거치게 되는데, 본인을 확인 방법은 아이디와 패스워드를 가장 많이 쓰고 주민등록 번호 등을 추가 입력하게 하는 방법도 병행해서 많이 사용되고 있다. 또는 전자 인증서를 이용하여 물리적인 시스템까지 확인하기도 한다.

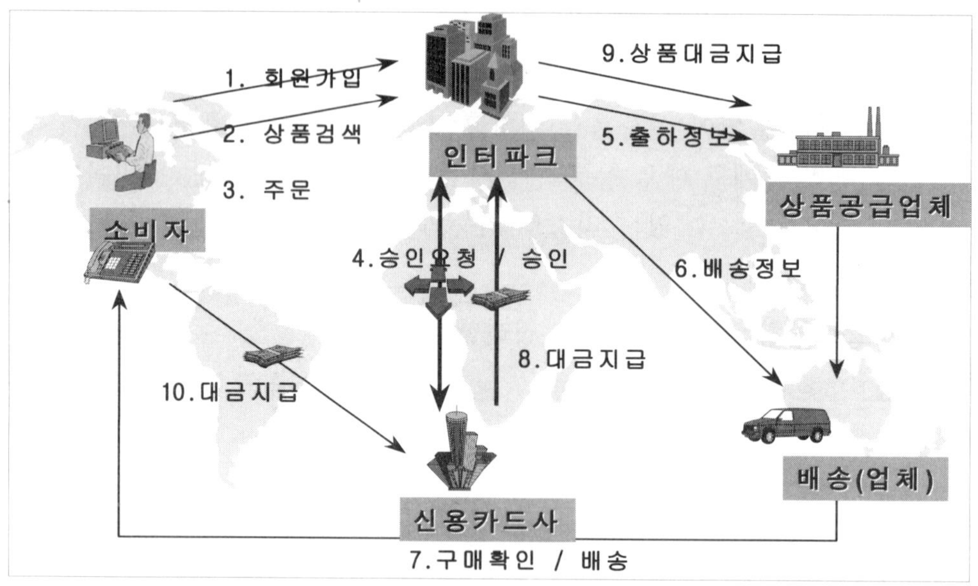

주: 인터넷을 통해 상품이나 서비스를 유통시키고 수익을 얻는 수익모델이 가장 보편적으로 활용되고 있으며, interpark, gmarket, auction 등이 해당됨

【그림 Ⅱ-13】 인터파크 서비스의 개념도

3. 구매정보관리

구매 절차에 따른 운영관리단계를 크게 3가지로 구분할 수 있는데, 첫째 정보탐색 단계가 있다. 정보탐색단계(information phase)에서는 쇼핑몰 운영자는 사용자 입장에서 쇼핑몰에서 제공하는 상품과 관련된 정보와 이를 검색·항해하는데 참고할 수 있는 구조를 갖추어야 한다.

둘째, 협상·동의 단계이다. 협상·동의 단계(Agreement phase)에서는 고객이 상품을 구매하기 위해서 거치는 중간과정으로 지불, 배송이 이루어지기 직전까지와 관련된 내용을 평가하기 위한 항목으로, 상품주문관련 정보로 주문 절차 진행 정도를 알려주는 정보와 지불 사항 기입 절차의 진행 정도를 알려주는 정보가 필요하다. 특히 협상·동의단계(Agreement phase)에서는 장바구니 기능 등 중간 버퍼가 이용된다는 것도 알아두어야 한다.

셋째, 확인 단계로 확인단계 (Settlement phase)에서는 쇼핑몰에서 고객이 상품을 선택한 후에 주문서를 작성하고 배송이 이루어지는 단계가 구매관리 단계이다. 단순하게 무료로 서비스하는 사이트에서는 필요가 없지만 일반적인 쇼핑몰에서는 가장 중요한 부분이다. 확인 단계에서 운영자 화면은 배송 관련 선택 옵션과 결제 방법 관련요소 등을 확인하는 화면으로 구성된다.

〈표 Ⅱ-5〉 확인단계 사용자 화면 내용

구 분	항 목	내 역
지불관련 정보	지불수단 종류에 대한 정보	지불수단의 다양성
		온라인/오프라인 - 신용카드, 계좌이체 - 사이버머니, 각종 쿠폰 및 기타
		사용가능한 은행의 다양성
		지불정보관리
배송관련 정보	배송시간에 대한 정보	
	배송수단에 대한 정보	배송수단의 다양성
		배송수단의 종류 : 택배 및 우편 등
	배송상태에 대한 정보	
	배송가능지역에 대한 정보	배송지역의 다양성
		배송지역의 범위 - 인근, 전국, 도서지역, 외국 등
	배달가능조건에 대한 정보	무조건
		조건 - 구매액수나 수량에 제한
	배송료 책정기준 정보	건당, 구매물건당, 구매액당
사후 서비스	상품관련 문제발생시 대처방법에 대한 정보	주문취소방법 정보
		배송결함문제 해결정보
		환불관련정보
		상품자제결함문제 해결정보
		연락방법의 수
		연락방법의 종류 : 게시판, 이메일
	도우미 (contact point 정보)	불편사항 접수방법의 다양성
		불편사항 접수방법의 종류 - 게시판, 전화, 이메일 등
	몰에서 제공되지 않는 상품에 대한 주문가능여부	
	최저가격 보상제도 정보	

4. 홈페이지 운영

홈페이지 운영방법에는 자체운영과 외주위탁운영이 있는데 외주위탁운영방법도 두 가지가 있을 수 있는데, 자체 시스템을 가지고 외주 위탁 운영할 수도 있고 외부의 시스템을 이용하여 운영할 수도 있는데, 이렇게 외부시스템을 이용하는 방법을 웹호스팅이라고 한다.

웹호스팅은 하나 이상의 웹사이트들을 위해 파일들의 저장 공간을 제공하고 유지해주는 사업을 말한다. 그러나 웹호스팅에서 파일의 저장 공간보다도 더 중요한 요소는 그 서버가 얼마나 빠른 속도로 인터넷에 접속되어 있느냐 하는 것이다. 이를 위해 대부분의 호스팅 서비스 업체들이 T-1 또는 T-3 등의 고속회선을 갖추고 있는 것도 그 이유가 될 수 있을 것이다.

홈페이지 운영에 있어 유지보수 관리의 범위는 서비스되고 있는 홈페이지와 관련된 내용을 기본으로 하며 자체 내에서 웹시스템 구축시에는 하드웨어 시스템을 포함하고 있어야 한다.

유지보수는 현재의 시스템의 효과적인 운영을 보장하고 지속적인 서비스가 가능하도록 해야 하고 홈페이지 구축 및 유지 보수에 필요한 인력을 배정해야 한다. 운영에 필요한 사항으로 사용빈도의 통계를 위해 로그파일을 별도로 수집하여 작업하여야 하며, 특히 가상도메인 설정을 통해 제공하는 경우 모두 로그파일을 분리하여 관리하여야 한다.

여기에서 로그파일이란 방문객의 호스트 이름, 요청 일자와 시간, 컴퓨터 Platform, URL 주소, 사용된 브라우저, 어느 페이지, 어느 파일이 요구되었는지에 대한 기록들이다. 이 Log 파일을 분석하여 어떤 페이지와 파일이 인기가 있는지, 방문객이 웹사이트 내에서 보내는 평균 시간이 얼마인지, 웹사이트를 이용하는 시간대별 분포 등 여러 가치 있는 데이터를 얻을 수 있다. 특히 Log 파일의 정보 중에 사용하는 브라우저나 컴퓨터 Platform에 대한 정보는 웹사이트 디자인을 할 때 반드시 고려해야 하며 많이 사용하는 브라우저나 버전, 컴퓨터 Platform에서 꼭 테스트를 해볼 필요가 있다.

〈표 Ⅱ-6〉 홈페이지 유지보수 대상 및 범위

구 분	내 용
주요 소프트웨어	- 정기적인 예방점검 실시 - 체계적인 유지보수 작업지침 수립 및 시행 - 장애이력사항 유지 및 분석 - 장애유형별 분류를 통한 유지보수 표준화 및 장애처리 교육실시
유지보수 대상	- 개발 프로그램 대상
홈페이지 및 서버 유지보수	- 일괄정비 보수계약에 의거 버전 업그레이드 및 장애 발생 시 유지보수되어야 함
하자보증기간	- 무상하자보증기간은 보통 설치 검수완료일로부터 1년간이며 무상기간 완료 후에는 별도의 유지보수 계약에 의거 실시

5. 보안대책

보안대책에는 기술적인 보안과 소프트웨어 보안으로 구분지어 살펴볼 수 있다.

1) 기술적(물리적) 보안

기술적 보안이란 시스템의 데이터 접근 제한하는 보안기술을 말하는데, 기술적 보안은 운영체제(O/S)상의 보안, 방화벽(Firewall)에 의한 보안, 통신장비에 의한 보안으로 구분할 수 있다.

서버의 운영체제상에서 보안은 Loading과 패스워드관리, FILE PERMISSION 조정, 파일시스템 구성시 READ ONLY 환경제공, SUPER USER LOG 구성, 특정단말에서의 루트 로긴 제한, 특정 PORT의 TRACE기능, Shell환경의 Time Checking 기능에 의한 자동 Logout 등을 점검해야 한다.

방화벽(Firewall)이란 어떤 기관의 네트워크를 보호하기 위한 하드웨어 및 소프트웨어적인 방법으로 기관 외부에서의 불법적인 트래픽의 유입을 막고, 허가되고 인증된 트래픽만을 허용하려는 적극적인 네트워크 보안대책을 말한다.

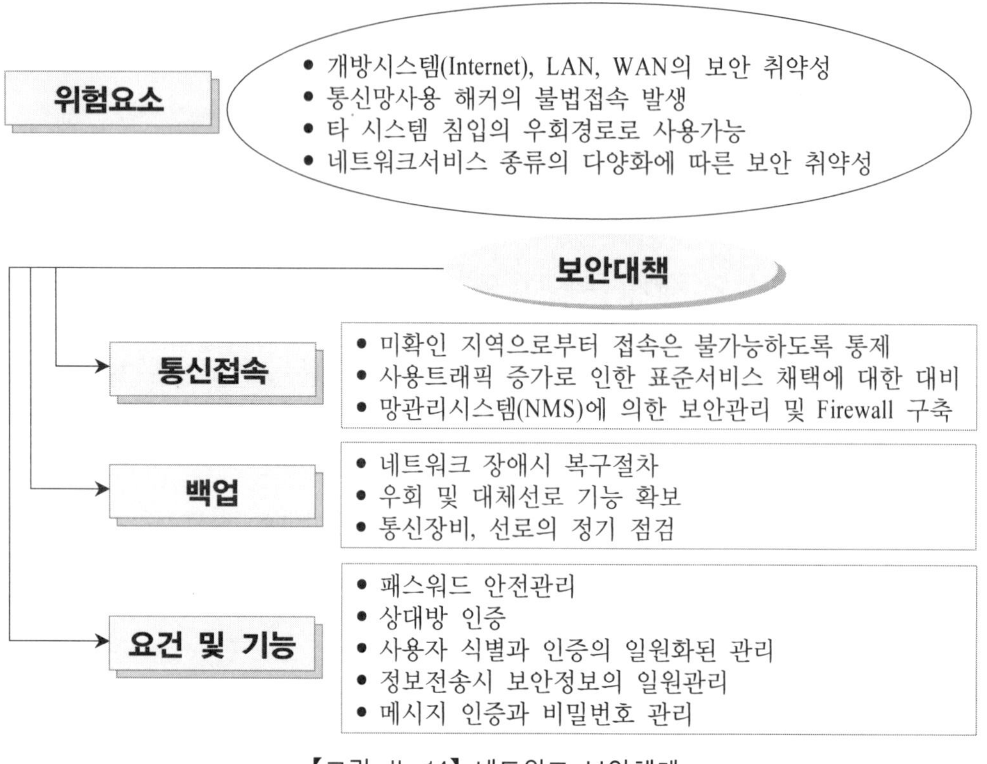

【그림 Ⅱ-14】 네트워크 보안체계

2) 소프트웨어 보안

일단 시스템에 들어온 사용자라도 내부 응용 소프트웨어에서 다음과 같은 보안 기능을 부여하여 이용 권한을 제한할 수 있다. 이에 해당하는 것으로 어플리케이션 확인 Login, 화면(메뉴보안), 파일레벨 보안 등을 들 수 있다.

어플리케이션 확인 Login이란 Web 이용이 아닌 다른 응용소프트웨어에 의한 사용자가 시스템을 정상적으로 Login하였더라도 어플리케이션 모듈에 대한 사용자ID와 패스워드를 확인하여 특별한 어플리케이션의 사용을 승인 받아야 한다. 예를 들어 UNIX나 NT의 경우 네트워크 환경설정이나 유서 신규등록 등의 기능 명령어는 수퍼유저 만이 실행시킬 수 있다.

화면(메뉴보안)는 사용자는 보안시스템 관리자가 설정하여 허용한 화면에만 접근이 가능하도록 합니다. 회계나 인사 프로그램 같은 경우에 많이 쓰는 기법으로 인트라넷에서 중요한 요소이다.

파일레벨 보안의 경우 사용자는 메뉴에서 선택한 프로그램이나 일의 수행시 기능별 권한(조회, 삭제, 생성, 수정)을 부여받게 된다. UNIX의 경우 파일 또는 디렉토리마다 파일의 수정, 삭제, 생성권한을 소유자, 그룹, 모든 사용자 등으로 나누어 허용되는 구조를 가지고 있다.

Chapter 7
전자상거래의 성공전략

1. 전자상거래와 성공적 마케팅전략

1) STP전략의 개념과 단계

STP전략은 소비자의 욕구를 정확히 파악하고 그 유형들을 분류하여 그들의 욕구에 따라 적절한 제품을 제공하는 기업만이 살아남게 되는 시장여건의 변화에 따라 도입된 마케팅 전략이다. 즉, 내가 진입하고자 하는 시장을 몇 개의 기준을 이용하여 가치가 있는 다수의 시장으로 분류하고(Segmenting), 세분화된 여러 시장 중에서 자사의 능력과 경쟁 등을 고려하여 표적 시장을 선택한 다음(Targeting), 그 시장에서 제품 속성이나 다양한 마케팅 믹스 요인을 이용하여 자사 제품을 소비자의 마음속에 심어주는(Positioning) 전략이다.

이러한 STP 전략을 실행하기 위해서는 ① 시장 세분화 기준의 수립 ⇒ ② 시장 세분화의 실행과 세분 시장에 대한 분석 단계 ⇒ ③진입 가능한 표적시장을 선택 ⇒ ④표적시장에서 달성해야 할 마케팅 목표와 전략의 수립 단계 ⇒ ⑤경쟁 우위분석과 제품 포지셔닝의 결정 단계 ⇒ ⑥포지셔닝의 성과분석과 재포지셔닝 단계를 거치게 된다.

(1) 시장 세분화 기준의 수립단계

시장 세분화의 기준으로 사용되는 변수가 마케팅 목표를 달성하기 위한 중요한 변수가 되어야 한다. Internet에서의 고객 세분화 변수로 주로 사용되는 요소는 다음과 같다.

첫째, 인구 통계적 세분화 변수 : 연령, 성별, 소득수준, 직업, 학력, 국적
둘째, 심리적 세분화 변수 : 사회계층, 생활양식, 개성
셋째, 행동적 세분화 변수 : 추구 편익, 사용자 상태, 제품에 대한 태도
넷째, 지리적 세분화 변수 : 지역

(2) 시장 세분화의 실행과 세분 시장에 대한 분석 단계

전 단계에서 결정된 시장 세분화 변수들을 이용하여 시장을 세분화하고, 각 세분화 시장에 대해서 필요한 세분 시장 profile을 작성한다.

(3) 표적시장 선택 및 마케팅 목표와 전략 수립 단계

시장을 선택하기 위해 각 세분 시장의 매력도를 평가한다. 선택된 표적 시장은 기업이나 브랜드 별 표적시장을 달리하여야 한다.

(4) 경쟁 우위의 분석과 제품 포지셔닝 결정 단계

선택된 표적 시장에서의 자사 브랜드를 위한 효율적인 위치를 결정한다.

(5) 포지셔닝 성과 분석과 재포지셔닝 단계

기존의 포지셔닝이 표적 시장에서의 마케팅 목표를 달성하는 데 도움을 주고 있는지를 평가하여 도움이 되지 않으면 재포지셔닝을 해야 한다.

2) 4P 마케팅 전략

4P란, 마케팅의 4요소인 제품(Product), 가격(Price), 유통(Place), 촉진(Promotion) 등의 요소를 가지고 기업이 표적시장을 대상으로 하여 원하는 반응을 얻을 수 있도록 통제 가능한 마케팅 변수를 말하는 것으로 이 요소들을 잘 배합하는 것을 마케팅 믹스(Marketing Mix)라고 한다.[29)]

29) 이두희 · 한영주, 「Internet마케팅」, 영진출판사, 1996.

〈표 Ⅱ-7〉 마케팅 믹스(4P)의 개념

마케팅 요소	내 용
제품(Product)	표적시장에 제공하고자 하는 제품과 서비스의 집합
가격(Price)	제품이나 서비스에 대해 고객이 지불해야 하는 화폐적 금액
유통(Place)	표적시장에 있는 고객이 제품이나 서비스에 쉽게 접근할 수 있도록 하는 활동
촉진(Promotion)	제품이나 서비스의 효용성을 다양한 채널을 통해 고객이 구매하도록 설득하는 과정

(1) 제품전략

제품이란, 소비자의 기본적인 필요와 욕구를 만족시켜줄 수 있는 재화나 서비스를 포함하는 개념이다. 이러한 제품들은 핵심제품(Core Product), 실제제품(Actual Product), 확장제품(Augment Product)의 3가지 차원으로 살펴볼 수 있다.

핵심제품(Core Product)이란 제품을 구매함으로써 소비자가 얻게 되는 이익이나 혜택을 주는 개념이며, 실제제품(Actual Product)은 핵심 제품의 개념이 형상화되어 구체적인 모습으로 만들어진 것으로 우리가 일반적으로 제품이라고 하는 것이고, 확장제품(Augment Product)은 두 가지차원의 제품이 구체적으로 구매되기 위해서 지원되는 모든 서비스를 의미한다.30)

【그림 Ⅱ-15】 제품의 개념

30) 아이비즈넷(주), 「Internet 비즈니스」, 21세기 북스, 1997.

가. 전자상거래 대상 제품의 범위

Internet에서는 앞서 얘기한 세 가지 제품 중에서 확장제품의 개념이 매우 중요하다. 그 이유는 Internet은 손으로 직접 만지고 눈으로 확인할 수 없으므로 제품의 개념 중 실제 제품이 존재하지 않기 때문이다. 제품의 전통적인 개념에 Internet이 접목됨으로써 기업은 제품을 좀 더 넓은 관점에서 이해해야 한다. Internet이 활용의 초기단계에서는 Internet이라는 가상공간이 갖는 본질적인 문제로 Internet에서 거래되는 제품이나 서비스는 일부분에 한정되었지만, Internet 사용자가 다양화되면서 Internet에서 거래되는 제품의 종류도 다양해지고 있다.

나. B to C 전자상거래 제품의 유형

Internet 제품들은 소형이거나, 제품이나 서비스를 직접 눈으로 보거나 만져보지 않아도 그 품질이나 내용을 확인할 수 있는 것 혹은 무형의 제품들이 대부분이며, 특히 품질이 표준화되어 있는 제품이 많다. 책, 컴퓨터 소프트웨어, 컴퓨터관련 하드웨어, 음악, 캐주얼 옷, 영화 또는 비디오, 가전제품, 연극이나 공연 예매 등이 대표적인 Internet 제품이다.

다. 전자상거래에 적합한 제품

이러한 Internet에서 인기 있는 제품들은 정보중심적(Infocentric Product)이며, 품질에 대해 신뢰확인이 가능해야 하며(Highly Reliable Product), 컴퓨터 관련 제품(Computer Related Product), 디지털화된 제품(Digitalized Product), 만기가 있는 제품(Time-limited Product)이라는 특징이 발견된다.

ㄱ. 정보중심적 제품(Infocentric Product)

Internet에서 활발히 거래되는 제품들은 거의 모두가 제품의 구매에 있어서 정보가 중요한 요소로 작용하는 것들로서 소비자가 제품을 구매하기로 의사 결정을 내릴 때까지 소비자는 제품이 제공하는 기능에 중점을 두고 행동한다. Internet에서 거래되는 제품들이 정보중심적인 것은 Internet의 기본적인 속성이 정보를 주고받는 매체라는 데에서 기인한다.

ㄴ. 품질에 대한 신뢰확인이 가능한 제품(Highly Reliable Product)

온라인을 통해 구매하려는 사람들은 Internet 쇼핑몰에 대한 신뢰성부터 의심하게 되는데, 이는 소비자가 제품을 직접 확인하지 않고 정보에 의해 제품을 구매하므로 그 품질에 대한 신뢰가 형성되기 어렵기 때문이다.

ㄷ. 컴퓨터 관련 제품(Computer Related Product)

Internet을 이용하여 제품을 구매하기 위해서는 컴퓨터를 사용해야 하고, 또한 컴퓨터의 이용이 많은 사람들이기 때문에 Internet에서 컴퓨터 관련 제품의 거래가 활발한 것은 당연한 일이다.

ㄹ. 디지털화된 제품(Digitalized Product)

실물 세계의 거래에서와 마찬가지로 가상공간에서의 거래에서도 유통은 큰 관심거리 중의 하나이다. Internet에서 물류를 줄이는 가장 좋은 방법은 온라인상에서 제품을 공급해주는 방법이므로 디지털화 된 제품의 거래가 활발하다.

소비자가 제품을 선택 할 때에 간단하면서 강력한 기준의 하나는 브랜드이다. 따라서 제품전략을 세울 때는 브랜드네임과 도메인네임간 연계성이 필요하다. 즉, 시제품을 출시할 때 상품권의 등록, 도메인 네임의 사전 확보 등을 통해 온라인에서 다양한 권리를 확보하고 온라인 고객과의 신뢰를 쌓기 위한 적극적인 프로모션을 전개해야 한다.

고객의 정보를 바탕으로 자사의 고객에게 맞는 특화된 상품과 서비스를 제공하여 고객을 만족시킨다. 비슷한 관심사를 가진 사람들을 모아 대화방을 개설해 주거나 서적이나 CD에 대한 검색을 용이하게 해준다. 소규모 기업들은 Internet 관련 기술이나 Internet에 독특한 고유 상표를 새로이 창출하는 전략이 필요하다. 브랜드 인지도를 높이기 위해 전통적 전달매체인 TV나 신문, 잡지 등에서의 인식을 높이기 위해 노력한다.

(2) 가격전략

가격이란, 기업이 제공한 재화나 서비스로부터 얻게 되는 이익에 대해 소비자가 지불하는 대가를 말한다. 기업의 입장에서 가격은 마케팅 믹스

요소 중 유일하게 수익을 창출하는 요소이다. 이 가격을 어떻게 정하느냐는 기업의 미래를 결정하는 기준이기도 하다.

Internet에서의 가격은 매우 탄력적이다. 즉, 가격의 변화에 따라 수요량의 변화가 매우 크다. 그런데, Internet에서의 가격은 현실세계에서와 많은 차이를 발생시키고 있다. 이는 다음과 같은 요인들에 기인한다. ① 물리적인 매장이 필요 없기 때문에 장소를 구입 또는 임대하기 위한 비용이 절감된다. ② 매장의 유지비용이 매우 저렴하다. ③ 판매시 발생되는 모든 서류작업을 자동화하여 비용이 절감된다. ④ 중간상의 개입이 없으므로 유통비가 대폭 절감된다.

Internet에서의 가격전략의 유형은 저가화 전략(저가화, 무료화, 역가격화, 무가화)과 고가화 전략(유료화, 고급화, 고가화, 패키지(Package)화, 머천다이징(Merchandising)전략)으로 구분된다.

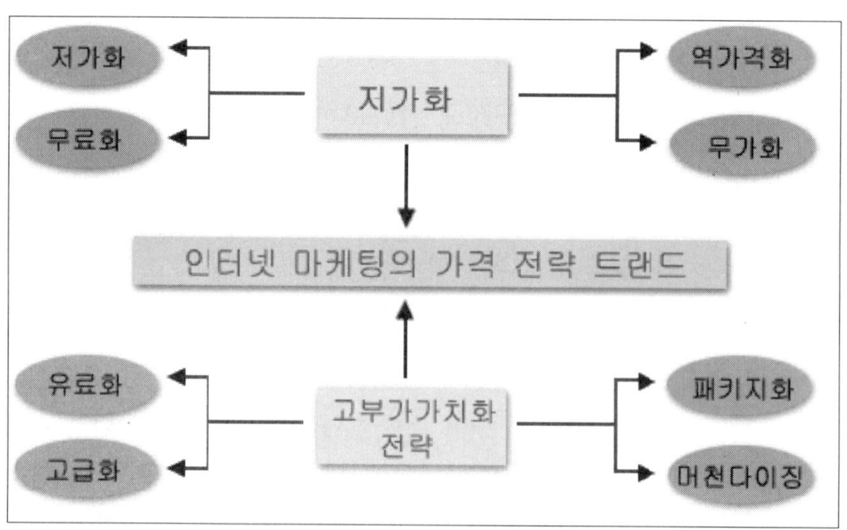

【그림 II-16】 Internet 마케팅에서 가격 전략의 유형

가. 저가화 전략

기업은 소비자와의 직접거래, 장소와 인건비의 절감, 서비스의 자동화 및 A/S비용의 절감 등으로 인해 가격을 인하할 수 있는 기회가 증대된다.

ㄱ. 저가화: Internet상에서는 제품들의 가격이 쉽게 노출되기 때문에, 소비자들은 보다 저렴한 가격을 찾기 위해서 직접 돌아다닐 필요 없이, 컴퓨터 앞에서 간단하게 검색할 수 있으며, 나아가서는 가격 에이전트(Agent)등이 활성화되어 이러한 노력조차 최소화 할 수 있다.

ㄴ. 무료화: Internet의 경우 기업들의 소비자확보를 위한 경쟁의 일환으로 서비스의 무료제공이 이루어지고 있다. 예를 들면, 무료 이메일 계정과 함께 홈페이지 공간, FTP공간, 메일 용량의 확대 등이 있다.

ㄷ. 역가격화: 전통적 마케팅에서 가격결정 권한은 기업 고유의 영역이었지만, Internet 마케팅에서는 소비자가 가격결정을 하는 소비자 중심의 가격 설정 모델이 늘어나고 있다. 경매사이트가 대표적인 예이다.

ㄹ. 무가화: 가격의 무료화 현상이 확대되면서 아예 가격이 사라질 뿐만 아니라 제품을 이용하는 만큼의 부가적인 보너스나 포인트를 제공하는 형태, 즉 무료화 + 알파의 가격전략을 구사하는 기업들이 늘어나고 있다.

나. 고부가가치화 전략

기업이 자사의 제품이 경쟁사와 비교하여 차별화 되거나, Only 1 지향의 요소를 갖고 있다면 저가를 고집할 필요 없이 가격 경쟁력을 고가전략에서 찾을 수도 있다.

ㄱ. 유료화

유료화 전략을 제품의 고가격화, 고부가가치화라고 할 수는 없지만, 마케팅에서 가격전략이 대부분 저가를 지향하고 있는 측면에서 이렇게 구분할 필요가 있다. 이는 기업이 차별화된 독특한 컨텐츠나 서비스를 제공함으로써 가능하다.

ㄴ. 고급화, 고가화

가격 전략을 단순히 유료화에 그치지 않고, 독특한 부가가치를 제공함으로써 기업은 서비스에 대한 고급화, 고가화를 추구할 수 있다.

ㄷ. 패키지(Package)화

하나의 프로세스에 관련된 토털 서비스를 제공하거나 각 상품간의 연계성을 확보하여 새로운 부가 가치를 제안함으로써 소비자에게는 상대적 가격 절감 혜택을 주고 기업으로는 고마진 구조를 유지하는 전략이다.

ㄹ. 머천다이징(Merchandising)

유료화된 컨텐츠를 일정 기간이 경과한 후에는 무료로 전환하여 광고 수입을 확보하고 더 기간이 지난 후에는 타사에 제공함으로써 홍보 효과를 기대할 수 있다.

(3) 유통전략

유통은 논리적인 개념으로 유통경로와 물리적인 개념으로서 물류에 대한 관리로 나누어 볼 수 있다. 여기서 유통경로란 어떤 제품이나 서비스가 생산자로부터 소비자로 옮겨지는 과정에 참여하는 여러 단계의 조직들의 집합이며, 물적 유통이란 생산자로부터 소비자까지 최종제품의 물적 흐름을 계획하고 집행하고 통제하는 것을 말한다.

Internet의 등장으로 기업과 소비자는 직접 컴퓨터를 통해서 거래를 하기 때문에 판매되는 제품은 다르지만 판매되는 경로는 비슷하다고 할 수 있다. 다시 말해, Internet에서는 유통이라는 개념을 물리적 개념, 즉 물류로서보다는 유통경로로서 이해하는 것이 바람직하다고 보여진다.

중개 기능 측면에서 온라인을 통한 접속으로 매장의 개념은 외형적 공간, 즉 실제공간의 개념에서 에서 가상상점으로 확대 인식되고 있으며, 물류 체계는 중간 유통과정 없이 물류센터에서 고객에게 직접 연결되어 유통 경로는 제품에 따른 경로에서 가상 공동체(Virtual Community)로 변화하고 있다.

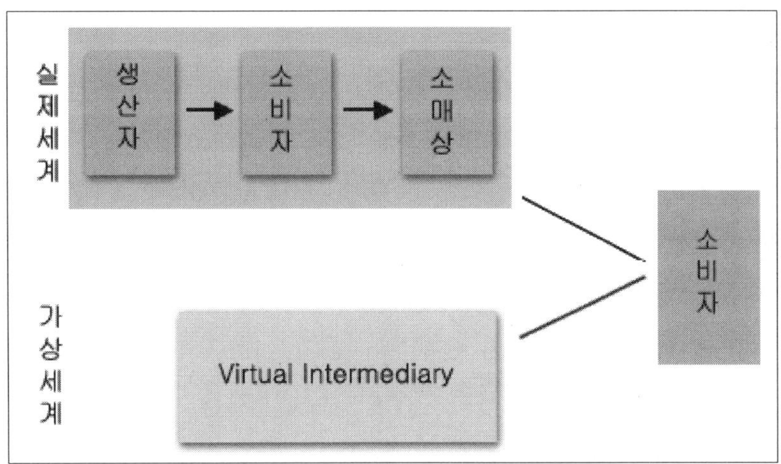

【그림 Ⅱ-17】 Internet에서의 유통 단계

가. 유통단계의 축소

Internet에서는 기업(생산자)에서 소비자로의 직접적인 접근이 가능하며, 이로 인해 유통단계별로 부가되는 비용을 줄일 수 있다.

나. 정보의 흐름 강조

소비자들은 Internet상에서 제품을 구매해야하기 때문에 양질의 정보를 원하고, 따라서 정보의 흐름이 중요하게 작용한다. 이러한 환경 하에 과거에는 존재하지 않았던 정보중간상(Informedary)이 등장하게 된다.

다. 간접판매형태의 등장

기업으로부터 제품이나 서비스를 제공받아 이를 고객에게 판매하는 형태로서 수수료를 받는 간접판매 형태가 등장했다.

라. 타 사이트와의 협력

Internet의 웹 공간에서는 한 번의 클릭으로 사이트를 옮겨 다닐 수 있으며, 정보를 주고받을 수 있다는 특징이 있으므로 자기가 갖지 못한 정보를 제공하는 사이트와 협력함으로써 강력한 유통채널을 확보할 수 있다.

(4) 촉진전략

촉진(Promotion)이란 제품이나 서비스의 효용성을 다양한 채널을 통해 고객이 그것을 구매하도록 설득하는 과정이다. 소비자의 욕구에 맞는 제품을 개발하고, 소비자가 쉽게 접근할 수 있는 유통경로를 통해 적당한 가격으로 시장에 진입한다고 해도 촉진 활동이 없으면 판매가 이루어지지 않는다.

기업의 촉진활동에는 광고(advertising), 인적판매(personal sales), 판매촉진(sales promotion), 기업홍보(PR-Public Relation) 등이 있다. 여기서 광고(advertising)란 판매증대, 고객 확보 등을 위하여 기업이 자신의 제품, 아이디어를 알리는 활동이며, 인적판매(personal selling)는 판매원이 고객을 직접 만나서 판매하는 활동을 의미한다. 또한, 판매촉진(sales promotion)은 단기적으로 매출을 확대시키기 위하여 각종 행사를 전개해 나아가는 활동이고, 기업홍보(PR-Public Relation)는 특정 기업에 대하여 우호적인 분위기와 특정한 이미지를 심기 위한 활동을 말한다.

다양한 고객에게 기업에 관한 각종 정보를 신속·정확하게 제공하여 기업의 홍보매체로 활용하여, 상품이나 서비스에 관한 정보 등 볼거리를 제공하여 판매를 유도하는 광고도구로 활용한다.

〈표 Ⅱ-8〉 Internet과 타매체를 이용한 촉진전략의 차이점

	타매체	Internet
정보전달방식	일방적 정보전달	쌍방향 정보전달
효과측정	효과측정이 어려움	효과측정이 용이함
시·공간적 제약	시·공간적 제약이 있음	시·공간적 제약이 없음
정보의 양	전달되는 정보의 양이 적고, 메시지가 표준화	정보의 양이 방대하고, 메시지 다양
비용	비용 부담이 큼	비용이 적게 들어 중소기업에 유리

촉진의 범위는 단순한 제품광고 뿐만 아니라 마케팅 전략에 따른 각종 정보 제공, 또는 시장조사도 가능하다. 또한 그 활용 측면에서 고객의 만족을 위한 경영도구로서 활용될 뿐만 아니라, 기업 내부의 커뮤니케이션용으로 사용한다.

3) 4A 마케팅 전략

4A 전략이란, '가능한 모든 제품을 언제 어디서나 모든 방법을 동원하여 마케팅 활동을 하는 것'을 의미한다. 이것은 각각 방법(Any Way), 제품(Any Product), 시간(Ant Time), 그리고 장소(Any Where)를 의미하는 것으로 이 4A 전략에서는 "사용자" 또는 "소비자"가 중심이 된다.

(1) 방법전략

방법 전략은 소비자(사용자)들로 하여금 자사의 웹 사이트를 찾아오게 만들고, 찾아온 소비자(사용자)들을 어떻게 유지하고, 또 관리할 것인가에 대한 전략이다.

가. 검색엔진 등록

첫 번째 해야 할 것은 자사가 구축해 놓은 사이트를 검색엔진에 등록하는 일이다. 이는 소비자(사용자)들이 자사의 주소와 특징을 검색엔진의 검색어를 통해서 자사의 홈페이지로 찾아오도록 하 것이다.

나. 마켓 플레이스 등록

마켓 플레이스는 특정하게 집단화(grouping)된 상품 관련 국내·외 전문 사이트로서, 일반적으로 해당 상품의 구매 및 판매에 관심 있는 관련 당사자들이 많이 보고 정보를 찾아가는 곳이기 때문에 사용자들의 사이트 방문을 유도한다.

다. 전자메일(E-mail)의 발송

전자메일은 일대일 마케팅의 핵심이라고 할 수 있다. 이는 가장 적극적인 마케팅 방법으로 Internet을 이용하여 대상(target)층을 선정하고 이렇게 선정된 타깃에게 전자 메일을 보내는 것이다.

라. 유즈넷에 등록 및 게재

유즈넷은 pc통신의 토론 광장이나 동호회 모임과 유사한 개념으로 서로 같은 분야에 관심이 있는 사람들이 모여 만든 곳으로, 여러 가지 주제로 많은 사람들이 참가하고 있는 모임이다. 따라서 이곳에 메일을 보내면

관계하고 있는 모든 사람들이 메일을 읽어볼 수 있다.

마. 메일링 리스트 등록과 개제

메일링 리스트는 특정주제에 관하여 정기적으로 정보를 받고자 하는 사람들의 주소를 모아놓은 것으로, 정기구독 신청을 하여 Internet상에서 관심이 있는 분야에 대해 지속적으로 정보를 얻을 수 있다.[31]

바. 기타 국외 유명 사이트에서의 배너광고를 들 수 있다.

(2) 제품 전략

Internet은 경쟁자, 특허, 고객, 그리고 신제품을 소개하고, 자사에게 유용한 정보를 수집하는데 매우 유용한 수단이다.

가. Internet을 이용한 신제품 소개

자사의 웹 사이트를 이용하여 신제품을 소개하게 되면 기업 자체의 홍보뿐만 아니라, 자사 제품에 대한 광고 측면에서도 매우 효과적이라 할 수 있다.

나. Internet 상표

기업은 자사제품의 독특하고 강렬한 이미지의 상표를 개발하는데 많은 시간과 비용, 노력을 투자하게 된다. 이때 Internet에 기억하기 쉽고 강한 상표를 개발하면 회사의 상표를 소비자들이 쉽게 찾아볼 수 있다.

다. 도메인 주소의 상표화

최근 기업들은 회사 이름을 사용한 주소뿐만 아니라, 명칭을 주소로 삼아 사용자들 에게 기억하기 쉬운 도메인 명을 선점함으로써 자연스럽게 자사의 홈페이지로 끌어들이고 있다.

라. Internet 제품으로 유리한 품목

Internet에서는 주로 모니터를 통해 그래픽·문자정보를 제공한다. Internet

31) 메일링 리스트와 유즈넷은 다른데, 메시지 전달방법으로 메일링 리스트는 토론 내용이 전자메일로 게시되는데 반하여, 유즈넷은 BBS스타일을 이용하고 있으며, 메일링 리스트는 가입 신청을 해야만 하고 가입자에 한하여 내용이 공개되는 반면, 유즈넷은 특별한 가입 신청이 필요없고 등록된 내용이 모든 사람에게 공개된다.

에서 제품으로 유리한 품목은 제품의 크기가 소형이거나, 특별히 제품이나 서비스를 눈으로 보거나 만져보지 않아도 그 품질이나 내용을 확인 할 수 있는 제품이라 할 수 있다.

(3) 시간 전략

가. 웹으로의 접속

소비자(사용자)들에게 보다 빠르고 정확한 정보의 제공을 위해서 빠른 웹 접속 속도는 필수적인 요소가 되고 있다.

나. 자동 응답 서비스

Internet을 이용한 마케팅의 강점은 쌍방향성이라고 할 수 있다. 따라서 데이터베이스의 기초라 할 수 있는 자동 응답 서비스는 자사의 웹 사이트에 방문하여 관심 있는 사항에 대해서 웹 마스터에게 질문한 경우 곧바로 자신의 전자 메일로 해당 질문에 관하여 답을 들을 수 있다면, 사용자는 그 사이트를 다시 찾아갈 것이다. 이 역할을 하는 것이 바로 자동 응답 서비스이다.

다. 회원정보 데이터베이스(DB Marketing)

자동 응답 서비스를 제공하지 못하는 경우에도 자신의 웹 사이트에 관해서 흥미를 가지고 질문을 하는 사용자가 있는 경우에 어떠한 질문이라도 빠르고 즉각적으로 반응해야 하며, 질문자는 자사의 좋은 고객이 될 수 있으므로 데이터베이스화해야 한다. 다시 말해, 데이터베이스 마케팅이란 정교한 고객 데이터베이스를 활용하여 고객 개개인과의 장기적 관계를 구축해 나가는 것이다. 이로 인해 고객의 이탈율을 최소화하고 이들의 반복 구매를 촉진시켜 거래 관계를 심화시켜 나감으로써 기업의 이익을 극대화시킬 수 있게 된다.

라. Internet 폰, 팩스의 이용

Internet 폰을 이용함으로써 장소와 비용의 제약에서 이루어지고 있던 상거래를 국내에서 거래하는 것처럼 상거래 자체를 자유롭게 하는 전환점이 생기는 것이다. 이것이 최근에는 팩스와 결합하여 고객 지원 등 다양한 분야로의 활용이 모색되고 있다. 이렇게 함으로써 Internet상에서 필요한 정보를 검색하는 도중에 바로 전화로 실무자와 직접 통화를 할 수 있으며, 도중에 팩스를 보낼 수도 있다.

(4) 장소 전략

Internet은 시간과 공간을 극복하여 존재하는 가상공간이다. 장소 전략은 특정 지역의 한계를 벗어나 전세계를 상대로 제품에 대한 판매와 서비스를 제공하는 것을 말한다. 이 장소 전략은 마케팅 믹스(4P) 전략에서의 유통전략의 확대로 생각하면 이해하기 쉽다.

가. Internet을 이용한 물류 체계의 도입

고객은 원하는 장소에서 짧은 시간 내에 정확하고 안전하게 상품을 전달받고자 한다. 따라서 주문 사이클의 단축이 기업 경쟁력에 있어서 성공의 열쇠가 된다.

나. Internet 쇼핑몰

Internet 쇼핑몰은 장소전략의 대표적인 응용사례이다. 소비자는 Internet 쇼핑몰을 통해 전세계 어느 곳에서든지 원하는 물건을 주문할 수 있고, 주문할 물건을 원하는 장소에까지 배달 받을 수 있다. 이는 또한 시간적 제약이 없다는 장점도 갖고 있다.

4) 6C 마케팅 전략

온라인상의 마케팅을 효율적으로 전개하기 위해서는 '포탈(Portal)'의 개념을 이해하고 그 구성 요소라 할 수 있는 Cs의 개념을 통한 접근 방법을 고려할 필요가 있다.

포탈(Portal)의 개념은 미국에서 1998년 3월경에 나온 것으로 알려져 있으며 우리나라에서는 그 해 10월경에 소개가 되기 시작했다. 기본적으로 포탈이란 웹 브라우저를 열고 가장 먼저 접하게 되는 관문사이트 혹은 Internet 이용자가 웹을 접속했을 때 반드시 한 번씩 들리게 되는 사이트를 말한다.[32] 이러한

32) Portal과 함께 등장한 개념으로서 다음과 같은 것이 있다. ① Vortal : 수직이라는 의미의 "Vertical"

포탈화는 현재의 '기업-소비자(Business to Customer)'간의 영역뿐만 아니라 '기업-기업(Business to Business)'간 혹은 '기업-정부(Business to Government)'의 관계에서도 향후 영향을 더해갈 것으로 판단된다.

자사의 서비스를 포털화 시키기 위해서는 다양한 서비스를 소비자들에게 제공해야 한다. 기업이 앞에서 언급한 '포털'이나 '보털' 비즈니스를 추진할 때는 4C, 또는 6C의 전략들을 기반으로 전개해 나가는 것이 중요하다.

포탈의 요소들로서는 컨텐츠(contents), 커뮤니티(community), 상거래(commerce), 연결 관계(connection), 커뮤니케이션(communication), 고객화(customization)가 있다.

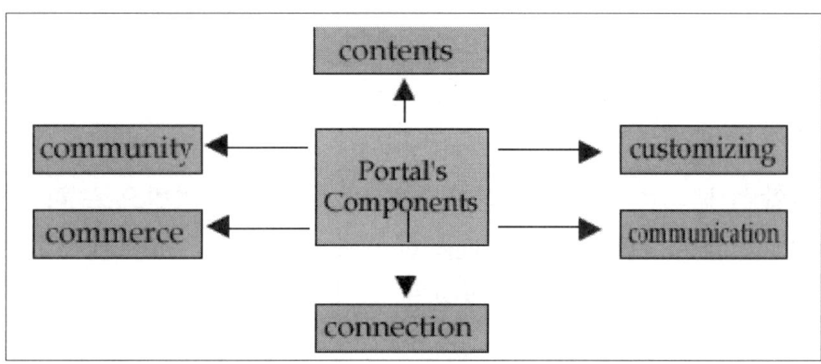

【그림 Ⅱ-18】 포탈의 요소들

(1) 컨텐츠전략

컨텐츠는 고객이 컴퓨터화면을 통해 만나게 되는 첫 접점이며, Internet상에서 고객은 컨텐츠를 만나는 것이라 할 수 있다. 어떤 사이트에는 그 사이트를 채워 넣을 컨텐츠가 있어야 하며, 이 컨텐츠의 경쟁력에 따라 소비자들을 얼마나 모으고 유지할 수 있는가가 결정된다.

컨텐츠는 Internet을 정보고속도로(Information Highway)라고 표현을 하는데, 이러한 정보고속도로를 가설하는 영역은 인프라(Infrastructure)사업의 영역이라 할 수 있으며, 정보고속도로에서는 차량의 통행이 있어야 하며 차체

과 "Portal"의 합성어. ② Pertal : 개개인의 니즈(needs)에 맞춘 맞춤형 포탈. 포탈은 폭넓은 사용자층을 대상으로 일반적인 정보전달에 초점을 맞추고 있다면, 보털은 수직적으로 특정 사용자 집단을 위한 전문적인 정보제공이나 실질적인 상거래를 강조하고 있다고 보아야 할 것이다.

는 하드웨어(Hardware)로서, 그리고 차를 움직일 수 있게 하는 기름은 소프트웨어(Software)로 비유할 수 있을 것이다.

따라서 컨텐츠란, 정보의 내용과 홈페이지의 디자인과 상호 작용을 뒷받침해 줄 수 있는 기술로 구성된 것이다. 한편, 광의의 Contents를 정의한다면, 내용(협의의 Contents)과 홈페이지의 디자인(Design)과 상호작용을 뒷받침해 줄 수 있는 기술(Technology)로 구성' 이 3가지 개념을 통틀어서 말하는 것이다.

〈표 II-9〉 컨텐츠의 유형

컨텐츠의 종류	관련 컨텐츠의 예
교육(education)	가상교육, 원격 교육 분야
정보(information)	디지털 컨텐츠 등을 기반으로 한 뉴스레터, 검색엔진 서비스
오락(entertainment)	사이버 캐릭터, 음악, 영화 등
비즈니스(business)	Internet 쇼핑, Internet 광고, 사이버 경매 등

이러한 컨텐츠는 멀티미디어와 인간의 창의성을 기반으로 하고 있어야 한다. 예를 들어, 나모 웹에디터나, 한글 프로그램은 소프트웨어이고, 이 소프트웨어를 이용해 나오는 창의적인 결과물이 컨텐츠인 것이다.

컨텐츠는 각각의 영역을 구분한다기보다는 영역의 믹스를 통해서 새로운 기회를 만들어 낼 수 있다.

(2) 커뮤니티전략

자신의 관심 영역과 동질적인 집단에 대한 소속감과 공유의식을 사이버 공간에서 얻고자하는 소비자의 욕구가 강해지고 있다. 이에 따라 마케팅의 개념을 '매스마케팅, 타깃 마케팅, 원투원 마케팅'의 흐름으로 보는 것이 아니라, '매스마케팅 + 타깃마케팅 + 원투원마케팅'의 결합으로 보아야 한다.

가상공간을 활용한 공동체는 기존의 물리적 세계에서의 공동체와 동질성 및 차별성을 갖게 된다. 다시 말해, 가상 공동체는 공동체가 지닌 본질을 벗어나지 않지만, 그것이 Internet 및 디지털에 기인한다고 볼 때 차별성을 갖게 되는 것이다.

사이버공간을 바탕으로 형성된 커뮤니티, 즉 사이버커뮤니티는 다음과 같은 특징을 가지고 있다.

① 공간적 한계를 극복하고 보다 여타 소속집단에 비해 강한 충성도를 가지는 형태이다.

② 데이터베이스의 축적/검색성과 대중 고객화(mass customization)의 활용이다.

③ 기반을 전제로 한다.

④ 소속된 집단에 대한 연대감이 매우 강하며, 비대면성(non face to face)의 요소를 지닌다.

가. 사이버 비즈니스 커뮤니티의 개념

사이버 비즈니스 커뮤니티란 "기업(Company)이 어떤 비즈니스(Commerce) 목적을 위해 가상공동체(Cyber Community)를 주요 매개체로 하여 고객-고객(Customer)간의 장을 형성하고 중장기적인 관계(Relationship)를 구축하고 관리(Management)해 가는 일련의 활동"이라고 정의하고 있다.

나. 사이버 비즈니스 커뮤니티의 목적

ㄱ. **수익창출**: 기업들은 주로 광고 혹은 판매 등을 통한 수익창출을 위해 커뮤니티를 조직한다.

ㄴ. **고객관리 및 충성도 제고**: Internet 공간을 고객 A/S나 커뮤니케이션을 지원하는 수단으로 활용하며, 고객끼리의 동호회 등을 조직하여 그 안에서 질의/답변하도록 하여 비용을 절감한다.

ㄷ. **신규 시장의 활성화**: 신제품의 출시와 함께 관련 도메인을 확보한 후 오프라인과 온라인 마케팅을 병행하며, 이를 지속적인 고객파악을 위한 공간으로 유지한다.

ㄹ. **자사 제품/서비스/아이디어의 광고 홍보**

다. 커뮤니티의 효율적 운영 방안

가상 사회는 고객의 욕구를 충족시킬 수 있는 독특한 관심영역을 가지고 있어야 하며, 이 영역과 관련된 컨텐츠를 제공하여 가치를 높일 수 있는 컨텐츠와 커뮤니케이션의 통합능력을 갖추어야 하며, 회원들이 직접 컨텐츠를 생산할 수 있는 환경을 제공해주는 등의 노력을 해야 한다.

(3) 커머스전략

Internet은 기업의 수익 창출수단으로 활용되고 있다. 기존의 대형 유통업체나 제조업체들도 각자가 지니고 있는 여러 가지 특징과 장점을 살려 Internet에서의 시장 확대를 모색하는 노력을 엿볼 수 있다. 이는 전자상거래의 경쟁이 점점 치열해 짐에 따라 기업은 Internet을 통해 얻어지는 수익을 어떠한 방법으로 극대화 할 것인지에 대한 수익모델을 명확히 규정해야 한다.

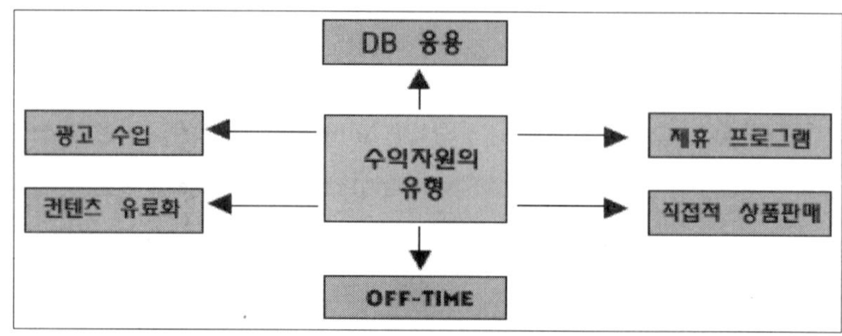

【그림 II-19】 Internet을 활용한 수익 자원

가 광고수입

다양한 서비스를 무료로 제공하는 대신 광고주로부터 광고를 함으로써 얻어지는 수입을 획득한다.

나. 컨텐츠의 유료화

Internet 사용자의 무료 지향적인 특성 및 기업들의 경쟁으로 무료 제공의 기회가 다양해짐에 따라 광고수입을 추구하는 기업들과 비교했을 때, 그 규모는 미미하므로 회원제 프리미엄 서비스를 제공하면서 무료와 유료화 수입을 병행해 가는 모델을 구축해야 한다.

다. 직접적 상품 판매

고객들의 Internet 쇼핑몰에 대한 관심이 확산되고, 쇼핑에이전트의 발달로 가격비교가 쉬워져 보다 고객지향적인 서비스를 제공하고 있다. 또한 택배비용, 유통 수수료 등 가격 결정 요인의 인하를 위한 노력으로 기존의 쇼핑 품목들이 Internet으로 전환하게 된다.

라. 제휴 프로그램

자사의 웹 사이트에서 직접 상품을 판매하지 않고 제휴를 맺어 상품 판매액에 대한 수수료를 목적으로 하는 형태를 취한다.

마 DB 응용

기존에 확보해 놓은 데이터베이스를 활용하여 고객을 위한 충분한 보상 체계를 수립함으로써 고객의 참여를 유도한다.

바. 오프라인(off-line)

Internet에서의 수익을 위해서 오프라인도 하나의 자원으로 고려한다. ·컨설팅 사업, 세미나-컨퍼런스-전시회, 관련 교육사업 등이 예가 된다.

(4) 커넥션전략

포털서비스를 위해 다양한 서비스나 컨텐츠를 고객에게 제공하기 위해서는 동종 또는 이종간의 적극적인 공동 마케팅 전략이 필요하다.

공동마케팅 추진의 목적은 ① 상거래 등의 프로세스적인 역량 강화를 통한 시장 확대 및 공동이익 추구, ② 자사의 부족한 역량을 강화하고 강점 역량을 제공함으로써 노력 및 비용 절감, ③ 공동 전선 구축을 위한 경쟁자의 진입 장벽 형성 및 강화, ④ 신규시장 진입의 위험요인 감소 및 비용 절감, ⑤ 마케팅 비용을 적게 들이면서 상호간의 회원을 교환함으로써 회원 증대 추구 등이다.

(5) 커스터마이징전략

Internet 마케팅은 데이터베이스를 근거로 하여 보다 개인화된 마케팅, 즉 1:1마케팅을 할 수 있다. 고객들의 성향이 다양화, 개성화, 차별화되어 감에 따라 기업은 개개인의 니즈에 적합한 제품, 서비스, 아이디어를 제공하는 것에 관심을 가져야 하며, 개개인과의 관계를 창출하고 유지/관리하기 위한 새로운 방법이 모색되어야 한다.

(6) 커뮤니케이션전략

Internet 마케팅은 정보기술(IT : Information Technology)을 바탕으로 전개되

므로 기술을 매개체로 한 마케팅의 효율성을 추구해야 하며, 고객과의 커뮤니케이션을 증대시키기 위한 다양한 기술과 방법을 적절히 적용시켜야 한다.

2. 전자상거래와 경영전략

전자상거래의 궁극적인 목적은 조직간 및 조직 내에서 정보 및 정보유통의 효율적인 관리를 통하여 경영상의 효율성 및 효과성 증진을 추구하는 것이라고 볼 수 있다. 전자상거래는 경영전략을 실현할 수 있는 기반으로서 그 역할이 증대되고 있으며, 이를 구현하기 위한 수단이 되고 있다.

전자상거래는 네트워크에 바탕을 둔 디지털 정보의 효율적인 교환과 공유를 통해 고객의 요구에 신속하게 대응하고 새로운 기회를 창출할 수 있다는 점에서 중요성을 띠고 있다. 따라서 전자상거래는 특정 정보기술이나 틀을 말하는 것이 아니라 기술과 어플리케이션, 업무처리절차, 경영전략이 결합된 것으로서, 정보기술을 수용한 업무처리 절차의 변화를 통해 기업의 재고비용 감소, 사이클타임 단축, 인건비 감소 등 운용의 효율성을 높일 수 있는 새로운 시도인 것이다.

인터넷 전자상거래 시스템의 구축단계는 5단계로 구분할 수 있다.

제1단계: 웹사이트 구축은 가장 기본적인 단계로 인터넷 접속에 초점이 맞추어져 있다. 인터넷 접속과 기업 홍보 및 상품 광고를 위한 홈페이지를 개설하는 것부터 시작하는데, 이러한 홍보 및 광고를 위해서는 기업 내부의 네트워크 백본이 구축되어 있을 경우에는 내부의 네트워크상에 웹 서버를 두고 신규 서버나 기존 서버에는 소프트웨어를 설치함으로써 간단히 구성할 수 있다.

제2단계: 정보공유는 일방적으로 정보를 제공하는 형태의 웹 서버에서 발전하여 단순한 형태이기는 하지만 외부와 정보 공유를 실현하는 단계이다. 사이버 쇼핑 공간에서의 상품 선택, 해외 지사에서 인터넷을 통한 부분적인 정보 조회, 메일 시스템을 인터넷으로 확장하는 것 등이 대표적인 예라고 볼 수 있다.

제3단계: 인트라넷 정보기술로의 전환이다. 이 단계에서는 정보시스템을 정보공유를 위해 체계적으로 정비하고 인터넷 표준기술을 활용한 기업 내부의 정보교류에 초점이 맞추어진다. 이를 위하여 네트워크와 같은 개념의 새로운 인프라가 갖추어지고, 외부와의 정보교류를 위한 융통성 있는 정보기술 전환 작업이 이루어진다.

제4단계: 인터넷을 통한 전자상거래의 확산이다. 기업 외부적으로는 사이버 쇼핑공간에서 실제 상품의 구매와 대금 지불, 사이버 뱅킹 서비스를 통한 은행업무의 처리, 기업 내부적으로는 각 지사와 인터넷을 통한 전자상거래를 적극적으로 처리하는 단계이다.

〈표 Ⅱ-10〉 전자상거래 구현기술

구 분	관련 기술
메시징 기술	SMTP, MIME, X.400, Fax-서버, E-mail
전자문서교환	EDIFACT(인터넷EDI)
저작도구 및 언어	HTML, JAVA, ASP, SGML, VRML, XML
전자지불시스템	전자현금, 지불브로커
데이터베이스 기술	CGI, ODBC, E-Form
보안기술	SSL, S-HTTP, S-MIME, Firewalls
전자자금이체	국제적인 은행간 자금이체, ATM, 은행간, 은행과 고객간 자금이체시스템
지능형 에이전트	감시, 학습, 쇼핑, 정보추출 에이전트
머천트시스템	상품 전시 및 검색(전자상점 구성, 쇼핑몰 관리, 전자지불 등)
네트워크 기반기술	VAN, B-ISDN, ATM
Metering 기술	미디어 공간 가격결정, 1:1 마케팅, 성과피드백, 가상자산보호 등

제5단계: 인트라넷[33]을 이용한 비즈니스 창출이다. 이전 단계까지는 인트라넷을 통한 기업과 고객과의 비즈니스 거래를 위한 단계라고 한다면, 이 단계부터는 기업과 기업의 비즈니스, 즉 기업의 내부 네트워크와 다른 기업의 네트워크를 서로 연결하는 엑스트라넷[34]을 구현함으로써 이루어진다. 이때 암호화된 데이터의 교환과 강화된 사용자 인증이 필요로 한다.

33) 영문명은 'Intranet'으로써, 인터넷의 월드와이드웹(WWW) 기술을 그대로 기업의 정보시스템에 이용한 것으로 사내 정보의 공유를 목적으로 하며, 조직 내부의 모든 업무를 인터넷 관련 기술로 처리하는 새로운 개념의 네트워크 환경을 말한다. 또한 인터넷이 불특정 다수인 일반 대중들 간의 통신채널이고, 인트라넷이 내부 사용자간의 정보공유에 초점이 맞추어져 있다.

34) 영문명은 'Extranet'으로써, 엑스트라넷은 공통된 관심과 이익, 사업을 전개하는 데 있어 협동하는 특정 집단의 통신채널이다.

3. 전자상거래의 성공요건

전자상거래는 소비자 수요와 시장동향에 맞는 제품과 서비스를 개발, 생산하여 홍보 및 마케팅을 통해 주문을 받고 운송수단을 통해 배달한 후 대금결제를 거쳐 사후지원이라고 하는 일련의 상거래 사이클을 모두 포함하고 있다. 따라서 이러한 전자상거래에서의 성공을 위해서는 정보기술의 통합적 활용이 요구된다.

성공적인 전자상거래를 위해서는 비정형화된 형태로 이루어지는 고객과의 BtoC 업무와 정형화된 업무절차, 서류 중심으로 이루어지는 외부 협력기업과의 BtoB 업무를 모두 포함하는 상거래 사이클을 전자적으로 처리할 수 있는 시스템의 구축과 새로운 업무절차의 구축이 필요하다.

전자상거래 시스템의 구축과 관련하여 홈페이지, 전자카탈로그, 사이버쇼핑몰, 온라인 주문, 신용카드 결제 등을 가능하게 하는 인터넷은 주로 BtoB(Front-end) 업무처리에 효과적으로 활용이 되는데, 발주와 납품·운송지시·대금청구 등 서류 중심으로 이루어지는 BtoB(Back-office) 업무처리에는 전자문서교환(EDI), 전자자금이체(EFT), 광속상거래(CALS), 공급사슬관리(SCM) 등의 정보기술이 보다 많이 활용된다.

두 번째로 전자상거래의 효율성과 효과성을 최대한 발휘할 수 있는 운영관리가 필요하다. 전자상거래는 과거의 거래형태에서 일대 혁신으로 자리잡고 눈부신 성장을 지속하고 있다.

이는 전자상거래가 가지는 편리성과 효율성이 매우 높은 것을 반증하는 것인데, 이러한 효율성과 편리성이 얼마만큼의 효과성을 나타내는지에 대하여 분석하고 효과 극대화를 위한 운영관리에 대한 전략 수립이 제대로 갖추어지지 않는다면 전자상거래를 성공적으로 만들기 어려울 것이다.

세 번째로 인터넷 쇼핑몰의 경우 상품을 구매하고 결제하는 절차가 매우 효과적으로 이루어져야 하며, 특히 고객의 신상정보와 금융정보 등에 대해서는 철저한 보안이 이루어져야 신뢰할 수 있는 인터넷 쇼핑몰의 운영이 가능하다. 이는 전자상거래에 있어 절차상 또는 운영상의 보안의 문제가 해결되어야 성공적인 전자상거래를 구현할 수 있다.

비즈니스 거래 상대방

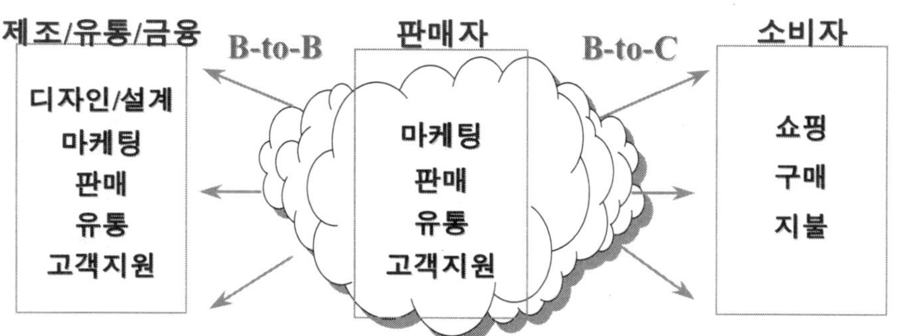

"Doing Business Electronically"

Back-end(B2B) **EDI, EFT, CALS, SCM 등**	***Front-endB2C)*** **인터넷쇼핑몰, 온라인 구매/결제 등**

* EDI : Electronic Data Interchange, * EFT : Electronic Fund Transfer
* CALS : Commerce At Light Speed, * SCM : Supply Chain Management

【그림 Ⅱ-20】 통합정보기술의 활용

4. 전자상거래의 해결과제

향후 전자상거래, 특히 인터넷 쇼핑몰 등을 통한 일반 소비자 대상의 BtoC 전자상거래가 활성화되기 위해서는 다음과 같은 몇 가지 문제점의 해결이 필요하다.

첫째, 초고속 인터넷망 보급이다. 기존의 전화선 접속 등을 통해서는 다양한 멀티미디어 정보로 구축되어 있는 인터넷 쇼핑몰에서 만족스런 쇼핑을 하기가 어렵다. 최근 CATV, ADSL 등 빠른 속도의 인터넷 접속 서비스가 제공되고 있기는 하지만, 아직 만족스러운 수준이 아니다. 현재 정부에서는 통신망 사업 2단계의 확산단계로서 1998년부터 2002년까지 구축할 예정이고 155Mbps 속도를 목표로 하고 있으며, 현재보다 10배 이상 빠른 인터넷 2도 곧 등장하여 인터넷 비즈니스 분야의 성장이 기대된다.

둘째, 풍성한 상품정보의 제공이다. 전자카탈로그 부족 및 중복제작으로 제품 정보의 제한과 동영상이 제작되었을 때 속도와 관계되기 때문에 문제가 될 수 있다.

셋째, 상품의 품질보증 강화이다. 중소기업뿐만 아니라 어느 누구도 제품을 가지고 있으면 인터넷상점을 개설할 수 있다. 인터넷상에서 판매와 주문의 경우 공신력 및 품질보증이 필요하지만, 아직도 인터넷 쇼핑몰에 올라온 제품들은 품질보증의 문제를 안고 있다. 그러므로 공신력 있는 유통회사를 활용하거나, 품질보증마크 획득, 애프터서비스 차원에서 문제시 보험료 지급, 환급 등의 소비자보호 방법 등을 강구해야 한다.

넷째, 안전한 대금결제환경의 구축이다. 인터넷 상에서도 현실세계와 마찬가지로 물건의 구매와 함께 바로 대금지불이 이루어져야 한다. 즉 주문-결제-배달의 원스톱 쇼핑이 이루어져야 한다는 것이다. 일반적으로 현실세계에서는 대금지불 방법으로 현금과 신용카드가 많이 사용되는데, 전자상거래에서는 전자현금, 인터넷 신용카드, 전자수표, 전자이체 등의 방법이 거론되고 있다. 이 중 인터넷 신용카드가 많이 사용되고 있는데, 카드번호 도용 가능성 등으로 인해 아직도 많은 고객들이 안전면에서 자주 사용하지 않고 무통장 입금 형태로 결제를 많이 하고 있다.

다섯째, 효과적인 물류체계의 확립이다. 고객이 원하는 날짜와 시간에 상품을 배송하기 위해서는 직접 배송시스템을 구축하거나 전문 택배업체 등과의 제휴가 필요하다. 수도권은 대체로 배송에 대한 확약이 가능하지만, 지방의 경우 확약이 곤란하고 인터넷 쇼핑몰 운영자가 아닌 상품공급업체가 배달할 때에도 확약이 곤란한 것이 현실이다.

Chapter 8 전자상거래에서 분쟁의 해결

1. 전자상거래에서의 분쟁

전자거래의 확산과 더불어 사이버공간 속에서 급속히 확산되고 있는 Internet 사기·기만 거래, 프라이버시 침해 등 전자거래의 발전을 가로막는 요소로 작용하고 있다.

가상공간에서의 상거래가 확산되면서 이와 관련한 분쟁이 크게 증가하고 있는데, 이는 전자상거래의 활성화에 커다란 장애요인으로 작용하고 있다. 이에 따라 각국의 정부·기업·소비자 등 모든 경제주체들은 전자상거래[35)]에 의해 발생하는 피해의 방지에 많은 관심을 기울이고 있다. 그러나 Internet 등 컴퓨터 network를 이용하는 사이버 무역관련 분쟁은 거래의 신속성, 광역성, 복잡성 등

35) 현재 '전자상거래(electronic commerce)'라는 용어와 '전자거래(electronic transaction)'라는 용어가 혼용되어 사용되고 있다. 이들이 법령에서 사용되는 것을 보면, 「UNCITRAL 전자상거래 모델법」과 캐나다의 「통일전자상거래법(Uniform Electronic Commerce Act 2000)」에서는 'electronic commerce'라는 용어를 사용하고 있으며, 미국의 「통일전자거래법(Uniform Electronic Transaction Act, UETA 1999)」과 「통일컴퓨터정보거래법(Uniform Computer Information Transaction Act, UCITA, 2000)」 및 호주의 「전자거래법(Electronic Transaction Bill 1999)」 등에서는 'electronic transaction'이라는 용어를 사용하고 있다. 일본도 '電子商取引'과 '電子取引'을 혼용하고 있었지만 최근에는 '電子取引'이라는 표현을 공식적으로 더 자주 사용하고 있다. 우리나라에서는 1999년 2월 제정된 「전자거래기본법」 제2조 제4호에서 '전자거래'라 함은 "재화나 용역의 거래에 있어서 그 전부 또는 일부가 전자문서에 의하여 처리되는 거래"라고 정의하고 있다. 이에 정부의 정책 용어에서는 '전자거래'라는 용어를 좀 더 자주 사용하고 있다.(옥무석, "電子去來基本法上의 紛爭調停制度", Internet 법률 제8호, 2001. 9.)

으로 인하여 기존의 사법제도나 기타 분쟁해결방법으로는 어려움이 있다.

특히 전자거래의 효과적인 분쟁해결과 관련하여 국제적인 논의에서는 전자거래는 통상의 거래와 비교하여 ① 불특정 다수인을 상대로 한 대량의 반복적 거래, ② 비대면(non face-to-face)거래, ③ 의사표시 형성과정의 즉시성, ④ 의사표시가 정보처리시스템에 의하여 이루어지는 기술적 특성, ⑤ 국경을 초월하는(borderless) 국제계약성 등의 특성을 갖는다.[36] 또한 이러한 전자거래 자체의 특성에 의하여 전자거래에서 발생한 분쟁은 ㉮ 전자거래의 성격상 법률적인 부분 외에 기술적인 부분을 많이 포함하고 있고, ㉯ 분쟁의 해결에 신속성을 요구하며, ㉰ 피해가 단기간에 광범위하게 발생함과 동시에 ㉱ 국제성으로 인하여 준거법 및 재판관할(jurisdiction)의 문제가 발생할 수 있다는 특징을 지니고 있다. 이와 같이 본다면 전자거래에서 발생하는 분쟁을 기존의 사법절차에 의한 소송으로 해결하는 것은 ⓐ 분쟁해결의 장기간, ⓑ 소송비용의 과다, ⓒ 소송절차의 복잡·난해성, ⓓ 입증의 곤란 등의 문제점으로 인하여 전자거래의 장점을 약화시킬 우려가 있다는 지적을 하고 있다.[37]

전자상거래의 경우 기존의 상거래와는 달리 시간·공간적 제약을 받지 않고 전세계를 상대로 거래가 이루어짐으로써 이와 관련한 분쟁 역시 국경을 넘어서 발생하게 된다. 그러나 이러한 국경을 넘어서 분쟁이 발생하게 되는 경우에 각국간의 서로 다른 법률체계와 상방된 이해관계 등으로 인하여 국제적인 합의 없이는 해결방안을 모색하기 어렵다. 그리고 특히 Internet 거래와 관련한 국제적인 분쟁해결기준이 명확히 마련되지 못하고 있을 뿐만 아니라 각국 내에서조차도 구체적인 해결방안이 확립되어 있지 못한 실정이다.

따라서 전자상거래와 관련하여 분쟁이 발생할 경우 그 분쟁해결을 위해 보편적으로 법원의 소송에 의존하게 된다. 그러나 소송을 통하여 분쟁을 해결하고자 하는 경우 분쟁 당사자는 엄청난 시간과 비용을 감수하지 않으면 안 된다. 뿐만 아니라, 재판관할권문제와 준거법문제, 의사소통상의 문제, 상관습과 문화상의 차이 등으로 인하여 분쟁해결에 상당한 어려움이 뒤따른다.

위와 같은 지적에 따라 전자거래의 분쟁의 해결에 있어 전통적인 소송절차를

36) 노태악, "전자거래·전자서명의 계약법적 검토", 경제법의 제 문제, 재판자료 제87집, 2000.
37) http://consumerconfidence.gbde.org/adr_rec.html

대신해서 주목받고 있는 것이 바로 ADR이다. 이미 의료분쟁·노사분쟁·소비자 분쟁 등 국내에서도 구체적인 분야에서 중재나 조정 등의 ADR 기법을 도입하고 있어 소송외적 방법에 의한 대체적 분쟁해결제도에 대한 일반적인 관심이나 연구는 충분히 축적되어 있다고 볼 수 있다.[38)]

결국, 전자상거래거래의 특징으로 보아 분쟁해결에는 법원에서의 소송보다는 대체적 분쟁해결방법(ADR : Alternative Dispute Resolution)에 의하는 것이 보다 적절하다고 할 수 있다. 이러한 ADR에 의한 전자상거래 관련 분쟁의 해결은 이미 대다수의 국가에서 그 효율성과 합리성을 인정받아 시행 중에 있다. 더욱이 신속함을 장점으로 하는 전자상거래에 보다 접합하도록 하기 위하여 그 분쟁해결 역시 Internet 등 컴퓨터 network를 이용한 On-line 분쟁해결시스템을 적용하고 있는데 이러한 정보통신기술 및 전달수단을 활용한 분쟁해결방식을 On-line ADR 또는 ODR이라고 한다.

이미 사이버중재, 사이버 조정 등을 행하는 Internet 사이트들이 개설되어 분쟁해결에 일익을 담당하고 있다. 그러나 아직은 On-line을 통한 분쟁해결시스템은 그 초기 단계에 있어 개선되어야 할 많은 과제를 안고 있다. 즉, 분쟁당사자들이 보다 쉽고 편하게 접근할 수 있어야 함은 물론, 그 분쟁해결절차를 신뢰할 수 있는 시스템의 구축이 필요하다. 또한 Internet 웹 기술을 비롯한 기술적 요소와 법제도의 확충이 필요하다.

2. 분쟁의 유형

전자상거래와 관련된 분쟁에는 거래 당사자간의 약정한 계약내용과 이행결과와의 차이에서 발생하는 분쟁과 계약내용과 관계없이 상대방의 권리를 침해함으로써 발생하는 분쟁을 들 수 있다. 특히 최근 들어 웹 관련기술의 발달로 인

38) 현재 민사조정법에 의하여 법원은 민사조정제도를 일반적으로 도입·시행하고 있으며, 민법 제731조나 민사소송법 제135조에 규정된 화해제도 이외에도 중재법, 소비자보호법, 금융감독기구의설치등에관한법률, 컴퓨터프로그램보호법, 환경분쟁조정법, 건축법, 건설산업기본법, 하천법, 노동조합및노동관계조정법, 정보통신공사법, 농지개혁법, 국가배상법, 보험업법, 저작권법, 하도급거래의공정화에관한법률, 남녀고용평등법, 광업법, 정기간행물의등록등에관한법률, 방송법 등은 중재나 관련 행정부처가 관장하는 강제적 또는 임의적 조정제도를 규정하고 있다(산업자원부, 전자상거래 활성화를 위한 제도개선 방안연구 최종보고서, 1999. 11. 10. 5면).

하여 사이버 광고 및 마케팅 등과 관련한 분쟁이 점차 증가하고 있다.

전자상거래 관련 분쟁의 발생 유형을 살펴보면 다음과 같다.

첫째, 기업의 설립 및 제품생산단계에 있어서 비즈니스 모델(Business Model)과 도메인 네임(domain name)과 관련한 분쟁 및 상품 및 서비스의 지적재산권과 관련한 분쟁이 발생할 수 있다.

둘째, 전자상거래의 계약체결 및 전자인증단계에 있어서 컴퓨터 조작실수로 인한 계약의 유효성과 관련한 분쟁, 전자계약체결시 거래당사자의 확인과 관련한 분쟁 및 전자문서의 인증과 관련한 분쟁 등을 들 수 있다.

셋째, 전자결제와 관련하여 해킹이나 바이러스의 침투 등에 의한 대금결제와 관련한 분쟁, 거래무효와 계약취소로 인한 대금환불관련 분쟁, 결제카드사기로 인한 분쟁 등을 들 수 있다.

마지막으로 계약이행과 관련하여 계약과 다른 상품 및 서비스의 제공과 관련한 분쟁, 상품 및 서비스의 하자관련 분쟁, 상품 및 서비스의 불균형 및 배달지연으로 인한 분쟁 등을 들 수 있다.

3. 재판관할권과 준거법의 문제

관할이라 함은 재판권을 행사하는 여러 법원 사이에서 어떤 법원이 어떠한 사건을 담당하여 처리하느냐의 재판권 분쟁관계를 의미한다.[39] 즉, 재판관할권이란 소가 제기된 법원이 당해 분쟁을 심리할 수 있는가와 관련된 것이다. 즉, 당사자 측으로부터 보면 원고로서 어느 법원에 소를 제기할 수 있는가? 피고로서 제소된 법원의 재판절차에 따라야만 하는가와 관련된 문제이다.

이러한 재판관할권이 Internet에서 문제가 되는 것은 Internet의 글로벌한 접근성에서 기인한다. 즉, Internet에서 법률적인 분쟁이 발생할 경우 그 지역이 한 나라에 국한되지 않는 경우가 존재하게 된다. 관련 당사자들이 국내에 존재하고 국내에 사이트에서 분쟁이 발생할 경우 당연하게도 국내에 관련법에 의해 분쟁을 해결할 수 있지만, 그렇지 않을 경우 문제는 매우 복잡하게 된다.

39) 이시윤, 「민사소송법」, 박영사, 1996. p. 86.

물론, 관련 당사자들이 합의하에 원만하게 해결된다면 문제는 없지만, 그렇지 않을 경우 어느 나라에서 재판을 관할하게 될 것인가는 매우 복잡한 문제가 발생한다. 웹 사이트는 전 세계 어디서나 접속이 가능하기 때문에 어떤 웹 사이트에 대해 접속 가능한 지역, 어느 곳에서나 재판관할권이 있다고 보지 않는다. 피고에 대한 인적관할권이 없는 법원의 판결은 무효라는 점에서 대단히 중요한 문제라 할 수 있다.

결국, 전자상거래와 국제재판관할의 문제에서 재판관할권의 인정근거는 직접적으로는 재판관할권에 대하여는 섭외사법[40]이나 민사소송법[41]에서 아무런 규정을 두지 않고 있다. 국제재판관할권을 어떠한 기준에서 결정할 것인가에 대하여는 우리나라에서 조약이나 일반적으로 승인된 국제법상의 원칙이 아직 확립되어 있지도 않고 나아가 이에 관한 우리나라의 성문법규도 없다. 그러므로 어떤 기준에 의하여 우리나라 법원이 국제재판관할권을 행사할 수 있는가가 문제된다.

이와 관련하여 다음과 같은 학설이 있다. ①민사소송법중 토지관할에 관한 규정을 유추 적용한 '역추지설', ②국제민사소송법상의 독자적 기준적용설인 '관할배분설'등이 있으나, 대법원 판례도 지금껏 그리 명확한 지침을 내리지 않아 통일되어 있지 않다. 다만, 민사소송법상의 토지관할권을 재판관할로 삼고 있어 일반적으로 재판관할권은 이행지 주소의 법원이 가지게 된다. 그러나 이러한 현행의 법규가 전자상거래에서 적합하다고 할 수는 없을 것이다.

재판관할의 합의와 관련하여 재판관할에 대한 합의조항이나 또는 중재조항이 있는 경우 재판관할에 대한 합의가 유효하기 위해서는, (1) 당해 사건이 우리나

---

40) 대한민국 국민의 섭외적 생활관계를 규율하기 위해 제정한 법률로서 62. 1. 15. 법률 제966호로 제정되었으며 3장 47조와 부칙으로 구성되어 있다. 이 법은 대한민국에서의 외국인 및 외국에서의 대한민국 국민의 섭외적 생활관계에 관하여 준거법을 정함을 목적으로 하고 있으며, 민사에 관한 규정으로서는 행위능력, 한정치산 및 금치산, 실종선고, 법률행위의 성립 및 효력, 법률행위의 방식, 이법지역자간의 법률행위, 물권 기타 등기하여야 할 권리, 법정채권의 성립 및 효력, 채권양도, 혼인의 성립요건, 혼인의 효력, 부부재산제, 이혼, 친생자, 인지, 입양 및 파양, 친자간의 법률관계, 부양의무, 친족관계, 후견, 상속, 유언 등의 준거법이 명시되고 있다. 상사에 관한 규정으로서는 상사에 관한 적용순위, 상사회사의 행위능력, 은행, 무기명증권, 위탁 및 운송계약, 보험계약, 어음행위능력, 수표지급인의 자격, 어음행위의 방식, 어음행위의 효력, 원인채권의 취득, 일부인수 · 일부지급, 권리의 행사·보전을 위한 행위의 방식, 어음의 상실·도난, 계산수표, 지급지법, 해상, 선박충돌, 해난구조 등의 준거법이 명시되고 있다.

41) 민사소송법 제203조 제1호에서도 외국판결승인의 요건으로써 외국법원의 재판권을 부인하지 않는 일이라고만 규정하였을 뿐, 그 관할권의 내용에 대하여는 아무런 규정이 없다.

라의 재판권에 전속적으로 따르는 것이 아닐 것, 및 (2) 지정된 외국의 법원이 그 외국법상, 당해 사건에 대하여 재판관할권을 가지는 것이 필요하다. 이상의 요건을 충족하는 경우 전속적 재판관할의 합의도 유효하다고 할 것이다.

결국, 전자상거래에서 국제적으로 확립된 통일기준은 거의 없기 때문에 각국은 독자적으로 국내법으로 재판 관할 관련 기준을 정하여 독자적으로 적용하고 있으며,[42] Cyber Space상에서 발생하는 전자상거래 분쟁에 대한 재판관할을 인정하기 위해서는 합의에 의해 재판 관할을 부여하거나 당사자의 주소, 불법행위지, 재산소재지 등의 재판적(裁判籍)이 그 국가에 있어야 한다. 만일, 재판권에 흠결이 있으면, 소(訴)는 본안의 심리에 들어가지 못하고 부적법하여 각하된다.[43]

준거법이란 국제사법에 의하여 어떤 법률관계에 적용될 법률[44]을 의미한다. 전자상거래는 보통 국경을 넘나들기가 쉽다는 특성을 가지고 있다. 따라서 거래에 관하여 준거법을 어느 나라의 법규로 하는가는 문제는 미래 정해 놓은 것이 바람직하다. 현재, 국제사법의 준거법 규정은 아주 복잡하고 해석도 다양하기 때문에 법이 가지는 사전예측 가능성을 얻기는 곤란하다.

따라서 당사자간의 계약에서 준거법 적용 여부 결정하는 것이 바람직하다.[45] 그러나, 준거법으로 합의한 나라의 법률이 반드시 그대로 적용되지는 않는다는 문제점이 있는 것 또한 사실이다. 이를 유형별로 살펴보면 다음과 같다.

1) 계약에 준거법 지정조항이 있는 경우

계약에 준거법 지정조항 즉, 당사자 자치의 원칙에 대한 명시적 문구가 있는 경우, 섭외사법 규정에 의하면, 법률행위(계약)의 성립 및 효력에 관하여는 당사자의 의사에 의하여 적용할 법을 정한다.[46] 이 조항에 의하여, Internet상

42) 왕상한, "전자거래와 재판관할", 「상사법 연구」, 제18권 제1호, 1999, pp. 312 - 313.
43) 정찬모 · 황주성 · 이진우, "Internet상의 법률문제", 「정보통신정책연구원」, 1997. 12. p. 98.
44) 예컨대 능력에 관하여는 당사자의 본국법을, 채권양도의 제3자에 대한 효력은 주소지법을 적용한다고 한 경우에, 그 적용될 본국법 · 주소지법을 그 법률관계의 준거법이라 한다. 적용될 내국 또는 외국의 민법·상법 등의 실질법을 적용함으로써 섭외적 생활관계의 법률상 효과가 결정된다는 뜻에서 준거법을 '효과법(Wirkungsstatut)'이라고도 한다. 준거법 중 중요한 것으로 법정지법·본국법·주소지법·소재지법·행위지법·불법행위지법 등이 있다. 국제사법은 이러한 준거법을 지정하는 법이다.
45) 보통 국제무역거래에서 거래의 양 당사자는 다른 나라 사람이다. 따라서 이들 상호간에 한 당사자의 법을 강제하기란 불가능하므로 계약 체결시 양 당사자간의 권리와 의무 관계 등을 명시하는 것이 일반적인데 이를 '사적당사자 자치의 원칙'이라고 한다.

의 통신판매라고도 할 수 있는 전자상거래의 계약조건 중에 특정한 나라의 법률 (예를 들면 미국 캘리포니아주법)이 적용된다는 뜻이 명기되어 있으면 그에 따른다.

준거법에 대한 합의가 없는 경우라도 재판지에 관한 합의가 있으면 재판지의 법규가 준거법이 된다. 즉, 대형 Provider와 회원간에 약관에 의해 Provider에게 가장 유리한 법역의 법률이 준거법으로 지정될 경우에는 구체적인 사정에 기해 법정지의 법원이 준거법의 합의를 무효로 할 수 있다.[47)]

또한, 당사자간의 준거법에 관한 합의도 독점금지법이나 소비자보호법, 할부판매법, 제조물책임법 등 강행법규의 제한을 받게 된다.

2) 준거법 지정의 묵시적 합의

법원은 여러 사정을 종합적으로 고려하여 준거법에 관한 묵시적 합의가 당사자간에 이루어졌다고 인정하는 경우가 있는데, 이 경우에는 특히 거래가 이루어진 곳이나 거래에 사용된 언어, 당사자의 거주지 등 구체적 사정이 고려된다.

우리나라의 통신판매사업자가 우리나라에 설치된 서버 상에 개설한 상점에서 상품을 광고하여 그 주문을 받고 있는 경우라면 우리나라 법을 준거법으로 합의하였다고 인정하고 있다.[48)]

3) 계약에 준거법을 지정하는 조항이 없는 경우

명시적 합의는 물론 묵시적 합의도 인정되지 않는 경우에는, 결국 상황에 따른 국제사법의 원칙에 의하여 결정하게 된다. 계약에 관한 분쟁의 경우에는 대개 섭외사법 제9조 단서에 따라 "행위지법" 즉 계약을 체결한 나라의 법률이 적용된다. 계약의 당사자가 법을 달리하는 각각 다른 나라에 소재하고 있는 경우에 한 의사표시의 경우에는 그 통지를 한 곳을 행위지로 본다. 한국에서 국제통신판매의 발주를 한 경우 한국이 청약의 발신지이므로 한국의 법률

---

46) 섭외사법 제9조.

47) 우리나라 약관규제에 관한 법률에서는 동일한 약관에 대하여 매도인과 매수인간에 해석을 달리할 수 있는 경우 매수인에게 유리하게 해석하도록 천명하고 있다.

48) 전자거래기본법, 전자서명법 각조.

이 적용되게 된다.[49] 또한, 청약을 받은 자가 승낙을 할 때에 그 청약의 발신지를 알지 못한 때에는 청약자의 주소지를 행위지로 보게 되어 주소지법이 적용된다.[50] 이것은 한국의 소비자가 해외여행을 하던 중 Internet에 접속하여 미국에 설치된 서버상의 점포를 통하여 한국의 Provider에게 접속하는 경우에 해당되는 경우이다.

4. ADR의 개념

1) ADR의 필요성

전자상거래과 관련하여 분쟁이 발생하는 경우에는 전자거래에서 발생하는 분쟁의 해결은 전자거래를 통한 분쟁 자체가 법률적 요소 이외에 기술적 요소가 많이 포함되어 있고, 기존의 사법절차에서 예상하고 있지 않던 형태의 많은 시간과 비용을 요하기 때문에 법원을 통하여 분쟁을 해결하는 방안보다 대체적 분쟁해결방법(ADR)에 의한 분쟁해결방안을 모색하는 것이 바람직하다고 판단된다.

전자상거래에서 발생하는 분쟁은 전자상거래의 특수성으로 인하여 특별한 연구검토가 요청되고 있으며, 더욱이 전자상거래에 있어서 피해는 전자상거래가 가지는 소액, 다수거래의 특성상 단기간에 광범위하게 발생하고 경우에 따라서는 국경을 넘는 특수성 때문에 재판제도에 대신하는 신속・간이하고 저렴한 분쟁해결방법을 강구할 필요가 있다.

또한, 소비자와 사업자가 비대면(非對面) 상황에서 Internet을 매체로 이용하기 때문에 양 당사자간에 분쟁발생의 가능성이 높고, 전자거래분쟁의 확대는 전자거래가 가지는 가장 큰 장점이 비용절감과 신속성을 저해하여 결국 전자거래시장 참여자의 신뢰구축에 장애물이 된다. 뿐만 아니라 전자상거래의 성격상 법률적인 면 외에 기술적인 부분을 많이 포함하고 있기 때문에 통상의 재판절차보다 ADR쪽이 적합하다고 할 것이다.

49) 섭외사법 제11조 제1항
50) 섭외사법 제11조 제2항

한편, 이러한 대체적 분쟁해결을 위하여 그 해결절차에 있어 Internet 웹 기반 기술을 이용한다면 분쟁을 보다 효율적이고 신속하게 처리할 수 있다.

미국 등에서 활성화된 정보통신기술을 활용한 분쟁해결방식, 즉 On-line ADR의 경우 국제적으로는 이미 도메인 이름의 분쟁해결을 위하여 1999년말부터 활용되어 왔고, 국내에서도 이미 전자거래분쟁조정위원회의 일부 조정 사건에서 이미 시연되고 있다.

이러한 On-line ADR이 출현하고 그에 대한 관심이 고조되고 있는 배경을 살펴보면 다음과 같다.

첫째, 전자상거래가 양적으로 비약적인 확대 경향을 보이고 있다는 점, 둘째, 기존의 분쟁해결방식이 그 대상으로 삼고 있지 않던 비전통적인 상거래가 가상공간에서 계속적으로 출현하고 있다는 점, 셋째, 국제적으로 정부기구나 국제기구들이 위와 같은 현상이나 전자거래에서 발생하는 문제에 대한 하나의 해결책으로서 On-line ADR에 대한 지속적인 관심을 갖고 있다는 점,[51] 넷째, 전통적인 ADR 제공기관들이 On-line ADR에 관하여 깊은 관심을 표명하여 온 점,[52] 다섯째, SquareTrade, eResolution, Cybersettle이나 ClickSettle 등과 같은 온라인분쟁해결 전문회사가 상당한 투자와 사적인 재원조달을 하여온 점, 여섯째, WIPO, National Arbiration Forum(NAF), CPR Institute, eResolution 등에 의하여 1999년 말부터 시작되어 온 도메인 이름관련 분쟁해결의 사례, 마지막으로 분쟁을 해결하고 사업자와 소비자 간의 신뢰를 구축하는 수단으로서 On-line ADR이 on-line 및 off-line 시장에서 상당히 수용되고 있는 점 등이다.

이 외에도 최근 ADR은 전자상거래 이외의 분쟁에서도 합리적 해결방안으로 제기 되고 있다. 그 이유는 첫째, 사회적 약자를 위하여 보다 단순하고, 보다 신속하며 비용이 적게 드는 방법으로 분쟁을 해결할 수 있고, 둘째, 법관에 의한 결정이나 법률을 통한 권위주의적 관철이 아닌 자유롭고 가까운 대화와 합의에 의하여 분쟁을 해결하려고 하는 사회의식의 변화, 셋째, 또한 법원이

---

51) 2000년에는 미국의 연방거래위원회, 미국상무성, 유럽연합, 헤이그 국제사법회의, OECD, Global Business Dialogue, WIPO 등에 의한 다수의 국제회의 또는 워크샵이 개최되었다.

52) 예컨대, 미국변호사협회(American Bar Association) 분쟁해결분과위원회의 연례회의에서는 On-line ADR에 대한 논의를 하여왔고, Better Business Bureau는 BBBOnline 프로젝트를 통하여 On-line ADR의 연구 및 발전에 상당한 기여를 하여오고 있으며, 미국중재협회(American Arbitration Association)도 On-line ADR의 도입에 적극적인 노력을 하고 있다.

가지는 업무부담의 경감이라고 하는 측면에서 ADR의 활용을 필요로 하는 중요한 요인이라고 하고 있다. 특히 최근 다른 국가를 보면 법원의 업무부담의 경감이라는 요인이 ADR을 모색하는 주요한 요인으로 등장하고 있고, 행정부에서도 현행 법조체계의 운영의 과잉부담을 경고하는 한편 ADR에 대한 연구에 심혈을 기울이고 있다고 지적하고 있다.[53)]

2) ADR의 개념

ADR이란 「소송외적 분쟁해결제도 또는 대체적 분쟁해결방안(Alternative Dispute Resolution」라고 한다. 이러한 ADR에 대해 국내에서는 '소송에 갈음하는 분쟁해결방안'이라고 일컫기도 하고, '재판외적', '소송외적', '소송대체적'이라는 표현을 쓰기도 한다.[54)]

이러한 ADR은 사법재판에 의하지 아니하는 분쟁해결을 의미하는 것으로 1980년대 이래 시간과 비용을 절약하고 소송절차를 회피하기 위하여 소송 없는 법률적 분쟁해결의 수단으로 미국에서 발전하여 왔다. 전자상거래에서도 일반적인 상거래와 마찬가지로 분쟁이 발생하며 이러한 분쟁은 최소의 비용으로 신속·정확하게 해결되어야 그 손실이 감소되고 또 정당한 구제를 받을 수 있다. 특히 전자거래는 신속한 거래완성이라는 특징을 가지고 있으므로 ADR의 이용이 더욱 요구되어진다.[55)] 또한 이 ADR의 특성 중 '비공개적인 절차'는 정보의 보호와 거래관계의 비밀유지라는 측면에서 기업비밀보호라는 또 다른 이익을 창출하게 된다.[56)]

3) ADR의 절차

전자상거래분쟁해결과 관련한 ADR에는 화해, 조정, 알선, 중재 등을 들 수 있으며, 전형적으로 on-line ADR의 절차는 전통적인 ADR 절차와 같이 분쟁

---

53) 김민중, "소송외적 방법에 의한 환경오염피해분쟁의 해결제도", 비교사법 제2권 제2호(1995), pp. 357 - 383.

54) 송상현, "소송에 갈음하는 분쟁해결방안의 이념과 전망", 민사판례연구 XIV.

55) ADR이 분쟁을 적절하게 해결할 수 있는 가장 최적의 선택방법이라는 의미이다. 만일 분쟁이 당사자 일방의 고의, 태만 등에 의해 발생한 경우 소송의 방법이 더 적절할 수 있다.

56) 옥무석, "電子去來基本法上의 紛爭調停制度", Internet 법률 제8호, 2001. 9. p. 6.

해결신청인이 on-line ADR 제공기관에 분쟁해결신청서를 등록함으로써 시작된다. 이 때 대부분의 경우 신청서를 e-mail로 제출하거나, 웹 사이트상의 양식을 기입함으로써 이루어진다. 그 후 ADR 제공기관은 분쟁해결신청서에 제공된 정보를 이용하여 피신청인측과 접촉하고, 그들이 on-line ADR 절차에 참여할 것을 요청한다. 피신청인이 참여를 수락하면, 피신청인은 신청인의 분쟁해결신청서에 대한 답변서를 e-mail 등을 통하여 제출한다.

ADR 제공기관에 의하여 임명된 조정인 등의 조정조서와 분쟁해결서면에 대하여 다양한 집행력이 부여될 수 있으나, 대부분의 on-line ADR의 분쟁해결조서는 법적으로 비구속적이고 집행력이 없다. 다만, 일부 ADR 제공기관은 당사자들이 구속력이 있는 분쟁해결 계약을 맺도록 요구하기도 하지만, 그러한 계약의 효력은 각국의 법률에 따라 달라질 것이다.

5. ADR의 장단점

1) 장점

On-line ADR은 Internet 등 온라인 이용자들에게 수많은 이점을 제공하고 있다. 이러한 On-line ADR의 가치는 대부분 전통적인 ADR과 통상 관련되어 있지만 그것은 온라인 의사소통(on-line communication)이라는 수단에 의하여 더 한층 강화될 수 있다. 온라인 절차는 유연성(flexibility), 창조적 해결책(creative solutions) 및 신속한 결정을 가능하게 할 것이다.[57)]

(1) 편리성

On-line ADR의 주요 장점은 당사자들이 그들의 분쟁을 해결하기 위하여 법원, 중재지, 조정지 등의 장소에 출석하지 않고 격지에서도 분쟁해결절차에 참여할 수 있게 한다는 것이다. 다수의 전자상거래는 서로 다른 장소에 소재한 당사자들 간에 발생하고, 일부의 경우에는 당사자들이 각기 다른 나

57) E Casey Lide, ADR and Cyberspace : The Role of Alternative Dispute Resolution in Online Commerce, Intellectual Property and Defamation, 12 Ohio St. J. on Disp. Resol. 193, 195(1996), p. 218.

라에 소재할 수도 있다. 만약 동일한 시간에 동일한 장소에 출석하여 분쟁해결절차에 참여하게 된다는 것은 시간상, 비용상 많은 자원을 소비하게 할 것이다. 또 다른 편리성의 예로는 그러한 분쟁해결절차가 단지 업무일 또는 업무시간 내에만 이루어지는 것이 아니라 하루 종일 또는 일주일 내내 이용가능하다는 것이다. 이렇듯 ADR을 이용하는 것은 절차규칙에 있어서의 유연성을 의미하는데, 이는 조정인 등이 당사자들의 시간적, 장소적 제약을 해소할 수 있는 절차를 채택할 수 있기 때문이다.

(2) 저렴성

소송은 일반적으로 법률비용이 높다고 이야기된다. 특히 소송가액이 적거고 다수 당사자가 관련될 수 있는 분쟁에서 법원의 높은 소송비용은 분쟁당사자로 하여금 법원의 벽을 높게 만드는 면이 없지 않은 현실을 감안하면 더욱 그러하다.

그러나 ADR의 경우 그 비용이 매우 저렴하다. 현실적으로 소송에서 가장 많은 부분을 차지하는 변호사 선임료 문제에 있어 WIPO 등의 도메인네임 분쟁조정절차에서도 많은 경우 변호사 등이 법률대리인으로 선임되는 경우가 다수 있지만, 분쟁 당사자들도 On-line ADR 제공기관이 준비한 서면양식을 기입하는 방법으로 변호사를 선임하지 않고 분쟁해결신청서를 작성하거나 답변서를 작성할 수 있다. 아울러 온라인 시스템을 이용하게 되면 국제전화 또는 장거리 전화, 팩스 등을 이용하면서 지불하여야 할 비용을 절감할 수 있다.

(3) 전문가의 활용

소송외적 분쟁해결제도는 각 사물에 기술적·전문적인 능력을 갖춘 전문가가 분쟁처리에 관여하게 된다는 점에서 소송절차에서의 전문가의 조력과는 차이가 있다. 즉 법원의 소송절차에서는 전문지식을 갖춘 전문가는 단지 간접적으로 감정인 등으로만 고려가 되고 있다. 이와 같이 소송제도에 비하여 직접적인 도움을 받을 수 있는 장점이 있다. 예컨대 분쟁해결을 위하여 중재나 화해를 채용하는 경우 관련 문제에 대하여 정규교육을 받고 오랜 기간 동안 그 관련 직업분야에서 활동하면서 축적된 전문지식을 근거로 기술적이고 전문적이면서 비법률적인 문제에 대하여 해결능력을 갖춘 전문가가 직접적으로 분쟁의 해결에 참여한다는 독특한 이점이 있게 된다.

(4) 온라인 사용자에게 적합

온라인 사용자에게 있어서 온라인을 통한 분쟁해결은 메커니즘에의 접근은 현실세계의 분쟁메커니즘에 접근하는 것보다 더욱 친숙하게 느낄 수 있고, 가상공간에서 발생하는 분쟁을 해결함에 있어 '자신이 살고 있는 현실세계 보다는 자신의 가상공간의 법률에 의한 결정을 더욱 지지할 것이다'[58] 라는 주장이 있다. 이는 Internet에 능숙한 사용자에게 있어서 현실사회에서 분쟁해결 메커니즘 보다는 자신이 계속 접하고 있는 가상공간에서의 메커니즘에 친밀감을 가지고, 법률문제에 대한 거부감도 더 적게 느낄 것이다.

(5) 관할권의 문제

On-line ADR이 전통적인 분쟁해결시스템보다 우월한 이점은 어떤 법원이 발생한 사건에 관한 관할권을 가지는가라는 전통적인 관할권의 문제를 회피하는 것이 될 것이다. 가상공간에 있어서 입법관할권의 문제에 대한 권위적인 해석이 존재하지 않고 국가마다 관할권에 대한 태도가 다른 현재에 있어서 당사자들이 자치적으로 분쟁해결기관을 선택하고 그 결정에 구속되는 것은 일종의 범세계적인 분쟁해결을 가능하게 할 것이다.[59]

특히, 관할권의 문제는 Internet의 범세계적인 성격에 비추어 보아 특히 그 타당성이 강조되는데, Internet상에서 영업활동을 하는 것은 일부 거래관계들을 부지불식간에 외국의 관할권과 외국법에 직면하도록 한다.

2) 단점

(1) 인간적 요소의 결여

On-line ADR의 비판자들은 온라인 조정 및 중재가 대면접촉에 의한 분쟁

58) Robert C. Bordone, Electronic Online Dispute Resolution : A Systems Approach - Potential Problems and a Proposal, 3 Harv. negotiation L. Rev. 175, 176 (1998), p. 6.

59) UDRP에 의한 도메인네임 분쟁해결의 경우, 준거법의 문제를 해결하기 위하여 자체 Policy 내에 실체적 규정을 두고 있다.

해결 가능성을 제공하지 않기 때문에 ADR의 하나이 큰 이점이 분쟁해결과정중의 당사자들간의 타협의 여지를 봉쇄한다고 주장한다.[60] 뿐만 아니라 On-line ADR의 의사전달 수단으로 활용되는 e-mail 등에 의한 중재, 조정은 당사자들이 같은 장소에서 만나 직접 대면하는 전통적인 ADR 절차의 역동성을 잃게 할 것이다.

채팅룸에서 웹 카메라 등의 화상기술에 의하여 이러한 단점을 해소할 수는 있지만, 정해진 장소 또는 시간에 구애받지 않고 분쟁해결이 가능하다는 On-line ADR의 장점 및 그러한 온라인 환경을 제공하는데 소요되는 비용 때문에 단시일 내에 비대면성의 문제를 해소하는 수단으로서 화상채팅 등의 방식은 보편화되기 힘들 것으로 예상된다.

(2) 접근가능성 부족

On-line ADR을 활용하기 위하여 당사자들은 필요한 소프트웨어 및 하드웨어를 장착한 컴퓨터와 Internet 등 온라인에 접근할 수 있어야 한다. 또한, Internet을 활용할 수 있는 사용자라고 할지라도 온라인 환경에 아주 능숙하지 않는 한 전통적인 ADR보다 더 효과적으로 On-line ADR이 제공하는 이점들을 활용할 수 있다고 볼 수는 없다. 그러므로 On-line ADR의 경우 활용분야는 원래 온라인을 매개로 하여 발생한 분쟁 등, 분쟁당사자들이 온라인을 활용하는데 지장이 없다는 전제조건이 충족되는 분야에서 그 효용성을 가질 수 있다.

(3) 기밀성의 결여 및 보안

전통적인 ADR에서의 통상적인 관행은 어떠한 물리적인 기록도 남기지 않는 것이라고 한다.[61] 다만 당사자들이 원하는 경우에만 분쟁해결과정에서의 기록들이 기록 또는 공개될 수 있을 것이다. 그러나 On-line ADR의 경우에는 그러한 기밀성의 유지가 힘들다. 즉, 분쟁해결에 참여하는 일방은 손쉽게 e-mail 등을 인쇄 등을 통하여 기록할 수 있으며, 그러한 정보를 타방당사자 등의 허락없이 손쉽게 배포할 수도 있다. 또한, 온라인시스템은

60) Joel B. Erisen, Are We Ready for Mediation in Cyberspace? 1998 BYU L. Rev. 1305, pp. 1312-13.
61) M. Ethan Katsch, Dispute Resolution in Cyberspace, 28 Conn. L. Rev. 953, p. 971.

제3자의 해킹에 의한 분쟁해결과정이나 결과 등이 손쉽게 노출될 수 있을 것이다. 이러한 문제들이 발생한다면 일반인들의 On-line ADR에 대한 신뢰를 얻기는 힘들 것이다.

(4) 이중 부담의 가능성

미국에서 발달하기 시작한 소송외적 분쟁해결제도(ADR)의 연혁을 살펴보면,[62] 소송외적 분쟁해결방안은 법원의 소송부담을 경감시킬 수 있다는 사실을 거듭 밝히고 있다. 하지만 이에 대하여 현실적으로는 소송외적 분쟁해결방안에 의하여 해결이 모색된 분쟁의 경우 드물지 않게 다시 법원에 소송으로 제기된다고 하는 사실을 고려하면 결코 소송외적 분쟁해결제도가 법원의 소송부담을 경감시킨다고 단언할 수 없다고 지적하는 견해도 있으며, 특히 소송외적 분쟁해결제도가 없는 경우라면 법원에 제소되지도 않을 경미한 분쟁이 소송외적 분쟁해결제도에 그 해결을 의존한 후 원만한 해결을 이루지 못하고 다시 법원에 의존하는 경향이 많다고 지적되고 있다.[63]

특히, 우리나라의 경우 법의 집행은 반드시 법원에서 이루어지도록 되어 있다. 현재, 중재판정을 담당하는 대한상사중재원의 경우에도 중재판정의 집행을 위해서 해당 법원에 중재 판정과 관련된 원문을 송부함으로서 집행력을 갖게 된다.

62) 손수일, "미국법원에서의 ADR의 발전과 캘리포니아 북부 연방지방법원의 Early Neutral Evaluation", 법원도서관 裁判資料 제73집 참조.

63) 비록 소송외적 방법을 통하여 분쟁당사자 사이에 분쟁해결을 위한 합의가 성립한 경우라도 당사자가 '임의로' 이행하지 않는 한 그 이행을 강제할 수 없으므로, 상대방이 공통적으로 발견한 분쟁해결을 스스로 이행하지 않으면 타결된 결과를 충족시키기 위하여 다시 소송을 제기하여야 하는 불편이 있다. 만일 먼저 필요한 노력과 시간을 투자하여 소송외적으로 분쟁을 타협이나 중재를 통하여 해결하고, 그 해결을 실현하기 위하여 다시 소송을 제기하여야 한다고 하면 시간적으로나 비용적으로 대체적 분쟁해결제도를 통하여 별로 얻을 실익이 없다고 할 수 있다(김민중, 김민중, "소송외적 방법에 의한 환경오염피해분쟁의 해결제도", 비교사법 제2권 제2호(1995), p. 361). 다만 중재의 경우에는 중재법에 의하여 중재재정의 효력이 인정되어 있어 소송절차와 같은 강제적 효력이 있고, 일부 조정제도의 경우에는 재판상 화해의 효력에 의하여 기판력과 집행력이 부여되어 소송에 의한 판결과 같은 최종적인 효력을 가지므로 일부 소송외적 분쟁해결제도에는 해당되지 않는다.

Part Ⅲ

정보혁신을 통한 경영합리화

Chapter 9
정보시스템의 구조와 유형 분류

시스템의 개념은 자연과학이나 사회과학에서 널리 활용되고 있다. 정보시스템은 인간-기계 시스템이므로 정보시스템의 설계자는 시스템의 특성을 이해하고, 이러한 특성을 정보시스템 설계에 활용할 때 보다 효과적인 시스템을 구성할 수 있다. 이런 관점에서 여기에서는 시스템의 개념, 시스템의 결합방법 및 통제 등에 관해서 살펴보고 정보시스템에서의 활용 방법에 대해서 검토하기로 한다.[64]

1. 시스템의 의의

시스템(system)을 정의하면 '시스템은 특정한 목적을 가지고 이를 성취하기 위하여 여러 구성인자가 서로 유기적으로 연결되어 있으면서 목적을 위해 노력하는 것'이다. 이러한 시스템 개념은 정보시스템을 포함한 많은 조직현상을 인식하고 이해하는데 유용한 틀을 제공한다.

그런데 이러한 시스템은 관념적일 수도 있고 실제적일 수도 있다. 관념적인 시스템은 상호의존적인 사고나 구조를 질서 있게 구성한 것이다. 예로서 신학 시스템은 신에 대한 사고나 신과 인간과의 관계를 질서 있게 정돈한 것이다. 실제적인 시스템은 목적을 달성하기 위하여 함께 작용하는 일련의 요소들을 말한다. 이의 예로서 컴퓨터 시스템을 들 수 있는데 이 시스템은 컴퓨터 처리를 수행하기 위하여 함께 작동하는 설비를 말한다.

64) 이경환 · 전재완 · 이상훈 · 김승환, 『경영정보시스템』, 두남, 2003, pp. 77~81

그런데 위의 시스템들을 임의로 모아진 요소들이 아니라 목적달성을 위하여 함께 소속된 것으로써 입증된 요소들로 구성되어 있다. 물론 관념적인 시스템보다 실제적인 시스템이 더욱 활동이나 행위와 밀접하고 목적달성에 더욱 상호작용한다.

2. 시스템의 유형

일반적으로 시스템은 확정적 시스템(deterministic)과 확률적 시스템(probability system), 개방적 시스템(open system)과 폐쇄적 시스템(close system)으로 구분한다.

1) 확정적 시스템과 확률적 시스템

확정적 시스템은 결과를 예측할 수 있도록 작동하는 시스템을 말하는 것으로, 이는 각 부분들 간의 상호작용이 확실하게 알려져 있다. 따라서 확정적 시스템에 있어서는 시스템의 일정시점의 상태와 그 시스템의 작동을 알 수 있으면 다음 단계의 시스템 상태를 정확하게 알 수 있다.

확정적 시스템은 발생 가능한 행동의 관점에서 기술할 수 있으나 그 시스템이 무엇을 할 것인가에 대한 예측에는 항상 어느 정도의 오류의 여지가 존재한다. 재고관리시스템은 확률적 시스템이다. 이 시스템에서는 평균수요나 평균주문 간격은 정의될 수 있으나 어떤 시점에서 정확한 값은 알 수가 없다.

2) 개방적 시스템과 폐쇄적 시스템

폐쇄적 시스템이란 물리학에서의 '스스로 포함(self-contained)된 독립적인 시스템'을 의미한다. 따라서 이 시스템은 외부환경과 자원, 정보 또는 에너지를 교환하지 않는다. 이러한 폐쇄적 시스템은 결국은 해체되거나 소멸하게 되고 이러한 소멸현상을 엔트로피(entropy)의 증가라 한다.

폐쇄적 시스템과 관련하여 물리학적 의미의 완전폐쇄시스템과는 달리 환경과 상대적으로 고립된 상대적 폐쇄시스템(relative closed system)이 있다. 이 시스템은 이미 한정된 입력만을 외부로부터 받아들이고 그것을 처리하여 이미 정의된 출력만을 제공한다. 즉, 상대적 폐쇄적 시스템으로서 컴퓨터 프로그램을 들 수 있다. 왜냐하면 컴퓨터 프로그램은 미리 정해진 입력과 출력만을 사용하기 때문이다.

개방적 시스템은 외부환경과 정보, 자원, 에너지를 교화한다. 따라서 이 시스템은 그 시스템이 계속하여 존속할 수 있도록 외부환경변화에 스스로 적응할 수 있는데 이러나 특성을 자기조직화(self-organization)라고 한다.

이러한 분류를 중심으로 살펴보면 조직은 개방적 시스템이다. 즉 조직은 환경으로부터 의도되지 않은 여러 변화를 입력으로 하여 그 시스템이 계속하여 존속할 수 있도록 적응하는 개방적 시스템이다. 인간 역시 개방적 시스템에 속한다.

3. 경영활동별 정보시스템 구조

경영정보는 전략계획, 관리통제, 운영통제 및 거래처리 수준 간에 요구되는 정보특성이 크게 차이가 있음을 알 수 있다. 이와 같은 요구정보의 특성차이는 결국 정보시스템이 경영활동수준을 기준으로 구분 할 수 있음을 나타내는데, 이하에서는 각각의 하위시스템에 대해서 좀 더 구체적으로 살펴보면 다음과 같다.

1) 거래처리 및 운영통제시스템

거래처리는 조직의 기본적인 활동이다. 따라서 거래처리시스템 역시 정보시스템의 기본이 되는 시스템으로 효과적인 거래처리시스템의 기반을 구출했을 때 비로소 이보다 상위 경영활동인 운영통제나 관리 통제 및 전략계획을 지원하기 위한 시스템도 제대로 구축·운영될 수 있는 것이다.

운영통제활동은 조직의 말단에서 이루어지는 거래처리 업무가 효율적/효과적으로 수행될 수 있도록 통제하는 활동으로 대부분의 업무가 정형화되어 있는 것이 보통이다. 운영통제시스템에서의 자료처리 유형은 크게 보아 보고서 처리(report processing)와 조회처리(inquiry processing)의 두 가지로 나눌 수 있고 여기서 이용되는 데이터베이스는 주로 거래처리와 관련된 자료로 구성되어 있다.

2) 관리통제시스템

관리통제활동을 위한 정보는 주로 각 부서의 성과 특성 및 통제, 부서원의 업무수행규칙의 결과 등과 직접 관련을 맺고 있다. 따라서 경영통제시스템에서는 관리처리 관련자료 이외에도 예산이라든가 각종 표준계획 등과 관련된 자료를 이용해서 실제성과 비교함으로써 문제점을 찾아내고 그 문제점을 분석하여 가능한 통제방법을 모색하는데 도움을 줄 수 있어야 한다. 이 때 경우에 따라서 조직 외부의 자료를 활용하기도 하고 또 여러 가지 의사결정모형이나 분석모형을 도입하기도 한다.

3) 전략계획시스템

어떤 조직에 있어서 전략계획을 수립한다고 하는 것은 조직의 내 외부를 막론하고 매우 광범위한 정보를 필요로 하는 경우가 많다. 더욱이 어떤 정보가 필요한지 조차 잘 모르거나 필요한 정보의 상당부분이 계량화 될 수 없는 성질의 것인 경우도 많다. 또한 전략계획과 관련된 활동 중 어느 것, 예를 들어 신규 사업에의 참여여부라든가 공장설비의 확장여부와 같은 결정사항들은 극히 비정형적으로 발생하기 때문에 이러한 활동을 지원하기 위한 정보시스템을 사전에 구축한다는 것은 매우 어려운 일이다. 그래서 어떤 학자들은 전략계획시스템이란 존재할 수 없다는 것이라고 주장하기도 하는 것이다.

그러나 한편에서는 경영통제시스템이나 운영통제시스템이 완전할 수 없듯이 완벽한 전략계획시스템을 구축하는 것도 거의 불가능한 것이지만 정보시스템이 전략계획의 과정에 어느 정도 실질적인 도움을 줄 수 있다고 주장하는 사람도 있다. 이러한 주장에 의하면, 전략계획에 필요한 정보 중 조직내부의 정보는 보다 미래지향적인 자료분석을 통해서 그리고 조직외부와 관련된 정보는 주로 외부자료를 통해서 조직 내 데이터베이스에 포함시킨다던가 아니면 외부 데이터뱅크와 제휴하는 등의 방법을 통해서 조직의 전략계획시스템에 공급할 수 있다는 것이다.

한 가지 주의할 점은 전략정보시스템(SIS : strategic implementation system)과 전략계획시스템은 서로 상이한 개념이라는 점이다. 즉 전략정보시스템은 경쟁전략의 구사를 위해서 활용되는 정보시스템이지 조직의 전략계획활동 그 자체를 지원하는 시스템은 아니라는 점이다.

4. 기능별 정보시스템 구조

정보시스템의 구조를 사용하는 조직의 기능에 의해서 설명할 수 있다. 기업의 전형적인 조직상의 기능은 생산, 유통, 마케팅, 인사, 재무 및 회계 정보처리, 최고경영자 등으로 구성되어 있으며 그 활동수준에 따라서 전략계획, 관리통제, 운용통제, 거래처리 등으로 구분되므로 이러한 기능별, 수준별 관계를 표시하면 다음과 같다.

1) 판매와 마케팅시스템

판매와 마케팅 기능은 제품이나 서비스의 촉진에 관련된 활동을 포함한다. 운용적 통제활동은 판매요원의 고용과 훈련, 판매와 촉진에 관한 일정 계획, 지역별·제품별·고객별 매출에 대한 주기적인 분석 등을 포함한다.

관리적 통제는 마케팅계획에 대하여 전반적 인성과 비교가 주요초점이 된다. 이러한 관리적 통제를 위한 정보는 고객, 경쟁사, 경쟁사의 제품판매능력에 관한 것이다. 전략적 계획은 새로운 시장이나 새로운 마케팅 전략을 의미하는 것으로서 고객분석, 소비자 태도분석, 수익예측 등과 같은 정보가 요구된다.

2) 생산시스템

생산관리자의 중요기능은 제품공학(product engineering), 생산설비 계획, 총괄 및 대 일정 계획, 생산요원의 교육과 훈련, 품질관리 등을 포함한다. 전형적인 거래는 주문이나 부품재고에 기초하여 생산명령서를 발행하고 조립을 하며 제조하는 활동을 포함한다.

운용적 통제는 일정계획과 실제의 성과를 비교하여 애로점을 찾아 통제하는 활동으로서 상세한 정보가 요구된다. 관리적 통제는 실제 성과를 총괄적 또는 대 일정계획 등과 비교하여 단위당 생산비용이나 노동력의 관점에서 통제한다. 전략적 계획은 대체적 제조방법이나 자동화 등에 관한 접근 등을 포함한다.

3) 유통시스템

유통 하위시스템(logistics subsystem)의 주요기능은 구매, 수납, 재고관리 및 분배기능이다. 거래는 구매요구, 구매명령서, 제조명령서, 수납보고서 송장 등이다. 운용적 통제정보는 구매량과 납기, 재고현황, 재고회전률, 과잉재고현황 등이다. 관리적 통제를 위한 활동은 계획과 실제의 재고수준 비교, 구매제품에 대한 비용, 재고고갈 및 회전율 등이며 전략적 계획은 새로운 분배전략 분석, 벤더에 대한 새로운 정책, 구매 대 제조전략 등이며 이러한 활동을 위한 정보는 기능정보, 분배대체안 등을 들 수 있다.

4) 인사시스템

인사하위시스템의 주요기능은 채용, 훈련, 인사기록, 급여, 퇴직 등이다. 거래는 고용요구서, 직무기술서, 인사기록, 급여율의 변화, 작업시간, 복지관계 정보를 유발한다. 운용적 통제는 고용, 훈련, 퇴직, 복지활동 등에 관련된 의사결정이다. 관리적 통제는 종업원의 수, 채용비용, 기술인력재고, 훈련비용, 임금률 등에 관한 계획과 실전의 비교·평가를 포함한다. 전략적 계획은 인사기능에 대한 대체안의 수립이며 전략계획을 위한 정보로서 종업원교육, 대내외적 임금균형을 위한 내용을 들 수 있다.

5) 재무와 회계시스템

재무와 회계는 분리될 수 있으나 양자는 충분한 관계를 가지고 있다. 재무활동은 가능한 한 최저비용으로서 조직활동을 유지하려고 한다.(조직의 목표와 일치하는 방법으로) 이 기능은 고객에 대한 신용, 수집기능, 현금관리, 자금조달을 포함한다. 회계기능은 재무적 거래를 분류·요약하여 재무제표를 작성하여 예산을 편성하고 비용자료를 분석한다. 예산과 비용은 관리적 통제목적을 위해서 사용된다.

재무와 회계에 관련된 거래는 신용의 유지, 판매대금 청구, 원장작성 등이며 운용적 통제는 오류와 예외보고서, 처리지연보고 등에 관한 정보를 요구한다. 관리적 통제를 위해서 예산과 실적, 비용자료, 오류율에 관한 정보가 필요하다. 전략적 계획은 적절한 재무 상태를 위한 장기계획, 비용과 예산을 위한 계획시스템이 요구된다.

6) 정보처리시스템

정보처리 하위시스템은 조직내 타기능 부서가 원활히 운영되기 위한 정보를 제공한다. 이 시스템의 거래는 처리요구, 데이터 또는 프로그램의 수정과 변경요구, 하드웨어와 프로그램의 성과에 관한 보고 및 프로젝트 제안이다.

운용적 통제로서 일일처리 계획, 오류율, 설비의 장애, 프로그램 개발을 위한 일정 계획 등을 들 수 있다. 관리적 통제를 위해서 계획에 대한 설비활동 정도, 설비비용, 프로그래머의 성과, 프로젝트 개발계획과 성과비교 등의 정보가 요구된다. 전략적 계획은 조직구조(예로서 분권화 또는 집권화), 전반시스템계획, 정보의 전략적 사용에 대한 선택, 하드웨어와 소프트웨어의 구성 등을 포함한다.

사무자동화는 정보처리시스템과 분리 통합하여 정의할 수 있다. 사무자동화는 지식작업과 사무작업을 위한 광범위한 설비를 포함한다. 이러한 설비로서 워드프로세서(word processor), 전자사서함(electronic mail), 전자파일(electronic file), 자료 및 음성 전송 등을 들 수 있다.

7) 경영자의 시스템

경영자의 기능은 기능별 영역과 분리할 수 있으나 기능분야의 경영기능을 포함할 수도 있다. 거래는 의사결정을 위한 정보요구이다. 조회(inquiry) 또는 의사결정을 위해서 데이터베이스와 의사결정모형에 접근이 요구된다. 운용적 통제를 위한 정보는 회의일정, 계약관계 파일 등이 요구되며 관리적 통제는 기능별 관리적 통제를 요약한 정보가 요구된다. 그러므로 모든 기능분야별 계획과 성과에 대한 접근을 필요로 한다.

전략적 계획은 기업의 방향을 설정하고 필요한 자원에 관한 것이 된다. 최고경영자에 의해서 결정된 전략은 부문의 전략계획의 틀을 형성하며 부문 간에 조정자 역할을 한다. 최고경영층에 의한 전략적 계획에는 조직내부와 외부환경에 관한 요약보고서가 필요하다. 전략계획을 위한 정보시스템은 특별검색(ad hoc retrieval), 특별분석 및 의사결정지원시스템이 있어야 한다.

Chapter 10
사무자동화시스템

1. 사무자동화시스템의 개념

사무자동화시스템(Office Automation System : OAS)은 1980년대 이후 화이트칼라의 생산성 향상이라는 문제의 대두와 함께 그동안 정보기술의 비약적인 발전에도 불구하고 상대적으로 낙후되었던 사무부분에 새로이 눈을 돌리게 되면서 급속히 발전된 분야 중 하나이다. 전통적으로 생산성은 생산직 근로자에게나 적용되는 것으로 간주해 왔고 그에 따라 자동화의 개념도 주로 공장자동화(Factory Automation : FA)의 측면에 중점을 두어 왔음은 주지의 사실이다. 이러한 관점에서 사무자동화시스템은 "사무실에서 일하는 정보노동자의 생산성을 향상시킬 목적으로 정보기술을 응용한 시스템"으로 간단히 정의할 수 있다.[65)]

또한 지위의 고하 및 담당업무와 무관하게 모든 정보노동자가 사무실에서 수행하는 활동을 총칭하여 사무라고 하는데, 여기에는 여러 사람 및 부서간의 조정, 고객, 공급자 및 기타 외부조직과의 의사소통, 각종 정보 및 지식의 수집 및 분배 등의 활동이 포함된다.[66)]

65) Laudon K. C. and Laudon J. P., "Management Information System", Organization and Technology(3rd ed.), Macmillan, New York, 1994.

66) 김은홍 · 김화영, 『경영정보학 개론』, 다산출판사, 2006., pp.80~82

2. 사무자동화시스템의 발전과정

사무자동화시스템은 다른 유형의 정보시스템과는 약간 다른 성격을 가지고 있다. 왜냐하면 다른 정보시스템의 경우 컴퓨터를 전제로 형성 발전된 개념인데 비하여 사무자동화시스템은 컴퓨터와 전혀 무관하게 출발하였다는 점이다. 일반적으로 복사기 등과 같이 컴퓨터와는 무관한 기술의 활용까지도 포함한다는 면에서 사무자동화시스템은 보다 더 넓은 의미로 사용되는 개념인 사무자동화는 1960년대 중반에 이루어진 문서편집기술의 발전으로부터 비롯된 것으로 본다.

사무자동화시스템의 발전과정은 초기 설비의 독립적 이용 단계를 거쳐 기능의 복합화 단계를 지나 최근에는 MIS와의 통합단계에 까지 이르고 있다.[67)]

설비의 독립적 이용단계는 워드프로세서나 팩시밀리, 전자우편 등을 이용하여 사무자동화를 위한 기기나 서비스를 독립적으로 이용하는 단계를 의미한다. 기능의 복합화단계는 부분적으로 사무자동화 설비 사이에 기능적 통합이 이루어지는 단계를 말한다. MIS와의 통합이란 MIS를 구성하는 다른 정보시스템과의 통합이 이루어지는 단계를 의미한다.

3. 사무자동화시스템의 기능 분석

사무자동화시스템의 응용분야는 크게 문서관리와 의사소통, 일정관리의 3분야로 구분할 수 있다.

문서관리는 문서편집시스템, 탁상출판시스템, 디지털 파일관리시스템 등으로 세분화할 수 있으며 의사소통의 경우 전자우편시스템, 원격회의시스템, 팩시밀리시스템으로 구분할 수 있다. 일정관리는 전자일정기록시스템을 다양하게 개발하여 활용할 수 있다. 이는 보통 컴퓨터에 저장되어 있는 달력 또는 일정표에 자신의 일정을 기록, 관리하는 기능은 물론 네트워크를 통해 자신이 만나야 할 다른 사람의 일정표를 점검하여 서로가 편한 시간에 약속을 정하는 기능을 가진 시스템이라 정의할 수 있다.[68)]

67) Hirschheim, R, A., "Office Automation: A Social and Organizational Perspective", Wiley, New York, 1985.

Chapter 11 의사결정지원시스템

1. 의사결정시스템의 의의

1) 개념

기업경영에 있어서 컴퓨터의 활용은 단순한 업무나 자동화, 필요정보의 제공이라는 차원을 넘어 경영관리자의 의사결정을 도와주는 영역으로까지 확대되고 있다. 이러한 정보시스템을 의사결정지원시스템(Decision Support system, DSS)이라고 한다.[69)]

사무작업을 보다 일관성 있고 효율적으로 수행하며, 경영관리에 필요한 보고서를 자동으로 만들어내기 위해 기업들은 대형의 데이터처리시스템을 구축하였다. 이러한 시스템들은 기업의 일상적인 거래업무를 자동화하고 통제하는 데에는 성공적이었으나, 경영관리자의 의사결정을 지원하는 데에는 실패하였다. 그 이유는 경영관리자가 의사결정을 할 때 접하는 문제의 유형과 상황이 매우 다양하고 예측하기 어렵기 때문에 기업의 일상적 운영 및 관리통제를 목적으로 구축된 시스템들은 다양한 의사결정자의 요구를 충족시킬 수 없었기 때문이었다.

이러한 단점을 극복하기 위하여 1970년대에 의사결정을 수행하거나 지원할 수 있는 정보시스템에 대한 연구가 활발하게 진행되었다. Scott Morton은 1970

68) 김은홍·김화영, 『경영정보학 개론』, 다산출판사, 2006., pp. 80~83.
69) 이경환·전재완·이상훈·김승환, 『경영정보시스템』, 두남, 2003, pp. 163~172.

년대 초에 의사결정지원에 대한 개념으로 'Management Decision system'이라는 용어를 사용하였다. 1978년에는 Keen과 Scott Morton의 저서에서 'Decision Support system'이라는 용어가 처음으로 사용되었다.

의사결정지원시스템은 기업경영에서 당면하는 여러 가지 의사결정 문제를 해결하기 위해 복수의 대안을 개발하고, 비교· 평가하며, 최적안을 선택하는 의사결정과정을 지원하는 정보시스템으로 정의된다. 초기의 의사결정지원시스템은 주로 비구조적(unstructured) 혹은 반구조적(semi-structured)문제를 해결하기 위해 의사결정자가 데이터와 모델을 활용할 수 있게 해주는 대화식(interactive) 컴퓨터시스템으로 정의되었는데 이러한 정의는 너무 제한적이어서 최근에는 확대되어 정의되고 잇다.

의사결정시스템은 전통적인 데이터처리와 경영과학의 계량적 분석기법을 통합하여 의사결정자가 보다 손쉽고 정확하게, 그리고 신속하고 다양하게 문제를 해결할 수 있는 정보시스템 환경을 제공한다.[70)]

2) 의사결정시스템의 구성

(1) 데이터베이스 시스템

데이터베이스 시스템은 의사결정에 필요한 다양한 데이터를 저장하고 있는 데이터베이스와 이를 관리하는 데이터베이스 관리시스템(DBMS : Data Base Management system)으로 구성되어 있다. 의사결정지원시스템에 있어서 데이터베이스 시스템의 기능은 의사결정에 필요한 데이터를 저장관리하고 이를 제공하는 것이다. 데이터베이스에는 조직의 내부 데이터베이스, 외부 데이터베이스, 그리고 경영관리자의 개인 데이터베이스 등이 포함된다.

70) 중역정보시스템 (Executive Information Systems)은 첨단 그래픽과 통신을 활용하여 최고경영자의 비구조적인 의사결정을 지원하도록 설계된 전략적 수준의 정보시스템이다. 중역정보시스템은 최고경영자들이 조직의 성과를 파악하고 경쟁업자들의 활동을 분석하며, 문제를 발견하고, 기회를 확인하며, 추세를 예측해볼 수 있도록 도와준다. 중역정보시스템은 모델링 및 분석도구를 포함한다. 의사결정지원시스템은 비교적 좁은 범위의 의사결정 상황에 적용되는 시스템인 반면에 중역정보시스템은 비교적 넓은 범위, 가령 조직의 성과 같은 일반적인 정보를 제공하는 데 사용된다.

(2) 모델베이스 시스템

모델베이스 시스템은 의사결정에 필요한 다양한 모델 등을 저장하고 있는 모델베이스와 이들을 관리하는 모델베이스 관리시스템(MBMS: model Base Management system)으로 구성된다. 특히 모델베이스 시스템은 의사결정에 필요한 모델을 개발하고 수정하고 통제하는 기능을 제공함으로써 의사결정 지원에 있어 핵심적인 역할을 수행한다.

(3) 사용자 인터페이스

사용자 인터페이스는 데이터의 입력과 출력, 그리고 다양한 분석과정에서 일어나는 사용자와 시스템간의 인터페이스 환경을 제공하는 시스템모듈을 말한다. 주로 메뉴방식이나 그래픽 처리형식을 이용하여 사용자가 이해하기 쉽고 사용하기 쉬운 대화기능을 제공하기 때문에 대화생성 및 관리 소프트웨어(DGMS : Dialogue Generation and Management Software)라고도 한다.

(4) 사용자

의사결정지원시스템의 사용자는 주로 기업경영의 주요 의사결정을 담당하는 경영관리자들이다. 이들은 당면한 의사결정에 가장 적절한 모델을 모델베이스로부터 선정하고 필요한 데이터를 데이터베이스로부터 제공 받거나 직접 입력한 다음, 대안들을 평가하고 분석하여 최적의 대안을 선택하는 의사결정과정을 수행한다.

2. 의사결정지원시스템의 구조

의사결정지원시스템은 앞에서 논의된 것과 같이, 데이터베이스, 모델베이스, 사용자 인터페이스와 사용자로 구성된다. 데이터베이스와 모델 베이스는 상호 관련된 요소를 가지며, 사용자 인터페이스는 데이터베이스 관리시스템(DBMS), 모델 베이스 관리시스템(MBMS), 사용자와 시스템을 인터페이스 시키는 프로그램으로 구성된다. 사용자와 시스템의 인터페이스를 담당하는 소프트웨어를 대화생성관리시스템(DGMS : dialog generation and Management system)이라고 한다.

1) 대화하위시스템

대화하위시스템(dialog subsystem)은 DSS에서 시스템과 사용자간의 상호관계에 유연성과 활용성을 높인다. 수년 동안 높은 계산능력과 데이터접근시스템이 제안되었으나 사용자측에서의 활용에는 많은 어려움이 있었는데, DSS에서 대화하위시스템은 이러한 능력을 제공한다. Bennett는 대화하위시스템의 구성요소로서 사용자, 터미널, 소프트웨어를 지적하고 있다.

① **행동언어(action language)**: 사용자와 시스템간에 의사소통을 가능케 하는 언어로서 정규키보드(regular Keyboard), 기능키(functionkey), 패널(panel), 음성명령 등을 포함한다.

② **디스플레이 또는 출력언어**: 처리된 내용을 출력하는 언어로서 프린터, 디스플레이 스크린, 그래픽, 플로터, 음성출력을 포함한다.

③ **지식베이스(knowledge base)**: 지식베이스는 사용자로 하여금 시스템을 효과적으로 활용하기 위한 자료를 의미하는 것으로서 명령어 작성방법, 사용자 매뉴얼 등이 있다.

이러한 요소들의 적절한 결합은 사용자와 시스템간의 인터페이스를 효과적으로 유지하게 되며, 이를 위한 질문-대답식 접근(Q&A ; question and answer appoach)명령언어, 메뉴(menus), 스프레드쉬트 방법 등이 있다. 그러나 이들의 활용은 사용자의 태도, 과업 및 의사결정 상활에 의존한다.

2) 데이터 하위시스템

데이터베이스 접근과 DBMS는 DSS의 개발과 활용에 중요하지만 전통적 시스템을 위한 데이터베이스/데이터 커뮤니케이션 접근과 DSS를 위한 이들의 접근에는 중요한 차이가 있다.

첫째로 DSS를 위한 데이터베이스는 보다 많은 정보원(내부 또는 외부)이 있다. 왜냐하면, 의사결정은 상위 경영자에 의해 이루어지며 이것은 경제 정보 등과 같이 외부의 정보원에 많이 의존하며, 회계 중심적 정보와 함께 과거에는 계산되어지지 않는 비거래적 비회계적 정보도 제동되어야 하기 때문이다.

또 다른 차이는 광범위한 자료원으로부터 데이터 획득과 추출 절차에 있다. DSS의 데이터베이스는 운용적 데이터베이스와 논리적으로 분리되어야 한다. DSS의 특성에 비추어 볼 때 추출절차와 DBMS는 예기치 않은 사용자의 요구에 충분히 반응할 수 있는 유연성과 신속성을 갖추어야 한다.[71)]

3) 모형하위 시스템

DSS에서 모형은 의사결정을 직접적으로 지원하는 시스템으로서 이것은 데이터접근과 의사결정모형과의 결합이 요청된다. 즉, 정보시스템 내에 의사결정 모형을 결합하며, 정보시스템은 데이터베이스를 통하여 의사결정 모형들간에 인터페이스를 가능케 한다. 이러한 방법은 데이터의 검색과 정보기증을 의사결정기능과의 결합을 뜻하고 있다.

모형설계자는 흔히 모형의 구조를 미리 결정하여 정확한 입력과 출력을 사용자에게 제공하면 된다는 생각에 빠지기 쉬우며, 또한 복잡한 모형을 개발하려고 노력한다. 그러나 보다 현실적이고 활용도를 높이기 위해서는 단일의 문제를 해결할 수 있는 분리된 모형을 작성하며 모형간의 의사소통은 사용자에게 맡기는 것이 바람직하다.

3. 그룹의사결정지원시스템

1) GDSS의 개념

그룹 의사결정에 참여한 관리자나 실무자들을 회의에 상당한 시간을 보내며 이러한 회의 시간의 많은 부분이 의사결정의 목적을 위한 것이 아니라는 것은 이미 보고되어 왔다. 그러나 경영에서 초점을 맞추는 부분은 의사결정이며 이러한 의도는 그룹 외의에 있어서 협력하는 분위기에 의한 의사결정 사

71) ① 데이터 획득과 추출과정에서 다양한 자료원을 결합할 수 있는 능력, ② 신속하고 쉽게 자료원을 추가 삭제할 수 있는 능력, ③ 사용자 용어로서 논리적인 데이터구조를 설명할 수 있는 능력, ④ 개인적 또는 비공식적 데이터를 취급할 수 있는 능력, ⑤ 전 범위에 걸친 데이터관리능력과 함께 광범위하고 다양한 데이터 관리능력

항의 구현이다.[72)]

GDSS(group decision support system)는 하나의 의사결정 지원시스템으로서 보고서 작성, 대화, 토론, 협상, 대안평가, 계획, 의견일치 도출(consensus building) 및 그 외에 의사결정과 같은 활동들을 지원하기 위해 사용되어 지고 있다. 이러한 다목적성 때문에 GDSS에 대한 여러 가지의 정의가 내려지고 있으며, 다음은 가장 대표적인 정의들이다.

결국 정리해보면 GDSS란 '실무적 문제 혹은 전략적 문제에 대하여 의사결정을 수행하고자 하는 의사결정자들의 모임인 그룹을 컴퓨터와 그 제반기법을 통하여 지원하는 시스템'이라고 할 수 있다.

2) GDSS의 특징

GDSS는 전통적 DSS에서는 찾아보기 어려운 수많은 특징을 제공한다. 즉 GDSS는 그룹 의사결정 환경에 새롭고 추가적인 접근법이 필요함을 인식함과 동시에 개별적 시스템의 장점을 유지하고자 한다. 정형적인 GDSS의 특성들은 다음과 같다.

(1) 특수한 설계

GDSS 접근법은 그룹 의사결정 환경에는 특수한 절차, 장치 그리고 접근법이 요구됨을 결정한다. 이 절차는 창조적인 사고와 효과적인 의사소통 및 훌륭한 의사결정 기법을 촉진해야 한다. 오늘날 많은 전문적인 소프트웨어 패키지가 그룹 의사결정의 모든 측면을 결정해 분다. 때로 그룹웨어라고 불리가도 하는 이 패키지를 통해 조직 내의 둘 이상의 개인이 효과적으로 협조하여 워드 프로세싱, 데이터베이스, 스프레드 쉬트 그리고 관련된 소프트웨어 패키지를 사용할 수 있다. 어떤 경우에는 많은 그룹 구성원들이 접근할 수 있도록 소프트웨어 패키지가 수정되기도 한다.

72) 그룹의사결정지원시스템은 여러 사람에 의해 결정되는 의사결정을 돕기 위해 개발된 시스템으로서 미국 아리조나 대학의 Nunamaker 교수에 의해 계속적으로 발전되어 온 시스템이다.

(2) 간편한 사용

개별적 DSS와 마찬가지로 GDSS도 배우기 쉽고 사용하기 쉬어야 한다. 운영하기 어렵고 복잡한 시스템은 거의 사용되지 않을 것이므로 조잡하게 개발된 시스템에 대해 많은 그룹들은 개별적인 의사결정자들보다 덜 관대할 것이다.

(3) 특정하고 일반적인 지원

GDSS 접근법은 특정한 문제와 일반적인 문제 모두에 해답을 제공한다. 일반화된 소프트웨어 패키지는 많은 그룹 의사결정을 지원할 수 있다. 그러나 어떤 그룹상황에서 고도로 특정한 주문형 GDSS 접근법이 필요할 것이다. 이것은 전문화된 소프트웨어 절차의 개발을 필요로 한다.

(4) 부정적 그룹형태의 억제

GDSS의 한 측면은 효과적인 의사결정에 반생산적이거나 해로운 그룹형태의 억제 또는 제거이다. 어떤 그룹의 경우 지배적인 몇 사람이 토론을 장악하여 그룹의 다른 구성원들이 창조적인 대안을 제시할 수 없도록 한다. 만약 그룹회의가 잘못 계획되고 진행되면 그 결과는 엄청난 시간의 낭비가 될 것이다. 오늘날 많은 GDSS 설계자들이 이런 형태의 문제를 효과적으로 계획하고 관리하는 절차가 GDSS 접근법에 포함될 수 있다.

(5) 긍정적 그룹형태의 지원

그동안 수많은 긍정적이고 매우 효과적인 그룹 의사결정 접근법들이 총체적 의사결정으로 활용되어 왔다. GDSS의 설계자들은 이런 많은 특성들을 특정 하드웨어 및 소프트웨어 패키지에 담고 있다. 예를 들어 델파이접근법은 의사결정자들이 지리적으로 국내외에 흩어져 있는 경우에도 의사결정이 가능하도록 해 준다. 이 접근법은 그룹 구성원들 간의 효과적인 피드백을 가능하게 해주고, 의사결정시의 창조성과 독창적인 사고를 촉진한다. 또한 브레인스토밍 기법(brainstorming technique), 그룹합의 접근법(group concensus approach), 명목그룹기법(nominal group technique) 등의 기타 접근법들도 사용될 수 있다. 개개인의 머리의 한계를 능가하는 아이디어를 제공하는 구성원들로 형성되는 브레인스토밍은 창조성과 자유로운 사고를 촉진한다. 그룹합의 접근법은 그룹이 만장일치와 어떤 결정에 도달하도록 강제한다. 명목그룹기법은 의사결정자 개개인의 참여를 허용하며, 개별적인 그룹 구성원들로부터의 피드백을 장려한다. 명목그룹기법에서 최종적인 결정은 투표를 통해 이루어진다.

Chapter 12
전문가시스템

1. 전문가시스템의 의의

전문가시스템(ES: Expert system)은 일명 지식베이스시스템(knowledge based system)이라고도 하며, 1950년대에 시작된 인공지능(AI) 연구의 한 응용분야에 속한다. 전문가 시스템은 특정영역의 지식을 체계적으로 컴퓨터에 저장함으로써 많은 사람이 적은 비용으로 전문가의 지식을 이용할 수 있도록 만든 소프트웨어이다.[73)]

전문가시스템은 여러 명의 전문가로부터 특정분야의 경험을 추출하여 논리적 규칙(rule)이나 사실(fact)의 형태로 지식을 저장하고, 이를 이용하여 어떤 문제에 대한 사용자의 행동방향을 제안할 수 있는 추론을 행하도록 설계된다.

인공지능(Artificial Intelligence)[74)]에 대해서는 여러 가지 정의가 내려져 있다. 대체로 컴퓨터로 하여금 인간의 행동에서 나타나는 지능과 흡사한 특징을 지닌 지능적인 컴퓨터 시스템을 고안해 내는 현대컴퓨터 과학의 한 연구 분야라고 정의 할 수 있다.

그런데 초기 (1950년대 후반에서 1960년대 전반까지)의 대표적인 인공지능에

---

73) 이경환·전재완·이상훈·김승환, 『경영정보시스템』, 두남, 2003, pp. 178~186.
74) 원래 인공지능이란 많은 1956년 6월 맥카시, 민스키, 샤논, 뉴엘, 사이몬 등이 참가한 미국 다이토마스 대학에서의 하계 연구회가 그 발단이었다. 그 후 계산기에게 지적인 작업을 행하게 하려는 연구, 다시 말해 총칭으로써 인공지능이라는 말이 사용되기 시작하였다.

대한 연구는 체스(chess)와 프로그램의 정리증명이었다. 그 후 60년대 후반이 되면서 지식 로봇과 문제해결의 연구가 행해졌다. 그러나 실제적인 의미에서의 로소이라는 것에 성공하지 못했고, 70년대에 들어와서 종합적인 로봇 제작에서부터 개별의 분야, 예를 들면 시작, 자연언어, 추론 등의 연구로 관심이 이동해 갔다.

더욱이 컴퓨터 이용기술의 진보와 심리학자들의 참가에 의해 인간 마음의 기능을 컴퓨터로 시뮬레이트 하려는 연구가 성하게 되었다. 결국 지적인 컴퓨터를 실현하려고 할 때 지식을 직접 만들어서 집어넣어 버린 셈이 되게 되었다. 그리하여 지식을 컴퓨터 내에 어떻게 표현하는가라는 '지식표현'의 과목이 인공지능의 연구에 큰 기둥이 되어 지식의 활용을 전면적으로 내세우는 지식공학(knowledge Engineering)이 등장하게 되었다.

지식공학이란 지식베이스 시스템(knowledge based system), 즉 지식베이스와 추론기구로부터 이루어진 문제 해결지원 시스템을 실현하는 기술을 말하는데, 전문가시스템은 특히 대상영역에 대한 전문가 지식을 지식 베이스로 축적하여 상당히 고도의 문제를 취급하는 지식 베이스 시스템을 말한다. 따라서 인공지능과 전문가시스템은 서로 별개의 것이 아니라 인공지능의 범주 내에서 전문가 시스템을 파악하여야 할 것이다.

또한 학자마다 조금씩 다른 견해를 가지고 있지만 인공지능에 관한 연구는 대체로 전문가 시스템, 자연어처리, 로봇 공학(Robotics)의 세 가지 영역에서 이루어지고 있는데 특히 특정분야에서 그 분야의 전문가의 지식을 지식 베이스로 사용한다면 이를 전문가 시스템이라 할 수 있다. 따라서 전문가시스템의 특징은 ① 전문가의 지식으로 구성된 지식 베이스를 사용한다는 점 ② 연역적 추론 ③ 실용성 등을 들 수 있는데 특히 인공지능과 비교한다면 지금까지 인공지능은 일반적인 탐색과 추론 메커니즘에 대한 연구가 중심이었다. 즉 일반성이 높은 방법을 안다면 복잡한 문제에서도 적용할 수 있다는 것이었다.

그것에 반하여 지적능력의 달성이 대상 분야의 전문지식의 활용에 의해 가능하다고 생각하여 탐색과 추론법 중심의 연구로부터 지식의 이용법에 대한 연구쯤으로 중점을 두고 있는 것이 지식공학이며 전문가시스템의 출발점이다.

2. 전문가시스템의 특성과 구조

전문가시스템은 다음과 같은 특성을 가지고 있다.

첫째, 전문가시스템은 어떤 대안을 제시할 뿐만 아니라, 왜 그리고 어떻게 그런 결론에 도달했는지를 설명해주는 기능을 가지고 있다. 둘째, 전문가시스템은 지능적인 행동을 보인다. 데이터 수집에 있어서 전문가시스템은 새로운 아이디어 혹은 문제해결을 위한 새로운 접근방법을 제시할 수 있다. 전문가시스템은 결론에 도달하고 문제를 해결하기 위하여 복잡한 상황을 분석할 수 있는 능력을 가지고 있다. 전문가시스템의 또 하나의 중요한 특징은 사라져 버릴 수 있는 인간 전문가의 전문지식을 획득해서 보존할 수 있다는 것이다.

전문가시스템의 구성요소는 크게 지식베이스와 소프트웨어, 하드웨어 및 인력으로 대별 될 수 있다.

1) 지식 베이스

지식 베이스는 특정문제의 해결에 관련된 지식을 모아놓은 곳이다. 이 같은 지식은 어떤 문제에 관한 사실(fact)과 이에 대한 전문가의 추론 절차를 나타내는 휴리스틱 등이 포함된다. 지식을 컴퓨터에 저장하기 위해서는 적절한 지식의 표현방법(knowledge representation)이 강구되어야 하는데, 이에는 산출(output), 규칙(production system), 의미론적 네트워크(semantic network), 프레임(frame) 등이 있다.

2) 소프트웨어

전문가시스템을 위한 소프트웨어는 추론기관, 사용자와의 인터페이스를 위한 프로그램 등 여러 가지가 존재한다.

(1) 추론기관

추론기관(inference engine)은 특정문제와 관련된 사실과 규칙을 처리하는 프로그램으로 필요한 연관과 추론을 통해 사용자에게 행동 대안을 제안하기 위한 결론을 도출한다.

(2) 기타의 소프트웨어

다른 소프트웨어자원으로는 우선 사용자인터페이스 프로그램이 있다. 최종사용자와 상호작용을 지원하는 자연언어처리기 등이 이에 해당하는데, 최종사용자에게 결론 도출과정을 설명해 주는 프로그램도 여기에 해당한다.

(3) 하드웨어

독립적으로 작동하는 마이크로컴퓨터, 미니나 대형에 연결된 마이크로컴퓨터와 단말기 등이 사용자 워크스테이션으로 사용될 수 있다.

(4) 입력

전문가 시스템은 전문가의 지식을 지식베이스에 심는 것이므로 전문가가 가지고 있는 지식 또는 관련 문헌으로부터 정확하고도 충분한 지식을 수집하여, 이를 주어진 지식표현방법에 맞도록 지식베이스에 입력시킬 필요가 있다. 이와 같은 기능을 수행하는 사람을 지식공학자라 하는데, 어떤 의미에서는 전통적인 정보시스템의 개발에서 시스템분석자가 담당하는 역할과 유사하다고 볼 수 있다.

3. 전문가시스템의 기능

1) 기능

전문가 시스템은 의사 결정을 지원하기 위한 지적인 프로그램이다. 지금까지의 프로그램은 인간의 수작업을 프로그램화한 것이다. 수치 계산이나 사무용 데이터처리, 시스템 제어 등과 같은 것이다. 수작업에는 명시적인 절차가 존재하므로 프로그램화하는 데는 비교적 용이하다.

그러나 전문가 시스템이 대상으로 하는 인간의 지적 작업은 이렇다고 꼬집어 말하기 곤란할 정도로 불명확하다. 인간에 의해 설계된 시스템의 고장진단은 물론 인간 자신의 신체나 정신을 진단대상으로 하는 의학에 있어서는 진단이란 각 의사의 오랜 세월에 걸친 개인적 경험에 기초하여 이루어져 왔기 때문에 어려운 문제가 될수록 진단의 근거는 애매한 것이 되어 의사에 의한 진단의 차이를 객관적으로 비교하는 것은 불가능하였다. 오늘날의 의료행의는 상당히 공학적으로 되어가고 있는데 이는 의사와 공학자가 서로 협력한 결과의 소치라 할 수 있다. 그런데 계측적인 Medical Engineering 기기가 의학의 중심을 이루고 있어 진단하는데 있어서는 종전의 범주에서 크게 벗어나지 못해 큰 성과는 얻지 못하고 있다. 이는 의사의 진단 논리가 객관적이지 못해서 공학자에게 정확하고 정밀하게 전달할 수 없었다는 사실이 큰 이유로 작용한다.

즉, 의학 진단학은 과학이 아니었기 때문이다. 그러나 전문가 시스템에 의한 접근 방식에서는 지식 베이스화된 지식을 의사자신이 쉽게 이해하고 기계를 인식하면서 추론과정을 이해할 수 있다. 즉, 한번 지식베이스 시스템화되면 진단 논리는 객관적 평가 대상이 되어 의사에 따른 차이뿐만 아니라 무슨 근거로 진단했는가에 대해서도 구체적이며 정확하게 추구할 수 있다.

지식 베이스 시스템은 공학자와 의사소통의 매개체가 되며 의학생들에게는 교육용 도구로도 사용될 수 있다. 즉 전문가 시스템은 지식의 과학화에 대단히 유용한 기술로서 여러 가지 이점을 가져다준다. 예를 들면 의학 진단 지원 시스템으로 개발된 MYCIN의 범용화 언어였던 EMYCIN은 기기의 진단 지원 시스템 개발 및 프로그램 패키지의 이용 상담 시스템의 개발 등에도 이용되고 있다. 보통 전문가 시스템이라고 하면 실용성만을 주목하기 쉬운데 장기적으로 볼 때 지식을 과학화 하는 데에 대한 공헌, 그것이 오히려 의의가 깊다 할 것이다.

2) 전문가 시스템 기술의 한계

전문가 시스템의 문제점, 혹은 비판으로써 현재 여러 곳에서 많이 지적되고 있는 것들은 여러 가지가 있다. 한정된 전문 영역밖에 사용할 수 없다는 점, 표면적인 지식의 조작에 답을 하고 있지만 그것의 결과를 어느 정도 신용할 수 있는지를 알 수 없다는 점, 당연한 상식적인 질문이 많고 게다가 답을 해야만 하는 번거로움, 개발할 때 사용되는 언어가 한정되어 있고(예를 들면 LISP, PROLOG 등) 작성하기도 어렵다는 점, 지식을 수집, 입력하기 좋은 방법이 제공되어 있지 않다는 점, 계산기 시스템으로서 입출력 인터페이스를 사용하기 어렵다는 점 등의 문제가 있다.

또한 전문가 시스템과 인간 기술과의 차이로 인한 제한적인 측면을 생각해 볼 수 있다.

첫째로 인간과 같이 창조할 수 있는 능력을 만들어 낼 수 없다는 점이다. 전문가 시스템은 다소 반복적인 방법에 의해 문제 해결 행위를 하지만 인간은 정보의 재구성으로 새로운 지식을 구성할 수 있다. 또한 인간은 완전히 다른 상황 하에서도 이전의 비슷한 경우의 문제 해법을 찾아내어 예기치 않았던 사건을 해결할 수 있다.

둘째로 전문가 시스템은 인간과 같이 바뀐 조건에 대응하여 새로운 상황을 극복할 수 있도록 그들의 문제 해결 기법을 재조정하기 어렵다는 점이다.

셋째로 인간은 감각 능력이 뛰어나 시각, 청각, 촉각, 미각 등의 복잡한 감각기관을 직접 이용한다. 그러나 전문가 시스템은 사고와 개념을 나타내기 위하여 심볼을 사용하고, 어떠한 감지기를 통해 입력한 데이터라도 시스템이 이해할 수 있도록 심볼로 변환시켜야 한다. 이러한 과정에서 상당한 양의 정보가 손실되고 이러한 것은 영상을 입력시켜 물체와 이들 간의 관계로 나타내는 경우에 특히 심하다.

넷째로 인간은 문제의 모든 각도에서 검토하여 각 측면이 갖는 주요 주제와의 관계를 쉽게 파악한다. 반면에 전문가 시스템은 문제 그 자체에만 집중하는 경향이 있어 근본 문제와 관계는 있으나 분리되어 있는 주제들을 무시한다. 마지막으로 전문가로부터 지식을 추출해 내는 과정에서 발생하는 어려움을 빼놓을 수 없다.

이러한 문제점들에 대한 극복의 노력으로 여러 가지 연구가 있어왔지만 크게 3가지를 들 수 있다. 첫째로 소위 지식공학이라 불리는 것으로서 전문가로부터 지식을 추출해내고 그것들을 지식 베이스화하는 작업이다. 둘째로 새로운 프로그래밍 패러다임의 개발이다. 즉 전문가로부터 추출해낸 지식을 Rule에 맞게 프로그램하는 작업이다. 이 연구의 결과로서 많은 프로그램언어와 Tool들이 개발되었고 개발되고 있다.

그리고 마지막으로 실용성의 문제인데 이것은 '기술적으로 좋은 것이 만들어지면 사용할 수도 있다'라는 명제로 귀결된다. 실은 Operations Research와 Management Science 분야에서 일찍부터 이것에 대한 많은 연구가 있었고 시스템 개발의 실천과정 전부를 포함하는 분야가 있다. 그러나 연구실의 실험시스템 및 데모 시스템은 실용시스템과 차이가 크다는 사실, 또한 그것이 간단한 기술적인 면뿐이 아니라는 것을 겨냥하였다고 하면서 정말 실용화된 전문가 시스템은 현재 거의 없다는 점이 현재까지 연구의 한계라고 할 수 있겠다.

Part Ⅳ

정보시스템 구현 기술

13. 정보시스템의 구성
14. 정보시스템의 구현기술
15. 정보보안의 의의와 실행

Chapter 13 정보시스템의 구성

1. 소프트웨어

소프트웨어는 컴퓨터가 가지고 있는 기능을 최대한 발휘할 수 있도록 하드웨어를 제어하고 운영하는 형태의 모든 프로그램을 의미한다. 즉, 컴퓨터를 사용할 때 하드웨어의 작동을 지시하고 제어하는 모든 형태의 프로그램을 말하는 것으로 크게 시스템 소프트웨어와 응용소프트웨어로 나눌 수 있다.[75)]

1) 시스템소프트웨어

시스템 소프트웨어[76)]는 하드웨어를 보다 빠르고 효율적으로 이용할 수 있도록 하는 기능을 수행하는데, 컴퓨터의 작동에 직접적인 영향을 미친다. 시스템 소프트웨어는 컴퓨터 하드웨어와 응용소프트웨어를 연결해 주는 것으로 컴퓨터 내부의 작동원리를 잘 이해해야만 개발이 가능하다. 시스템 소프트웨어는 시스템제어 소프트웨어, 시스템지원 소프트웨어와 시스템개발 소프트웨어의 세 가지 유형이 있다.

75) 김은홍·김화영, 『경영정보학개론』, 다산출판사, pp. 115~118.

76) 시스템소프트웨어에는 운영시스템, 유틸리티 프로그램, 컴파일러, 인터프리터를 들 수 있다. 이중 운영시스템은 컴퓨터시스템의 전반적인 운영을 통제하고 조정하는 시스템 프로그램이다. 이 프로그램들은 하드웨어와 응용프로그램 사이의 인터페이스 역할을 담당한다.

(1) 시스템제어 소프트웨어

프로그램의 데이터처리기능을 지원하고 하드웨어 자원을 관리하는 기능을 수행하는데, 그 대표적인 것이 운영체제(Operating System : OS)이다. PC의 경우를 예를 들면 초창기에는 MS-DOS라고 하는 텍스트환경의 운영체제가 주로 사용되었으나, 점차 Window 등과 같이 그래픽을 기반으로 하는 GUI(Graphical User Interface)환경으로 변화되고 있다. 이와 함께 최근 조직내 통신망의 확대와 함께 통신망을 제어하기 위한 운영체제, 즉 네트워크운영체제(Network Operating System : NOS)의 중요성이 커지고 있다.

(2) 시스템지원 소프트웨어

시스템을 보다 효율적으로 활용하기 위한 지원 및 보조 기능을 수행하는 소프트웨어이다. 여기에는 하드웨어를 보다 편리하게 사용할 수 있도록 지원하는 유틸리티(utility)프로그램과 각종 프로그램 및 데이터 관리를 지원하는 라이브러리언(librarian), 그리고 컴퓨터의 모든 작동상황을 기록하고 이를 통한 감시와 통제가 가능하도록 지원하는 성능모니터 등이 있다.

(3) 시스템개발 소프트웨어

응용프로그램을 개발하고 사용하는 것을 지원하는 역할을 하는데, 대표적인 것으로는 언어번역기, 연결편집기, 용용프로그램 발생기 등이 있다.

2) 응용소프트웨어

응용소프트웨어는 실제로 컴퓨터를 특정한 용도에 활용하기 위해 작성한 프로그램들을 말하며, 그 응용범위에 따라 모든 응용분야에서 활용할 수 있는 범용프로그램과 특정 요구에 맞춰 작성된 전용프로그램으로 나눌 수 있다.

(1) 범용소프트웨어

컴퓨터의 응용분야는 매우 다양하지만, 모든 응용분야에서 공통적으로 사용할 수 있는 도구적 성격을 갖는 응용프로그램으로 문서편집, 그래픽, 시프레드시트(spreadsheet) 프로그램 등이 있다. 범용의 응용소프트웨어들은 대부분 소프트웨어 패키지 형태로 시장에서 쉽게 구입할 수 있는 것이 보통이며, 대표적인 문서편집 프로그램에는 한글, MS-word 등, 그래픽 프로그램으로는 photoshop, illustrator 등 그리고 스프레드시트 프로그램으로는 MS-Excel 등을 들 수 있다.

(2) 전용소프트웨어

전용소프트웨어는 보통 특정분야의 업무를 전산화해 놓은 프로그램을 말하는데, 응용분야에 따라 업무용 소프트웨어, 과학용 소프트웨어, 그리고 기타 소프트웨어 등으로 분류된다. 최근에 기업정보화를 위해 폭넓게 구축되고 있는 ERP, SCM, CRM 등은 주로 외부로부터 전용소프트웨어를 구입하여 사용하는 것이 보통이다.

3) 프로그래밍 언어

시스템 소프트웨어와 응용소프트웨어를 포함한 모든 소프트웨어는 프로그래밍 언어에 의하여 개발된다. 사람사이에 의사소통이 이루어지려면 서로가 이해할 수 있는 공통의 언어를 사용해야 하듯이 사람과 컴퓨터 사이에도 공통의 언어가 필요한데, 그것이 바로 프로그래밍 언어이다. 프로그래밍 언어는 1세대 기계어, 2세대 어셈블리(assembly)언어 3세대 고급언어, 4세대 fourth generation language 등 4세대를 거쳐 발전되어 온 것으로 인식되고 있다.

1세대 기계어의 특성은 명령어가 0과 1로 된 이진수로 이루어져 있어 번역과정을 거치지 않고도 컴퓨터가 직접 해석할 수 있는 유일한 언어이다. 기계의존적 언어로 이기종간에 호환성이 없어서 특정 컴퓨터에서만 사용할 수 있다. 2세대 어셈블리어는 명령어가 간단한 형태의 부호로 이루어져 있으며, 기계어와 마찬가지로 기계의존적 언어이다. 특정 컴퓨터에서만 사용할 수 있으며 어셈블리어를 기계어로 변환시켜 주어야 한다.

3세대 언어(FORTRAN, COBOL, BASIC, PASCAL, C)의 경우 명령어가 이해하기 쉬운 상용어 또는 산술적 표현방법의 형태로 이루어져 있으며, 기계독립적인 언어이다. 각 언어는 컴퓨터에 관계없이 약간의 수정만을 가하면 그대로 사용할 수 있으며 프로그램을 작성할 때 실행순서를 지정하게 되는 프로그램

작성언어, 문제 해결 순서와 절차의 표현과 해결이 쉽도록 설계된 언어로서 절차지향언어(procedure-oriented language)라고 한다.

4세대 언어(FOCUS, SQL, MS Access, SAS, C++, JAVA, HTML 등)의 경우 명령어가 일상적으로 사용하는 영어문장의 형태로 이루어진 비절차 언어이며, 컴퓨터 하드웨어에 대한 지식이 없어도 비교적 쉽게 사용할 수 있는 특성을 가지고 있다.

그러나 최근에는 C++, JAVA 등의 객체지향 프로그래밍 언어와 웹페이지 구축을 위한 HTML(HyperText Makeup Language), XML(eXtensible Markup Language) 등의 프로그래밍 언어가 주로 활용되고 있다.

2. 하드웨어

컴퓨터는 입력장치와 기억장치, 연산장치, 제어장치, 출력장치 등 서로 다른 기능을 갖는 요소들을 유기적으로 결합한 하나의 시스템으로서 작동한다. 입력장치의 경우 사용자가 처리하고자 하는 데이터나 프로그램을 컴퓨터의 기억장치로 전달하는 역할을 담당한다. 주로 키보드나 마우스, 스캐너, 광학펜 등의 종류가 있다.

〈표 Ⅳ-1〉 입력장치

판매시점장치 (point-of-sales devices)	편의점이나 슈퍼마켓 등에서 볼 수 있는 입력장치로, 자료가 바코드 형태로 만들어져 제품에 붙여지면, 바코드가 스캔되고 바코드에 정보가 컴퓨터에 입력됨
음성인식장치 (voice recognition device)	마이크와 소프트웨어를 통해 사람의 음성을 기록해서 컴퓨터가 인식하도록 하는 장치
자기잉크문자인식장치 (magnetic ink character recognition device)	자성체의 미립자를 포함한 특수한 자기잉크를 사용하여 수표 등의 문서에 인쇄된 특자를 문자를 컴퓨터가 인식하는 장치
광학자료판독기 (optical data reader)	광학표시인식, OMR장치, 광학문자인식, OCR장치 등으로 OMR인식기는 종이에 특수 펜으로 기록한 마크를 광학적으로 인식하여 컴퓨터에 인식하는 장치

기억장치는 주기억장치와 보조기억장치로 구분할 수 있는데, 주기억장치의 경우 정보처리에 필요한 운영체제, 프로그램, 자료 등을 저장하여 CPU에 제공하고 CPU는 처리 결과를 저장한다. CPU는 컴퓨터의 주요한 부분으로 명령을 이해하고 산술 논리연산이나 데이터처리를 실행하는 장치를 의미한다. RAM의 경우 디스크에 들어 있는 프로그램을 마이크로프로세서가 처리하기 위해 임시로 갖다 놓는 장소로 컴퓨터의 주기억장치이며, 전기가 흐르는 동안에 정보를 갖고 있지만, 전원이 끊어지면 저장된 내용이 모두 지워진다. 보조기억장치의 경우 주기억장치의 소멸성과 용량의 한계를 보완하기 위한 장치로서 외부기억장치라고도 하며, 자기테이프, DVD등이 해당된다.

연산장치는 프로그램 명령에 따라 산술연산 및 논리연산을 수행함으로서 입력자료를 처리 또는 변환하는 장치를 말한다. 연산/논리장치란 자료이동, 연산, 의사결정, 편집 등의 기능을 수행한다. 자료의 이동은 마치 우리가 뇌로부터 친구의 전화번호를 기억해내어 그것을 종이에 적어 다른 친구에게 주는 것과 같이 컴퓨터의 한 위치에서 다른 위치로 자료를 복사하는 것이다. 연산기능은 사칙연산을 포함한다. 이와 같은 연산 작업을 실행할 때 연산/논리장치는 레지스터(register)라 불리는 임시저장장소를 이용한다.

제어장치는 받아들인 실행명령을 해석하여 컴퓨터의 각 장치에 작업을 지시함으로서 컴퓨터의 모든 작동을 제어하는 장치를 말한다. 일반적으로 연산장치와 제어장치를 합쳐서 중앙처리장치 또는 CPU라고도 하며 오늘날에는 하나의 반도체 칩 또는 마이크로프로세서가 연산장치와 제어장치의 역할을 수행한다. 예를 들어 팬티엄 등으로 이해할 수 있다.

출력장치의 경우 컴퓨터의 처리 결과를 사용자에게 제공하는 것으로 모니터나 프린터 등이 해당된다.

3. 데이터베이스

어떤 조직이든지[77] 목적을 달성하기 위해 효율적으로 관리하여야 하는 몇 가

77) 노태환·박종무·한동근·한영춘·김기수, 『경제 · 경영 · 정보시스템의 이해』, 영남대학교 출판부, 2008, pp. 226~228.

지 자원이 있다. 인적자원·금융자원·물리적 자원이 그것인데 이들은 모두 비용이 수반되며 조직에 없어서는 안 되는 것들이다. 이들 자원과 마찬가지로 정보 역시 아무렇게나 구해지는 것이 아니며, 그것을 얻기 위해 필요한 비용을 지불해야 한다. 특히 모든 형태의 자료라는 의미에서의 정보자원은 눈에 보이는 다른 자원을 표상하는 개념적 자원이라고 할 수 있다. 따라서 정보자원을 통해서 다른 자원의 운용을 관찰할 수 있다.

정보자원은 다른 자원의 효과적인 관리를 가능하게 해준다. 이와 같이 정보는 조직의 귀중한 자원이기 때문에 효과적으로 관리되어야 하고 그 과정을 자료관리라고 부른다. 자료관리는 조직의 정보자원이 정확하고 안전하게 사용자들이 쉽게 이용할 수 있도록 하는 모든 활동이 포함된다. 그리고 오늘날 대부분의 조직에서는 데이터베이스 형태로 자료관리를 하고 있다.

데이터베이스에 저장되는 자료는 있는 그대로의 사실이지만, 어떤 것은 어느 정도 가공 또는 처리된 정보일수도 있고 그 가공 및 처리 정도도 다양하다고 할 수 있다. 이와 같은 모든 형태의 저장된 자료는 조직의 귀중한 자산이기 때문에 철저한 관리가 요구된다. 이를 위해 많은 조직에서 데이터베이스 시스템을 구축해서 사용하고 있다. 데이터베이스 시스템은 일반적으로 자료, 하드웨어, 소프트웨어, 사용자의 네 가지 요소로 구성되어 있다.

데이터베이스 방식에서는 자료 또는 정보를 저장하고 있는 데이터베이스 자체뿐만 아니라, 데이터베이스에 저장된 자료를 수정·추출·추가하기 위한 작업을 용이하게 하는 일련의 프로그램을 말한다. 이와 같은 기능을 수행하는 일련의 프로그램을 데이터베이스관리시스템(Database Management System : DBMS)이라고 부른다. 즉 데이터베이스관리시스템은 사용자들이 데이터베이스를 만들고 유지·관리하도록 해주는 소프트웨어이다.

데이터베이스관리시스템은 그것이 채택하고 있는 데이터모형에 따라 구분된다. 오늘날 대부분의 상업용 데이터베이스관리시스템은 관계형, 망형, 계층형, 객체지향적 데이터 모형 등을 채택하고 있으나, 이들 중 관계형 데이터 모형에 기반을 둔 데이터베이스관리시스템이 가장 보편적으로 사용되고 있다.

데이터모형은 현실 세계에 존재하는 복잡한 객체와 사건에 대한 정보들 가운데 조직에서 저장하고자 하는 정보와 그 정보들 사이의 상관관계를 요약해서 나타내줌으로서 보다 쉽게 조직의 자료자원을 이해하고 표현할 수 있도록 해주는 도구이다. 즉 데이터모형은 조직에서 사용하는 자료의 전체적인 논리적 구조를 쉽게 표현할 수 있도록 해주는 도구 역할을 담당한다.

데이터베이스방식은 데이터모형을 사용하여 조직에서 필요한 모든 자료를 통합적으로 표현하고 이를 데이터베이스관리시스템을 통해 하나의 데이터베이스에 저장하고 이 데이터베이스를 여러 사용자들이 공유하여 데이터베이스관리시스템을 통해 각자 원하는 정보를 얻을 수 있게 한다. 따라서 데이터베이스 방식에서는 모든 자료가 중복 없이 데이터베이스에서 데이터베이스관리시스템을 통해 통합 관리되고, 이와 같이 데이터베이스에 저장된 자료는 데이터베이스관리시스템을 통해 여러 사용자가 공동으로 사용할 수 있게 된다.

4. 머천트서버

머천트서버를 배우기에 앞서 분산처리에 대한 개념을 살펴보도록 하자[78]) 과거 중앙집중 처리에서는 하나의 대형 컴퓨터가 모든 처리 작업을 담당하였으나 분산처리에서는 여러 위치에 흩어져 있는 컴퓨터들이 통신네트워크를 통해 서로 연결되어 잇고 이와 같이 연결된 각 컴퓨터가 작업을 분담하여 처리한다. 즉 분산처리는 서로 연결되어 있는 다양한 컴퓨터들 사이에 처리작업을 분담한다. 이와 같은 분산처리는 네트워크 기술과 소형컴퓨터의 발달로 더욱 촉진되었으며 여러 지역에 흩어져 있는 컴퓨터 자원을 공유할 수 있다는 장점을 가진다.

오늘날 널리 사용되고 있는 분산처리 형태 가운데 하나가 클라이언트/서버 시스템이다. 클라이언트/서버 시스템에서는 연결된 모든 컴퓨터를 클라이언트 컴퓨터와 서버 컴퓨터로 구분해서 각 컴퓨터에게 가장 적합한 기능을 수행하도록 작업이 할당된다. 즉 클라이언트 서버 시스템은 통신네트워크를 의해 연결된 컴퓨터들이 각각 맡은 바의 역할을 분담함으로서 원활한 정보처리를 가능하게 한다.

사용자는 클라이언트 컴퓨터에 내장되어 있는 워드프로세스 소프트웨어를 사용해서 보고서를 작성하다가 관련 자료를 보고서에 삽입하기 위해 데이터베이

78) 노태환·박종무·한동근·한영춘·김기수, 『경제 · 경영 · 정보시스템의 이해』, 영남대학교 출판부, 2008., pp.241~242.

스 기능을 담당하고 있는 서버 컴퓨터에 관련 자료에 대한 처리를 요구하고, 받은 자료를 클라이언트 컴퓨터의 스프레드시트 소프트웨어를 사용해서 분석하고 그 결과를 보고서에 삽입해서 보고서 작성을 마무리하고 다시 이메일 기능을 담당하고 있는 서버컴퓨터에 그 보고서를 특정 수취인에게 보내도록 요청할 수 있다. 클라이언트 컴퓨터는 주로 책상용 컴퓨터가 사용된다.

서버 컴퓨터는 클라이언트 컴퓨터에게 서비스를 제공하는 역할을 하며, 각 서버컴퓨터는 각각 고유한 기능을 전담하여 수행한다. 따라서 데이터베이스 관리·자료저장·프린트·통신·네트워크 보안 등의 특정한 기능을 수행하는 다양한 서버컴퓨터들이 존재하며 클라이언트 컴퓨터는 네트워크를 통해 각 서버컴퓨터에 접속한다. 그리고 클라이언트 컴퓨터가 특정 프로그램이나 자료를 요청하면 서버 컴퓨터는 해당 프로그램이나 자료파일을 클라이언트 컴퓨터에 제공한다.

머천트서버란 인터넷 전자상거래를 쉽게 만들고 운영할 수 있도록 지원해 주는 프로그램을 의미한다. 여기에서 서버(server)는 클라이언트에게 네트워크를 통해 서비스를 제공하는 컴퓨터를 말하는데 즉, 서버프로그램이 실행되고 있는 하드웨어를 서버라고 부르며 다른 프로그램에게 서비스를 제공하는 프로그램을 말하기도 한다.

머천트서버는 인터넷 상에서 DB[79]와 Web를 연동하여 온라인 카탈로그를 구축하고 이용자의 주문 정보를 처리, 결제 정보를 지불처리 시스템에 보내어 결제업무를 수행하거나 다양한 프로모션 관리 기능을 제공할 수 있다.

1997년까지는 인터넷 쇼핑몰 구축단계에서는 쇼핑몰 사업자가 직접 구축하거나 SI업체에 구축을 의뢰하였으나, 1998년 이후부터 머천트서버를 이용한 쇼핑몰 시스템 개발이 보편적인 추세로 변화해가고 있다.

1) 머천트서버의 구성요소

머천트서버의 주요 구성요소는 카탈로그 프로그램, 프로모션 관리 프로그

79) 데이터베이스 (database)는 그 내용을 쉽게 접근하여 처리하고 갱신할 수 있도록 구성된 데이터의 집합체이다. 가장 널리 보급된 데이터베이스는 데이터를 다양한 방법으로 접근하고 재구성할 수 있도록 정의한 테이블형의 데이터베이스인 관계형 데이터베이스(relational database)이다. 분산 데이터베이스는 네트워크상의 여러 다른 지점에 분산되어 있거나 중복되어 있는 데이터베이스를 말하며, 객체지향 데이터베이스는 객체 클래스와 서브 클래스로 정의된 데이터가 서로 일치하는 데이터베이스이다.

램, 고객관리 프로그램, 장바구니 관리 프로그램, 관리 및 정산 프로그램, 결제처리 프로그램으로 구성되어 있다. 이에 대한 세부 기능을 살펴보면 아래와 같이 정리할 수 있다.

□ 카탈로그 프로그램

- 많은 종류의 상품을 제작하고 유지관리하기 쉽게 지원
- 여러 가지 검색기능이 제공
- 상품의 카탈로그 정보 제공

□ 프로모션 관리 프로그램

- 고객의 구매 욕구를 높일 수 있도록 일정 기간 동안 가격 할인, 사은품 증정, 고객의 구매 실적에 따른 마일리지 적립제도 등 운영

□ 고객관리 프로그램

- 고객 정보를 관리하여 개개인의 특성에 맞춘 영업을 하므로 쇼핑몰을 효율적으로 운영할 수 있다.
- 회원의 등록 및 현황 조회, 회원의 구매실적 조회 등 제공

□ 장바구니 관리 프로그램

- 구매 전에 주문내역으로 확인하고 변경이나 삭제할 수 있다.
- 세금과 배송료 등 계산, 수신처 주소 및 지불수단 지정의 기능과 연계

□ 관리 및 정산 프로그램

- 현재의 주문내역과 결제, 배달정보 확인, 교환이나 환불처리 기능
- 주문정보를 집계해서 마케팅, 보고서로 활용

□ 결제처리 프로그램

- 매일의 주문, 취소, 정산 내역으로 집계하여 지불 서비스회사 또는 금융기관의 결제 정보를 생성하여 수입 지출 정보로 활용하도록 지원

2) 머천트서버 선택 시 고려사항

머천트서버 선택 시 고려사항으로는 쇼핑몰 구축의 편의성과 신속성이 갖추어져야 한다. 쇼핑몰 구축도구로서 머천트서버를 이용하는 주된 이유 중 하나는 원하는 쇼핑몰을 신속하고 편리하게 구축하기 위함이다. 따라서 경매, 한정판매, 상품기획전 등의 이벤트 기능, 광고, 뉴스, 게시판 등의 부가적인 기능들이 추가적인 프로그래밍이나 디자인 작업 없이 구현될 수 있어야 한다.

둘째, Back Office기능의 강력해야 한다. 즉 주문, 결제, 배송, 반품, 교환, 환불 처리 등의 유통 관련 업무 및 주문접수 이후의 Back End업무와 각종 이벤트 관리 기능, 경매 관리 기능, 회원관리 기능, 회원 E-mail 발송 기능, 결제 관리 기능이 원활하게 수행될 수 있어야 한다.

셋째, 마케팅 지원 기능의 다양성이 가능해야 한다. 즉 신상품, 전략상품의 마케팅을 위해서 다양한 마케팅 지원 기능이 수행될 수 있어야 한다. 이를 구현하기 위하여 기획상품란, 추천상품란의 제공, 인터넷 상의 고객을 대상으로 하는 설문조사, 광고 등을 원활하게 관리하는 기능이 확보되어야 한다.

넷째, 머천트서버의 성능 및 안정성이 확보되어야 한다. CGI방식과 API방식 등 Web-DB연동방식, Multi-Thread 지원유무, DB의 구조, Transaction 처리방식 등이 원활하게 구현될 수 있어야 한다.

마지막으로 머천트서버의 확장성 용이해야 한다. Design Architecture와 관련되는 것으로 DB 스키마, 비즈니스 로직이 구현된 콤포넌트, 화면 디스플레이방식 등을 결정할 때 기능의 확장과 추가 변경에 대해 충분히 고려된 제품을 선택을 선택해야 한다.

Chapter 14
정보시스템의 구현기술

정보시스템 구현기술에는 정보전달기술, 정보검색기술, 정보처리기술, 네트워크 기술, 비즈니스 프로세스 지원기술로 구분할 수 있다.

〈표 Ⅳ-2〉 정보시스템 구현 기술

정보전달기술	정보검색기술	정보처리기술	네트워크기술	비즈니스 프로세스기술
E-mail Telnet FTP Usenet	WWW Gopher Archie WAIS	HTML CGI ASP JAVA	LAN MAN WAN VAN Internet	EDI CALS ERP SCM CRM

1. 정보전달기술

정보전달기술에는 전자우편(E-Mail), 원격접속(Telnet), 파일전송(FTP), 유즈넷(Usenet), 멀티미디어 등이 있다.

1) 전자우편

전자우편(E-Mail)이란 'Electronic Mail'의 약자로 이메일이라고도 부른다. 인터넷이 활성화되기 이전에도 많이 사용되던 기술로 비정형화된 전자문서를 문자(Text) 이외에도 각종 멀티미디어 파일을 첨부하여 동시에 전송할 수 있다. E-Mail 주소는 사용자가 사용하는 컴퓨터의 도메인(Domain Name)과 사용자 계정(Account)으로 구성되어 있으며, 사용자 계정을 사용자 ID라고 부른다.

전자우편은 인터넷의 다양한 서비스 중 가장 많이 사용하는 서비스의 하나로서 전자우편을 관리해 주는 메일서버 컴퓨터가 있어야 하며, 메일서버 컴퓨터에 반드시 계정을 가지고 있어야 이용할 수 있다.

전자우편 관련 Protocol에는 SMTP(Simple Mail Transfer Protocol), POP(Post Office Protocol), IMAP(Internet Message Access Protocol)가 있다. SMTP (Simple Mail Transfer Protocol ; 단순 우편전송 규약)은 전자우편을 보내고 받는데 사용되는 TCP/IP 프로토콜이다. 그러나 수신 측에서의 큐 메시지능력의 제한으로 인해, 대개 수신을 위해서는 POP3나 IMAP 중의 하나의 프로토콜을 쓰는 것이 보통이며, 이러한 프로토콜은 서버에 각자의 우편함을 두고 사용자 메시지를 저장한 다음, 주기적으로 서버에 접속하여 편지를 다운로드 하는 식으로 운영된다. 다른 말로 설명하면, 사용자들은 SMTP를 메일을 보내는데 주로 사용하며, POP3나 IMAP 프로토콜은 자신의 서버에 수신되어 있는 메시지를 받아보는데 사용한다는 말이다. 유도라와 같은 대부분의 메일 프로그램은 SMTP 서버와 POP 서버를 모두 설정할 수 있도록 허용한다. 유닉스 기반의 시스템에서 sendmail은 전자우편용으로 가장 광범위하게 사용되는 SMTP 서버이다. 상용 패키지인 Sendmail에는 POP3 서버가 포함되어 있으며, 윈도우 NT 버전도 나온다.

POP3 (Post Office Protocol 3)은 전자우편을 수신하기 위한 표준 프로토콜로서 가장 최신 버전이다. POP3는 인터넷 서버가 사용자를 위해 전자우편을 수신하고 그 내용을 보관하기 위해 사용되는 클라이언트/서버 프로토콜이다. 사용자(또는 전자우편 수신용 클라이언트 프로그램)는 주기적으로 서버에 있는 자신의 메일 수신함을 점검하고, 만약 수신된 메일이 있으면 클라이언트 쪽으로 다운로드 한다. POP3는 가장 유명한 전자우편 제품 중의 하나인 유도라에 적용되었으며, 넷스케이프와 마이크로소프트 익스플로러 브라우저에도 역시 적용되었다.

IMAP (Internet Message Access Protocol)은 로컬서버에서 전자우편을 엑세스

하기 위한 표준 프로토콜이다. IMAP은 인터넷 서버를 이용하여 전자우편을 수신하고 보관하는 클라이언트/서버형 프로토콜이다. 사용자(또는 사용자의 전자우편 클라이언트 프로그램)는 편지의 제목과 송신자를 보고, 메일을 실제로 다운로드할 것인지를 결정할 수 있다. 사용자는 서버에 폴더나 우편함을 만들거나 관리할 수 있으며, 메시지를 지우거나 메시지의 일부 또는 전체의 내용에 대해 검색을 수행할 수 있다. IMAP은 사용자의 메일을 송수신하기 위해 업무시간 중에 지속적으로 서버에 액세스해야한다.

좀 더 덜 복잡한 프로토콜이 POP3이다. POP3를 이용하면 사용자의 메일은 서버의 우편함에 저장된다. 사용자가 메일을 읽을 때 즉시 사용자의 컴퓨터로 다운로드 되며, 서버에는 더 이상 남아있지 않게 된다.

원격접속(Telnet)은 'Telecommunication network'의 약어로써, 인터넷 상에 접속되어 있는 원격지 컴퓨터의 시스템 자원을 마치 자신의 PC처럼 사용할 수 있게 해주는 사용자 인터페이스(Interface)이다.

파일전송(FTP)기술은 'File Transfer Protocol'의 약어로써, 컴퓨터 간에 파일 전송에 사용되는 프로토콜(전송규약)을 말한다. 이것은 Telnet과 함께 인터넷에서 정보의 전송을 위한 기본적인 기술로써 다른 컴퓨터로부터 사용자가 필요한 파일을 복사할 수 있게 해준다. 전자우편을 이용하더라도 파일을 전송할 수는 있지만 대부분 용량이 작은 텍스트 파일이나 멀티미디어 파일이 주종을 이루지만, FTP를 이용하면 용량이 큰 파일들을 인터넷에 연결되어 있는 한 컴퓨터에서 다른 컴퓨터로 복사 또는 전송 할 수 있다. FTP를 사용하기 위한 조건으로는 일단 호스트 컴퓨터에 대한 접속 권한 즉, 사용자 계정(또는 사용자 ID)을 가지고 있어야 한다. 이후 상대 호스트에 등록된 계정으로 사용자 접속을 한 후 원하는 파일을 송·수신할 수 있다. 특정한 사용자 ID와 password가 없이도 인터넷을 사용하는 사람이면 누구라도 접속하여 파일을 자유롭게 송수신 할 수 있는 FTP 사이트를 Anonymous FTP라 한다.

2) 유즈넷

유즈넷(Usenet)은 'User's network'의 약자로 뉴스그룹이 있는 네트워크를 Usenet이라 하는데, 뉴스그룹이란 어떤 주제를 정해서 토론하기 위한 인터넷 사용자들의 모임을 말한다. 즉, 다수의 사용자들이 각 분야별로 뉴스 그룹을 만들어 놓고 공지사항이나 최신 정보를 게시하고 이를 검색할 수 있도록 하는 기능을 제공하며, 일반적으로 이 둘을 같은 의미로 사용하고 있다. Usenet은 전자우편과는 달리 공개적이며, 정치, 경제, 사회, 문화 등 매우 다양한 분야에 걸쳐서 토론을 벌일 수 있는 것으로 전 세계의 인터넷 사용자중 원하는 사람이면 누구나 참여하여 서로의 의견을 주고받을 수 있다. 현재 전 세계에 20,000개 이상의 분야별 뉴스그룹이 있으며, 계속 다른 뉴스그룹이 생성되고 있습니다.

3) 멀티미디어

멀티미디어의 경우 AOD(Audio On Demand)/VOD(Video On Demand)로 구분할 수 있다. VOD는 개인들이 TV나 컴퓨터 화면을 통해 중앙의 서버로부터 비디오를 선택해 볼 수 있도록 하는 것을 공동의 목표로 삼고 있는 회사들과, 관련된 일련의 기술들을 일컫는 광범위한 용어이다. 시청자들은 자신의 TV를 통해 그들이 선택하는 즉시 원하는 비디오 프로그램을 볼 수 있으며, 그 프로그램들은 케이블이나 ISDN 등을 통해 전송된다. VOD는 연예(디지털 전송된 영화의 주문), 교육(교육용 비디오의 시청), 및 화상회의(비디오 클립들을 이용한 표현기법들의 강화) 등에 사용될 수 있다.

이러한 AOD와 VOD는 Download & Play과 Streaming방식의 2가지 형태로 구현되는데, 다운로드 & 플레이 서비스는 데이터파일 전체를 전송한 후에 이를 재생하는 방식으로서 파일 크기가 크면 많은 시간을 요구하는 단점이 존재한다. 스트리밍 서비스는 RealMedia 파일 포맷은 RealServer가 필요하며, NT 기반에서는 Windows Media Services를 사용할 수 있다.

2. 정보검색기술

1) 월드와이드웹(WWW)

'World Wide Web'의 약어로서 스위스의 CERN (The European Laboratory for Particle Phisics)이라는 연구소에서 개발된 정보 서비스 기술이다. 'WWW'이란 말은 거미줄(Web)이라는 의미를 담고 있는데, 하이퍼링크(Hyperlink) 기능에 의해 서로 연관된 정보를 직접적으로 연결해줌으로써 관련 정보를 쉽고 빠르게 찾아볼 수 있는 정보표현 방법이다. 그리고 이렇게 연관된 정보는 또다시 다른 정보들과 하이퍼링크에 의해 연결되어 있기 때문에 하나의 정보가 여러 개의 다른 정보들과 거미줄 같이 복잡하게 연결된다.

'WWW'은 텍스트(Text)로 표현된 정보뿐만 아니라 그림, 음성, 오디오, 동화상 등 다양한 데이터를 하나의 문서 형태로 나타내는데 이를 하이퍼텍스트(hypertext)라 하고, 기본적인 형태는 일반 텍스트 형태와 같으나 하이퍼링크를 이용해 특정 단어에 대한 정보를 서로 연결해 놓음으로써 다른 문서를 계속 불러올 수 있게 해준다. 문서뿐만 아니라 음성, 화상, 이미지 등과 같은 다른 미디어의 연결도 함께 실행함으로써 마우스를 이용한 클릭만으로 해당 미디어를 화면에 표시하여 볼 수 있게 하는데 이를 하이퍼미디어(hypermedia)라고 한다.

2) 고퍼(Gopher)

고퍼(Gopher)란 정보를 주제별 또는 종류별로 구분된 디렉토리 구조로 검색하도록 지원함으로써 인터넷에 익숙하지 않은 사람들도 쉽게 자료를 찾을 수 있도록 만들어준다. Gopher는 기본적으로 텍스트 문서를 보여주며 메뉴 방식의 정보 검색을 지원하기 때문에 다른 인터넷 서비스 보다 쉽게 이용할 수 있다는 장점을 가지고 있다.

미국의 미네소타 대학에서는 학교 내 발생하는 정보를 전달하기 위해 개발한 기술로써 웹기술이 개발되어 보급되기 이전에 인터넷에서 가장 널리 사용되던 정보검색 기술이다. 현재는 웹 기술에 밀려 뒷전으로 밀려난 형편이지만, Gopher는 웹기술의 기본 개념을 유도해냈다는 평가를 받고 있다. Gopher가 가진 단점으로는 사용자가 원하는 메뉴를 찾기가 어렵다는 것인데, 이러한 점을 보완하기 위해 고안한 것이 Veronica (베로니카)이다. Veronica는 사용자가 이용할 수 있는 서비스에 대한 데이터베이스를 가지고 있어 추적 가능한 모든 고퍼 메뉴를 검색할 수 있다.

3) 아키 (Archie)

아키란 인터넷에는 무수히 많은 파일들이 있으며, 이러한 파일들 중에서 원하는 파일이 어떤 FTP서버가 있는지 찾아 낼 수 있도록 도와준다. Archie는 자체적인 데이터베이스를 가지고 있으며, 이를 이용하여 FTP 서버를 찾아낸다.

Archie가 파일이나 디랙토리를 검색하는 데는 어떤 한계가 있는데, 이는 앞서 말한 Archie의 데이터베이스 내에 있는 파일들이 Anonymous FTP서버 내의 파일로 한정되어 있기 때문이다. 그러므로 Anonymous FTP서버가 아닌 FTP서버들 안에 들어 있는 파일에 대한 정보는 얻을 수 없다.

4) 웨이즈 (WAIS)

웨이즈란 'Wide Area Information Server'의 약자로 Archie와 같이 인터넷에서 정보를 검색하기 위한 서비스로 WAIS를 이용하면 인터넷에 들어있는 여러 가지 데이터베이스를 검색할 수 있으며, 구체적으로는 특정 단어를 포함하고 있는 인터넷 자료들을 찾아주는 역할을 한다.

WAIS는 인터넷에 들어있는 수많은 정보들을 통합된 하나의 데이터베이스처럼 만들어 정보를 검색할 수 있게 해주므로 상당히 손쉽게 정보를 검색 할 수 있을 것으로 생각될 수 있으나 실제로는 그렇게 쉽지가 않다. 즉, 원하는 정보의 위치를 대략적으로나마 알아야 한다는 것이다. WAIS는 데이터베이스의 표준 언어를 좀 더 단순화시킨 SQL (Structured Query Language ; 구조화된 질의어)을 받아들여 검색하는데, 검색요청을 받으면 그 단어가 들어 있는 데이터들에 대해 각각의 점수를 매기고 결과를 출력할 때에는 점수가 높은 순으로 나타낸다. 이 때 점수가 높으면 높을수록 찾고자 하는 정보와 관련이 깊다는 것을 알 수 있다. 따라서 짧은 시간일지라도 편리하고 신속하게 많은 양의 자료를 검색할 수 있다는 편리함을 지니고 있다.

3. 정보처리기술

1) HTML

'Hyper Text Markup Language'의 약어로써, 일반문서와는 기능이 다른 Hypertext를 만들 수 있도록 도와주는데, 웹에서는 이를 HTML 문서라고 부른다. HTML 문서는 태그(Tag)들과 문자열로 이루어진다.

HTML의 기본 요소는 다름 아닌 태그라고 할 수 있으며, HTML의 모든 명령어는 많은 종류의 태그로 이루어져 있다. HTML 태그들은 <...>와 </...>의 쌍을 이루는데, 우리가 흔히 사용하는 괄호 기호와 마찬가지로 시작과 끝의 형식으로 이루어져 있다. 주의할 점은, 끝나는 태그 앞에는 반드시 "/" 부호를 달아주어야 한다는 것이다. 이렇게 문장의 앞뒤에 들어간 태그는 HTML 문서상에서 문자의 크기를 지정해 주거나 문자를 깜박거리게 하는 등의 역할을 한다. HTML이 작동하는 원리는 기본적으로 클라이언트/서버(Client/Server)관계를 이용하며 구체적으로는, 인터넷과 연결되어 있는 PC의 웹브라우저에 찾고자하는 파일이 있는 주소를 입력하고 이를 서버에 요청하면, 브라우저는 전송받은 HTML 태그들을 해석하여 데이터를 그래픽과 함께 브라우저를 통해 보여주게 되는 것이다.

2) 공통 게이트웨이 인터페이스(CGI)

CGI는 'Common Gateway Interface'의 약자로 사용자와 웹 서버 사이에 상호대화적인 기능을 가능하게 해주는 것으로 자료의 검색이나 주식 시세의 확인과 같은 역할을 한다.

CGI는 홈페이지에 방문객들을 위한 방명록이나 게시판 등을 만들려고 할 때, 웹에서 구현하는 HTML만으로는 이러한 기능을 제공할 수 없다. 그래서 이러한 기능을 지원해 줄 수 있는 외부 프로그램이 필요한데, 이 때 외부 프로그램과 웹서버 간에 서로 정보를 주고받을 수 있는 규약을 CGI라고 하고, 그 때 사용하는 프로그램을 흔히 CGI 프로그램(또는 CGI 스크립트)이라고 한다. 이 CGI 프로그램은 통상적으로 C/C++ 나 PERL 혹은 UNIX Shell, Tcl/Tk 등을 사용하여 구현합니다. 홈페이지를 상호 대화식(Interative)으로 만들 수 있는 CGI 프로그램의 종류는 매우 다양한데, 방문객 카운터나 방명록뿐만 아니라 웹 게시판, 웹 대화방, 검색 엔진, 다양한 배너 보여주기, 업로드가 가능한 자료실, 폼을 이용하여 메일을 띄우는 폼메일(Form Mail)등 이루 헤아릴 수 없이 많다.

CGI를 사용하면 다음과 같은 장점과 단점이 있다.

장점으로는

첫째, 독립적인 플랫폼을 가질 수 있다는 것이다. 위에서 말한바와 같이 CGI는 웹서버에서 실행되는데, 거의 대부분의 웹서버들은 CGI를 지원하고 있다.

둘째, 언어에 대한 독립성을 가지고 있다는 것이다. CGI 자체는 프로그램 언어가 아니며, CGI를 구현하기 위해 특별히 사용되는 프로그램 언어가 있다. Perl, C, C++, 비주얼베이직 등을 들 수 있으며, 이러한 프로그램 언어와는 독립적이다.

셋째, 확장성이 있다는 것이다. CGI 인터페이스 자체가 단순한 구조로 되어 있어 상당한 확장성을 지닌다. 여론조사 내용을 특정 전자우편 주소로 보내는 것과 같이 간단한 것으로부터 시작해서, 여러 개의 데이터베이스에 연결되어 있는 온라인 쇼핑몰과 같이 복잡한 것에 이르기까지 모두 CGI를 사용해서 어플리케이션을 구축할 수 있는 것이다.

단점으로는 CGI는 보안에 있어 많은 문제점을 나타내고 있다. 그 이유는 약간의 인터넷 지식만 있는 사람이라면 누구나 CGI 소스코드를 볼 수 있으며, 또한 접속속도 측면에서 보았을 때, 다수 사용자의 접속이 이루어질 때에는 CGI의 실행이 매우 불안해지며 속도도 현저히 떨어진다. 그 이유는 클라이언트가 요청할 때마다 서버에서는 각각의 CGI 실행에 대해 새로 메모리를 할당하여 사용하기 때문이다.

3) ASP(Active Server Page)

ASP는 1995년 말에 처음으로 선보인 IIS (Internet Information Server)의 세 번째 버전이다. ASP는 마이크로소프트 인터넷 인포메이션 서버의 주요 개발도구로 널리 사용되어 왔다. NT와 함께 설치된다는 장점 때문에 또 윈도우 프로그래밍 (Visual Basic)을 많이 해본 이들에게는 배우기 쉽다는 이유 때문에 많이 사용되어 왔지만, 윈도우 운영체제에서만 사용 가능하다는 치명적인 단점도 갖고 있다.

기존의 유닉스에서 NT로 운영 체제를 전환하려는 대부분의 회사가 IIS를 웹서버로 채택하고 또 협력업체의 도움으로 IIS는 웹서버 시장에서 무시하지 못할 만큼 위치를 차지하게 되었다.

ASP를 사용하면 다음과 같은 장점과 단점이 있다.

장점으로는

첫째, 보안성이 뛰어나다는 것이다. ASP는 기존의 HTML이나 CGI로 작성된 웹페이지처럼 방문하는 사람들에게 소스코드를 공개하지 않게 되므로 보안에 있어 매우 뛰어나다.

둘째, 신속한 처리속도를 들 수 있다. ASP는 기존의 다른 웹프로그래밍 언어와 달리 서버측 스크립팅 언어로 처리속도가 뛰어나다. 즉, 기존의 CGI는 클라이언트측 스크립팅언어이라서 사용자의 접속이 많아지면 속도가 현저히 떨어졌지만 ASP는 서버에서 실행되어 결과만 클라이언트로 출력하기 때문에 속도가 빠르다.

ASP의 단점으로 지적되는 것이 플랫폼의 제한성이다. ASP는 마이크로소프트사에서 만든 것이라 Windows 계열의 운영체제와 MS사에서 발표한 웹 서버인 PWS (Personal Web Server)와 IIS (Internet Information Server)등에서만 운용이 가능하다는 단점이 있다.

4) 자바 (JAVA)

자바는 가전제품에 들어갈 소프트웨어를 만들기 위해 탄생하였으며, 자바를 개발한 사람은 SUN 마이크로시스템즈사의 제임즈 고슬링(James Gosling)이다.

자바는 한 마디로 말해서 C나 C++와 같은 컴퓨터 프로그래밍 언어로 일종의 응용 프로그램을 작성하는 도구이며, 기존의 프로그래밍 언어로 작성한 응용 프로그램과는 그 사용법과 수행 환경에 많은 차이가 난다.

지금까지의 프로그래밍 언어들이 주로 자신의 PC에서 프로그램을 만들고 수행시키는 데 주안점을 둔 것에 반해, 자바는 현재 전세계 사람들의 초미의 관심사인 인터넷을 환경으로 프로그램을 만들고 수행시킬 수 있는 응용 프로그램을 만드는 언어라는 점에서 강한 점수를 받고 있다. 물론 기존 프로그래밍 언어의 특성도 모두 간직하고 있다.

자바는 이제 컴퓨터를 이용하는 대부분의 현장에서 그 능력을 발휘하고 있으며, 자바가 활용되는 분야는 다양하다.

자바가 활용되는 분야로는

첫째, 금융, 사무 자동화, 인트라넷 분야이다. 금융, 사무 자동화와 같은 실시간 환경 내지는 워크플로우 기능이 요구되는 환경에서 자바의 활용이 가능하다.

둘째, 오락 및 게임분야에서 활용되고 있다. 자바의 특징 중 하나는 웹상에서 여러 사용자가 Interactive Game을 즐길 수 있다는 점이다.

셋째, 홈쇼핑, 광고 분야에서 활용되고 있다. 자바의 애니메이션 기능은 기존의 웹을 이용한 광고, 홈쇼핑 등에 적용되어 크게 각광받을 수 있고 상호 대화형 쇼핑, Live Auction 등이 가능하다.

넷째, MIS분야에서 인정을 받고 있다. 자바 환경은 MIS 분야에 적용되어 군사 응용 프로그램, 네트워크 DB Access 프로그램에 활용될 수 있다.

다섯째, 교육 분야에서도 인정을 받고 있다. 자바의 활용 분야는 가장 가깝게는 교육 분야에서 볼 수 있으며, 이를 통해 원격 교육, 세미나, 실시간 공동작업 등이 가능하다.

4. 네트워크기술

1) 근거리통신망(LAN)

'Local Area Network'의 약어로서 일정한 지역 내에 설치된 각종 컴퓨터 및 주변 기기들 사이의 통신을 위해 설치되는 컴퓨터 네트워크를 말한다.

각각의 PC는 개별적으로 구성하여 사용할 수 있고 사용자의 의도에 따른 재배치가 자유로우며, 고속통신을 할 수 있다.

LAN은 여러 대의 PC와 주변장치가 전용의 통신회선을 통하여 연결되어 있으며, 그 규모가 한 사무실, 한 건물, 한 학교 등과 같이 비교적 가까운 지역에 한정되어 있는 것을 말한다.

사용자의 의도에 따른 재배치가 자유로우며, 고속통신을 할 수 있음.

고가의 주변기기들을 연결하여 공유할 수 있으며, 여러 종류의 컴퓨터들을 자유롭게 접속할 수 있다는 장점이 있다. 또한 고가의 소프트웨어들을 사용자들마다 따로 구입할 필요가 없으며, 각종 데이터베이스와 정보의 공유를 통해 효율적인 정보관리가 가능하고 팀 단위의 업무를 체계화할 수 있다. 이러한 LAN의 응용 분야로는 사무자동화, 공장자동화, 교육에의 응용, 인트라넷으로의 확장 등을 들 수 있을 것이다.

2) 광대역통신망(MAN)

'Metropolitan Area Network'의 약어로서 보통 50㎞ 이내의 거리에 있는 관공서나 기관 등을 연결시키는 중거리 통신망에 해당하는데, 근거리통신망(LAN)과 원거리 통신망(WAN)의 중간적인 형태이다.

MAN은 주로 광케이블을 이용하여 네트워크를 구축하기 때문에 고속의 통신이 가능하며, 근거리 통신망이 가지고 있는 특징과 장점을 최대한 살려서 이를 대도시 지역으로 확장시킨 것으로 볼 수 있다. 특히 학교, 소방서, 경찰서, 병원, 기타 관공서 등을 연결하여 동영상 등의 멀티미디어 정보를 고속으로 전달하는데 쓰이고 있다. 일반적으로 45Mbps ~ 622Mbps 정도의 전송속도를 가지며, LAN

간 접속을 통한 데이터 통신, 멀티미디어 네트워크, CATV (Cable Television) 네트워크를 서비스 대상으로 한다.

3) 원거리통신망(WAN)

'Wide Area Network'의 약어로써, 국가 단위의 네트워크나 국제적인 네트워크 등이 있으며, 넓은 지역에 분산되어 있는 수많은 컴퓨터들이 서로 데이터를 교환하기 위한 통신망이다. WAN은 원거리 통신망에서 사용하는 통신채널은 개인적으로 소유하여 사용할 수도 있으나, 막대한 자금이 소요되기 때문에 주로 한국통신이나 데이콤과 같은 공중통신업자가 소유한 네트워크를 이용한다. WAN에서 이용되는 기술은 데이터 통신에 있어 네트워킹의 기본이 되는 기술로서 지속적인 발전을 거듭해 왔다. 특히 데이터 교환기술을 중심으로 WAN을 살펴보면 패킷교환기술, 프레임 릴레이 교환기술, ATM 교환기술 등으로 크게 분류할 수 있다.

인터넷, 공중통신망, 행정망, 금융망, 무역망, 교육 및 연구망, 종합물류망, 초고속정보통신망 등이 이에 속한다.

4) 부가가통신망 (VAN)

'Value Added Network'의 약어로써, 명확한 정의가 없으며, 일반적으로 통신회선을 소유 또는 임대받아 통신망을 확보하고 컴퓨터와 통신장비 등을 이용하여 데이터 전송 이상의 부가가치 정보를 제공하는 다양한 서비스 집합이다.

VAN은 교육, 국방, 치안, 금융, 보험, 무역, 유통에 이르기까지 기술의 적용과 이용이 가능하며 매우 자유롭게 네트워크를 이용할 수 있게 해주기 때문에, 각종 정보의 교환과 축적 기능을 통하여 경제활동에 기여하게 된다. VAN은 기본적으로 정보를 전송하고 교환할 수 있도록 할 뿐만 아니라 이용자가 보낸 메시지를 축적하여 보관하고 정해진 시간에 전송하며, 정보를 목적에 맞게 가공·처리하는 기능들을 부가적으로 제공하게 된다.

5) 인터넷 (Internet)

지구상에 존재하는 모든 컴퓨터들을 TCP/IP (Transmission Control Protocol / Internet Protocol)라고 하는 표준프로토콜을 기반으로 서로 연결해 놓은 지구촌 네트워크 (Global Network)를 말한다. 여기에서 프로토콜이란 둘 혹은 그 이상의 컴퓨터나 통신장비 사이에 오류 없이 효율적이고 신뢰성 있는 정보의 교환이 이루어지기 위해 정보의 송신측과 수신측 사이의 미리 정해둔 통신규칙을 의미한다.[80)]

인터넷은 패킷스위칭 방식으로 메시지를 전달한다. 패킷스위칭은 메시지를 보내기 전에 패킷이라 불리는 작은 부분들로 나누어 각 패킷을 다른 패킷과는 독립적인 경로로 보내는 기술이다. 따라서 각 패킷은 서로 다른 경로를 통해서 최종 목적지에 도달된다. 최종 목적지에서는 도착된 패킷은 다시 순서대로 조합하여 원래 메시지로 전환된다.

이와 같은 작업을 위해 인터넷에서 주로 사용하는 프로토콜은 TCP (Transmission Control Protocol) / IP (Internet Protocol)이다. 이 두 프로토콜은 어떻게 인터넷을 통해 자료를 전송하고 어떻게 네트워크 연결을 시작하고 끝내는지를 통제하는 규칙들을 포함하고 있다. 보다 구체적으로 TCP는 인터넷을 통해 전송하기 전에 메시지나 파일을 작은 패킷으로 분해하는 작업과 수신처에 도착한 패킷들을 조합하는 작업을 통제한다. 그리고 IP는 각 패킷의 주소를 지정하는 작업을 통제한다. 즉 각 패킷의 발신처와 수신처 주소를 분류해서 붙이는 작업을 주관한다.

인터넷에 대해서는 정보의 바다라든가 정보의 보고라는 수식어가 흔히 따라다니게 되는데, 인터넷이 방대한 양의 정보를 가지고 있기 때문이다.

인터넷을 단순한 물리적 회선으로 연결된 컴퓨터 네트워크로 이해하기보다

80) 프로토콜이 필요하게 된 것은 정보통신분야의 등장 이래로 수많은 하드웨어 및 소프트웨어 제품이 시장에 쏟아져 나옴에 따라 서로 다른 공급자들의 제품을 상호 연결하는 데 어려움이 있었다. 이는 각 공급자가 독자적인 표준에 따라 제품을 개발했기 때문이다. 따라서 이와 같은 다양한 제품들 사이의 상호연결을 위한 공동의 규칙이 필요하게 되었다. 프로토콜은 문자길이, 전송속도, 전송상태, 문자 사이를 구분하는 비트 수 등을 구체화하는 소프트웨어에 의해 구현되고 제어된다. IBM을 비롯하여 컴퓨터 제조업체들이 자체의 프로토콜을 개발하였으나 정보통신제품들 사이의 비호환성 문제가 세계적으로 광범위하게 미침으로서 1970년대 말 국제표준기구에서 네트워크 프로토콜 시스템을 개발하고 그것을 OSI라고 칭하게 되었다.

는 전세계의 다양한 컴퓨터와 네트워크들을 표준 프로토콜을 통해서 논리적으로 연결해 놓은 단일 네트워크로 이해하는 것이 올바른 이해일 것이다.

6) 인트라넷(Intranet)

인터넷의 웹(Web)기술을 이용하여 기업 및 특정 단체의 내부 정보시스템을 구축에 적용하는 것을 인트라넷(Intranet)이라고 한다.

인터넷상에서의 정보검색서비스인 WWW와 웹브라우저를 사용하여 정보공유시스템을 구축하고 이를 기업 및 특정 단체의 내부 관련자들이 필요한 정보를 공유하도록 하는 네트워크 시스템을 의미한다.

네트워크의 형태로 보았을 때, 인터넷은 WAN(Wide Area Network)을 기반으로 한 World Wide Web(WWW) 활용이라고 한다면, 인트라넷은 기업내의 정보통신망인 LAN(Local Area Network)을 기반으로 하여 웹서비스를 이용할 수 있도록 고안된 네트워크로 볼 수 있다. 즉, 기업 내의 정보통신망인 LAN (Local Area Network)을 기반으로 하여 웹서비스를 이용하는 것이라 볼 수 있는데, 좀 더 자세히 설명하자면 인트라넷은 TCP/IP를 지원하는 기업 내 근거리통신망인(LAN) 환경에서 구축되며, 인터넷에서 사용하는 브라우저를 통해 그룹웨어들을 사용할 수 있게 해주기 때문에 "LAN 환경의 인터넷"이라고도 할 수 있다. 인트라넷은 LAN을 근간으로 함에 따라 디지털 신호를 그대로 수용하기 때문에 인터넷보다 전송속도가 훨씬 더 빠르다. 또한 인트라넷을 이용한 정보의 교환범위가 기업 내부 정보 또는 계열사들 간의 정보 교환으로 한정된다는 속성이 있지만 인터넷은 외부로 공개되어 있는 정보 네트워크인데 반해 인트라넷은 외부로의 정보흐름이 차단된 정보의 교류이다.

인트라넷의 응용범위는

첫째, 빠른 전송 매개체를 이용하기 때문에 멀티미디어 기능을 이용한 영화 또는 비디오 서비스, 컴퓨터를 이용한 교육 등이 가능하다.

둘째, Web의 장점을 이용하여 기업내부의 정보 교환 내지는 정보처리를 위해 사용되는 컴퓨터들을 쉽게 연결하여 정보를 공유할 수 있다.

셋째, 기업 내 정보교류를 기본으로 하고 있는 각종 그룹웨어 분야에 대한 응용이 가능하다. 이 그룹웨어는 공지사항, 대화방, 일정 관리, 자료관리, 전자우편, 동우회, 전자결제 등 여러 부문에 적용시킬 수 있을 것이다.

넷째, 웹을 기반으로 하는 데이터베이스의 응용으로 현재 구축된 기업 내의 데이터베이스(경영정보시스템. 의사결정시스템 등)를 Web에서 사용할 수 있다. 예를 들어, 인사관리, 판매 실적관리, 영업관리와 관련되는 데이터베이스 등이 있다.

Chapter 15
정보보안의 의의와 실행

1. 보안의 개념

1) 보안의 정의

(1) 보안의 필요성

보안이란, 안전을 유지한다는 의미로서 전자상거래에서의 보안이란 기업이 가지고 있는 정보와 시스템 자산을 보호하기 위해서 고안된 것으로 사실 보안기술은 모든 사람이 공평무사하며, 정직하고, 아무도 속이지 않는다면 필요하지 않게 된다. 그러나 현실적으로는 다양한 규칙(rule)의 위반(attack)이 존재하기 때문에 보안기술이 필요하게 되었고, 이러한 연유로 보안기술은, 그것에 독립적인 목적이 있다기보다는 규칙의 위반이라는 부당한 공격에 대한 방어적 기술로서 발전하게 된 것이다.[81]

81) 권도균, "전자상거래 기반구조의 핵심 : Internet 보안기술", 「월간 인터네트」, 1997. 6. pp. 188~190.

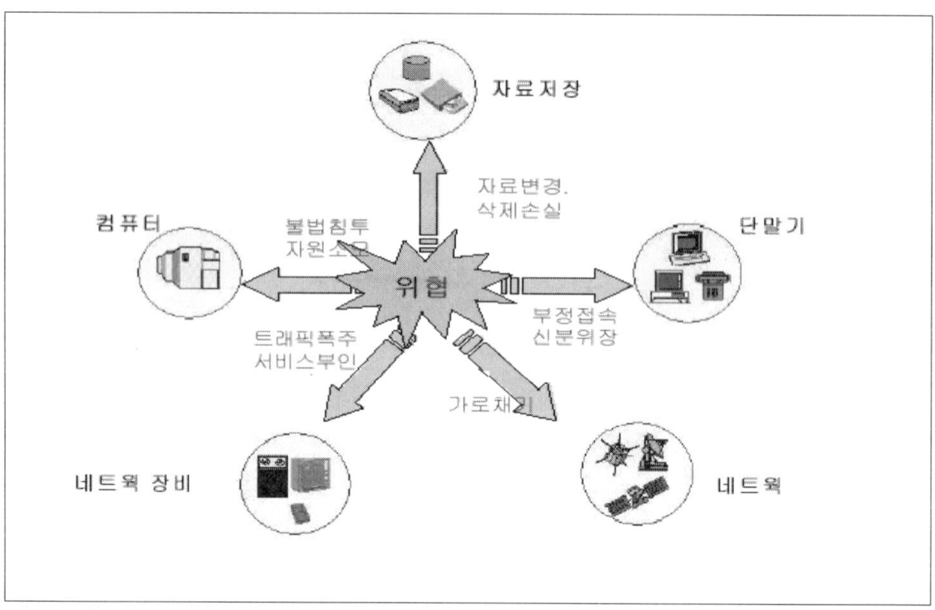

자료 : 삼성 SDS IT Review, 2001. 6.

【그림 Ⅳ-1】 정보보호의 위협요소

초창기 컴퓨터 발명시에는 보안 문제는 단지 비인가자의 부정행위를 방지하기 위해 컴퓨터에 접근을 통제하는 물리적 보안(physical security) 즉, 컴퓨터에 저장되어 있는 파일이나 정보들을 보호할 수 있는 컴퓨터 시스템 보안(Computer System Security)이 필요했다.[82] 하지만, 시분할 시스템(Time Sharing System), 데이터베이스 시스템(Data Base System) 등의 개발을 통해 여러 명의 사용자들이 한 개의 시스템을 공유하게 되었고, 모뎀 등을 통한 원격접속 및 컴퓨터 network를 통한 데이터 교환 등 TCP/IP Protocol에 의해 동작하는 Internet이 등장하면서 보안의 문제는 network를 통해 전송되는 데이터를 보호하는 것이 필요하게 되었는데 이를 network 보안(Network Security)이라 한다.[83]

82) 권도균, "전자상거래 기반구조의 핵심 : Internet 보안기술", 월간 「인터네트」, 1997. 6., pp. 188 - 190.
83) 박창섭, 「암호이론과 보안」, 대영사, 1999. 11. pp. 15 - 16. ; 이만영·김지홍·류재철·송유진·염홍열·이임영, 「전자상거래 보안 기술」, 생능출판사, 1999. 9. pp. 100 - 101.

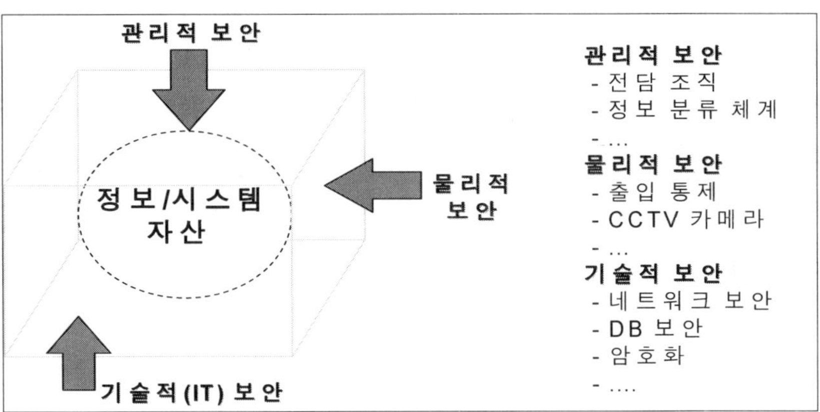

【그림 Ⅳ-2】 보안의 개념

이러한 network 보안은 다시 ① 외부 해커의 침입(해킹)[84])으로 인한 내부 시스템 보호하는 Networking 보안, ② 내부사용자에 의한 정보 유출 방지를 위한 Server 보안, ③ Internet을 이용한 개인신상 정보 및 거래내역 보호를 위한 Transaction 보안으로 구분할 수 있다.

한편, 이러한 보안문제는 크게 ① 정보보안의 문제와 ② 정보보호의 문제로 나눌 수 있는데, 정보보안(Information Security)의 문제는 정보 자체의 '진정성'과 '무결성'을 확보하려는 것인데 반해 정보보호(Information Protection)의 문제는 정보내용의 '비밀성(Privacy)'을 보장하려는 것이다.

(2) 정보보안의 분류

보안을 분류할 때는 크게 ① 시스템보안과 ② 정보보안의 두 가지 단계로 나뉜다.

가. 시스템 보안

시스템 보안이란 기업 스스로가 그들이 외부 즉, 해커, 바이러스, 자연 재해에 의해 일어날 수 있는 피해와 내부의 공격 즉, 불만을 품은, 부정직

84) 「The New Hacker's Dictionary」의 에릭 레이몬드는 해커를 '솜씨 좋은 프로그래머'로 정의하며, "good hack"이란 프로그래밍 문제에 대한 좋은 해결책을 의미하고, '해킹'은 그러한 해답을 구하는 행동이라고 말한다. 그러나 해킹이란 시스템의 관리자가 구축해 놓은 보안망을 어떤 목적에서건 무력화시켰을 경우 이에 따른 모든 행동을 해킹이라고 한다.

한, 혹은 해고당한 종업원에 의해 일어날 수 있는 피해로부터 보유한 컴퓨터시스템, 기록, 그리고 다른 정보를 보호하는데 쓰이는 방법을 일컫는다. 시스템 보안 방법은 권한이 있는 사용자들에게의 접근을 제한하도록 고안된 접근통제와 시스템에서의 활동을 감시하도록 고안된 감시통제를 포함한다.[85)]

나. 정보 보안

정보보안이란 컴퓨터 시스템을 보호하는 것이 아니라 정보자체를 보호하려는 것이다. 일단 디지털 정보가 컴퓨터 시스템을 떠나면 시스템 단계의 보안방법은 정보가 외부의 network를 통해 지나가거나 발송자의 통제밖에 있는 컴퓨터 시스템에 머무는 동안 그 정보를 보호하기 위해 아무것도 하지 못한다.

따라서 가장 중요한 보안전략은 정보 자체를 보호하는 것이다. 정보(또는 메시지) 단계의 보안은 그것이 접근될 수 있을지라도, 디지털 정보가 그것이 어디에 있든 간에 읽혀지고 복사되거나 수정될 수 없다는 보장을 제공할 수 있다.

(3) 정보보안의 분류

정보보안은 이러한 연유로 여러 가지 측면에서 발달하고 있는데 특히, Internet을 활용한 산업별로 필요에 따라 여러 가지가 분류할 수 있다.

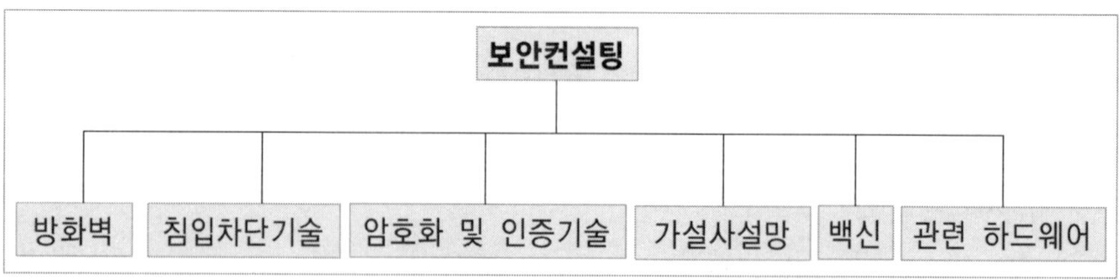

【그림 Ⅳ-3】 정보보안(e-Security)의 분류

85) Thomas J. Smedinghoff, Online Law, pp. 34 - 36.

2) 전자상거래에서 보안의 필요성

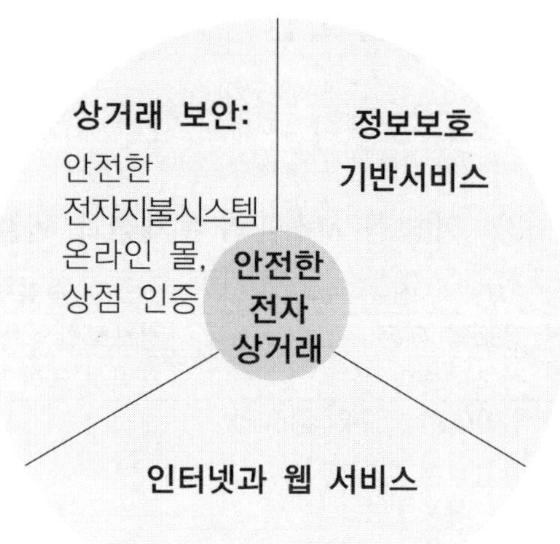

【그림 Ⅳ-4】 안전한 전자상거래 구성요소

전자상거래에서의 보안(Security)문제는 Internet을 기반으로 한 전자상거래에 특히 문제가 된다. 왜냐하면, EDI와 같은 폐쇄적 시스템(Closed Network System)에서의 전자상거래는 사용자가 직접 시스템에 통제를 할 수 있고, 사전에 인가된 절차에 따라 안전한 통신을 수행하며, 사용자와 시스템 운영 책임자간에 법적 의무사항 등이 명시됨에 따라 보안성과 안정성이 쉽게 확보될 수 있다.

그러나 정보의 공유와 개방을 목표로 개발된 웹과 Internet이 갖고 있는 기본적인 취약성[86] 때문에 거래의 불확실성과 위험이 크고 보안의 취약성이 크다고 할 수 있다. 즉, 거래 내용, 신용카드 정보, 계좌 번호, 혹은 관련 비밀번호 등의 비밀 정보들이 쉽게 노출될 수 있다.

이러한 전자상거래를 Internet/웹을 기반으로 하는 정보기술 계층과 상거래를 성공적으로 수행하기 위해 필요한 여러 종류의 절차나 기술을 포함하는

86) Internet은 TCP/IP Network로서 IP packet 단위의 라우팅(routing)에 의한 무한 연쇄 구조(Benzene ring)로서 명백한 주소를 가지고 있으며, 무작위적인 경로를 취하므로 정보 전달 자체의 보완성이 결여되어 있다. 또한, WWW Protocol인 HTTP(Hyper Text Transfer Protocol)도 비연결형 서비스를 제공하므로 정보 전달의 안전성은 없다고 보는 것이 타당하다.(송영부·이기영, "전자상거래를 위한 사용자 인증 시스템 구현에 관한 연구", 「공학기술연구」 제13집 제2권, 인천대학교 공학기술연구소, 1999. p. 167.)

응용계층으로 구분할 수 있다.

3) 전자상거래의 보안의 위협 요인

전자상거래에서 요구되는 보안의 구체적 요구 사항은 다음과 같다.

〈표 Ⅳ-3〉 개방형 시스템의 문제점과 해결 과제

문 제 점	기술적 해결과제
외부 침입에 의한 정보의 훼손	정보보안의 필요성
외부 침입에 의한 정보누출의 문제	기밀성(프라이버시 보호)
외부 침입에 의한 위작(僞作), 도용(盜用)	진정성
무권한자의 변작(變作)	무결성
진정한 표의자에 의한 사후부인	부인봉쇄(부인 방지)

(1) 시스템 공격

일반적인 컴퓨터 시스템 특히 network에 연결된 컴퓨터는 외부의 특정인이 이 시스템을 침입하여 부당하게 컴퓨터 시스템을 사용하거나, 정보를 유출하거나, 정보를 파괴할 위험이 있다. 이러한 위험을 방지하기 위해 방화벽과 같은 시스템을 사용하기도 한다.

그러나 전자상거래는 불특정 다수인의 접근을 허용하는 응용시스템으로서 방화벽을 사용하는데 있어서 제약을 받을 수도 있다. 특히, 시스템을 불법적으로 사용하는 통계를 보면 외부에서의 침입보다는 내부 사용자의 불법적 사용이 더 많기 때문에 적절한 시스템의 운영지침과 내부 사용자에 대한 보안대책이 중요한 요소가 된다.

(2) 데이터 공격

전자상거래에 있어서 데이터의 공격은 전술한 바와 같이 두 가지로 구분해 볼 수 있다. 하나는 시스템 내에 저장된 데이터, 또 하나는 network 상에 흘러 다니는 데이터에 대한 공격이 있을 수 있다.

시스템에 저장된 데이터에 대한 공격은 앞에서 언급되었고, 데이터를 시스템에 저장할 때도 암호화를 해서 저장하는 것이 필요하다. network 상에 흘러 다니는 데이터에 대한 공격을 막기 위해서는 기밀성(Confidentiality), 자료의 무결성(Integrity) 등에 대한 보증이 필요하게 된다.

(3) 비즈니스 공격

전술한 시스템 공격과 데이터 공격은 모두 일반적인 컴퓨터 시스템의 보안침해와 동일하다. 그러나 전자상거래에 있어서는 상거래라는 특징 때문에 발생하는 제3의 공격이 있을 수 있다. 이것을 통칭해 비즈니스 공격(Business Attack)이라 부른다. 상거래에만 일어날 수 있는 사기나 문서 위·변조 그리고 거래사실의 부인 등의 문제가 전자적 상거래에도 일어날 가능성이 있다. 이런 요소들을 전자적으로 막기 위한 보안 고려 사항들 즉, 당사자의 신원확인(Authentication), 부인봉쇄(Nonrepudiation) 등이 추가적으로 필요하게 된다. 이 분야에서는 암호학 혹은 시스템으로만 모든 것을 다 해결할 수는 없기 때문에 제도적인 장치, 법적인 보장, 보험 등의 전자적 시스템 외적인 보완이 병행되어야 한다.[87]

4) 보안 수단

(1) 시스템 보안 수단

가. 패스워드(password)

이는 시스템에 접근하려고 하는 자에 대해서 일정한 어구(phrases) 또는 기호나 번호(PINs : personal identification numbers)를 입력하게 하여 그가 정당한 접근권한이 있는 자인지를 확인하는 방법이다. 전통적으로 권한 없는 접근을 막기 위해 사용된 시스템 보안 통제방법이다.[88]

나. 생물측정학적 방법(Biometrics methodology)

생물측정학적방법은 지문(fingerprints)이나 망막(retinas)·홍채(irises)·손

87) 임신영·권도균, “전자상거래 보안”, 「정보과학학회지」 제15권 제4호, 1997. 4, p. 46.

88) UNCITRAL(Thirty-first session). Report of the working group on electronic commerce on the work of its thirty-second session. Vienna, 19-30 January 1998. p.29. ; Thomas J. Smedinghoff, Online Law, p. 34.

금(hand-prints)·목소리(voice prints) 등과 같은 개인의 생물학적 특성을 이용하여 그 동일성이 확인되는 자에 대해서만 시스템에의 접근을 허용하는 시스템 보안방법이다.[89)]

다. 방화벽(Firewall)

방화벽의 사전상의 의미는 건물에서 발생한 화재가 더 이상 번지는 것을 막는 것이지만 Internet에서는 network의 보안 사고나 위협이 더 이상 확대되지 않도록 막고 격리하는 것으로 사용되고 있다. 방화벽은 외부 network로부터의 침입에 대해 내부 network를 보호하기 위한 network 구성요소 중의 하나로서, 외부의 불법 사용자의 침입으로부터 내부의 전산 자원을 보호하기 위한 정책 및 이를 지원하는 하드웨어와 소프트웨어를 총칭한다.

이러한 방화벽은 외부 network와 연결된 유일한 창구(Gateway) 역할, 서비스 접속 및 거부, 사용자 인증, 내·외부 상호 접속된 network에 대한 트래픽 감시 및 기록, 중요한 트래픽에 대한 암호화 등의 역할을 수행한다.

(2) 정보 보안 방법

정보 보안의 방법으로는 ① 암호화(Encryption) ② 전자서명(Electronic signature) ③ 인증(authentication)과 인증기관(Trusted third parties) ④ 응답과 도착확인(Replies and acknowledgments) ⑤ 반복-회신도착확인(Repeat-back acknowledgments) ⑥ 증명할 수 있을 만큼 신뢰성 있는 문서를 만들어 내는 과정이나 시스템의 사용(The use of process or system that produces a demonstrably trustworthy document) ⑦ 일자/시간 스템핑(Date/time stamping) 등이 제시되고 있다.[90)]

가. 암호화(Encryption)

만약 발송자가 수신자에게 전자적 메시지를 보내고 싶고 그것을 기밀로 유지하기를 원한다면 발송자는 메시지를 암호화할 수 있다. 즉 암호화는 기밀성[91)]의 법적 요건을 충족한다.

89) UNCITRAL(Thirty-first session), Report of the working group on electronic commerce on the work of its thirty-second session, Vienna, 19-30 January 1998. p. 29.

90) Thomas J. Smedinghoff, Online Law, pp. 35 - 37.

나. 전자서명(Electronic signature)

전자통신에서는 손으로 쓰여진 서명을 사용할 수 없지만, 메시지의 암호변환과 같은 전자서명은 사용할 수 있다. 전자서명이 확인될 수 있다면 수신자는 메시지가 발송자로부터 온 것과 메시지가 전송 이래로 변경되지 않았다는 것을 확신하게 된다. 결과적으로 발송자는 메시지를 보낸 것을 부인할 수 없다. 따라서 전자서명은 메시지의 원천을 알아내고 그것의 진정성과 무결성[92]을 입증하며 발송자가 그 메시지를 부인하는 것을 방지하는 수단[93]을 제공할 수 있다.

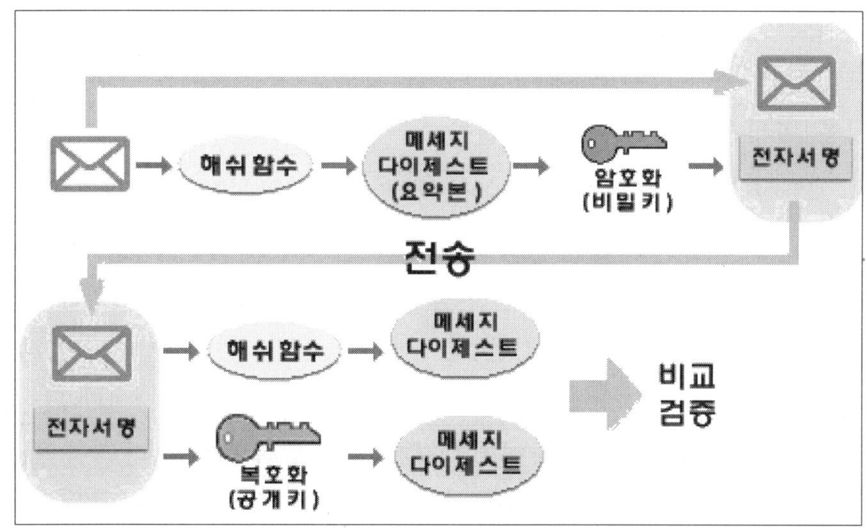

【그림 Ⅳ-5】 전자서명의 생성과 검증과정

다. 인증과 인증기관(authentication and TTP – Trusted Third Parties)

인증은 정당한 사용자임을 입증할 수 있는 사용자 인증과 메시지의 진정성을 확인할 수 있는 메시지 인증으로 구분할 수 있으며, 이를 위해서

91) 기밀성(또는 비밀성)(confidentiality)이란, 정당한 사용자만이 메시지의 확인이 가능하고, 전달 내용을 제3자가 획득하지 못하도록 하는 것으로 이를 위해서는 암호화 기술이 요구된다.

92) 무결성(integrity)이란 정보가 고의로 혹은 악의로 변경되거나 파괴되지 않도록 보장하는 것으로 메시지의 진정성을 입증시키는 것으로 이를 위해서는 전자서명이 필수적이다.

93) 부인방지(non-repudiation)는 메시지의 작성 또는 송수신에 대한 부인을 불가능하게 하는 것으로 이를 위해서 전자서명이 필요하다.

는 전자서명과 통신의 당사자들이 중립적이며, 신뢰할 수 있는 제3자가 필요하게 된다. 이를 통해 상대방의 신원 및 전자서명의 귀속관계를 확인함으로써 메시지의 진정성 및 무결성 부인봉쇄 등을 확보할 수 있다.

라. 응답과 도착확인(Replies and acknowledgments)

컴퓨터 시스템은 들어오는 정보를 화면에 나타내고 발송자에게 도착확인 회신을 보내는 데 특히 적합하다. 수신된 것, 확인된 발송자, 발송자에게 도착확인이 보내진 사실, 도착확인이 저지되지 않았다는 사실을 보여주는 기록은 메시지의 원천을 입증하는 것을 도울 것이다. 그래서 메시지를 인증하는 능력은 그러한 도착확인을 부인하는 응답뿐만 아니라 도착확인의 기록을 보내고 유지하는 것에 의해 확인될 수 있다. 어떤 응답은 그것이 응답한 이전의 메시지와 비교됨으로써 그 응답을-적어도 그 원천은 아닐지라도 그 내용에 관하여-인증해 주는 경향이 있다.[94)]

마. 반복-회신 도착확인메시지(Repeat-back acknowledgments)

전자적 메시지의 진정성을 확보하기 위한 도착확인(acknowledgment)발송 기술은 메시지의 무결성을 한층 더 강력하게 확보할 수 있게 한다. 전자통신에서 그것은 도착확인을 발송하는 것뿐만 아니라 발송자에게 그 통신 메시지의 모든 내용을 다시 반복하여 보내는 간단한 문제라 할 것이다.

만일 반복-회신 도착 확인메시지가 원래의 메시지와 다르면 발송자는 수신자에게 주의를 환기시켜줄 수 있다. 발송자는 발송된 메시지, 반복-회신 도착확인메시지, 그리고 그가 수신한 반복-회신 도착확인의 부인의 기록이나 아무도 수신하지 않았다는 기록을 확실히 만들고 유지하기를 원할 것이다.

바. 과정 또는 시스템(Process or System)

전자메시지가 항상 종이 메세지과 같은 특성을 가지지는 못하기 때문

94) 예를 들면 구매자가 전자우편(e-mail)으로 3번 부품 500개를 1,500달러에 구입하고자 하는 주문서를 판매자에게 보내고 판매자는 3번 부품을 1,775달러에 판매할 용의가 있다고 응답하게 되면, 그 응답이 만일 판매자가 구매자의 청약에 응답하고 있지 않았다면 아마 알지 못했을 특정한 내용-예를 들면 부품이 5번 부품이 아니라 3번 부품이라는 것-을 포함하고 있기 때문에, 구매자의 전자우편 메시지의 진정성은 뒷받침된다. 통신의 이런 과정의 기록을 보존함으로써 각 전자우편 메시지가 인증되어질 수 있다.(Thomas J. Smedinghoff, Online Law, p. 35.)

에 전자메시지에 특별히 적합한 진정성을 확보하기 위한 방법을 제시해야 한다. 이러한 방법은 모두 자동 기록보관 기능을 수행하는 컴퓨터 시스템의 사용을 포함한다. 예를 들면 한 기업이 만들고 수신한 메시지의 전자기록 복사본을 컴퓨터를 이용하여 자동적으로 보관하게 만들면 이는 메시지의 기록들이 사실이라는 것을 입증하는데 도움이 될 것이다. 또한 보관된 기록들의 진정성을 높이기 위해서 보관된 기록들의 사용을 통제할 수 있는 보안 시스템을 활용한 기업은 자신이 보관하고 있는 기록들의 무결성을 증명하게 된다.

또 다른 방법은 수신되고 발송되는 메시지를 사용자의 컴퓨터 조작으로 계속 추적하면서 이러한 추적경로를 보관된 기록과 교차시켜 관계를 규명하는 것이다. 추적경로는 그 기록의 원천과 작성 또는 수신시간을 보여줄 수 있기 때문에 진정성을 한 단계 강화시킨다.

사. 일자/시간 스템핑(Date/time stamping)

일자/시간 스템핑은 메시지가 변경되지 않았다는 것을 보여주는 수단으로서 일자/시간 스템핑은 메시지의 요약메시지(message digest)에 대하여 발급된다. 요약메시지란 메시지를 요약 또는 단축한 것으로서 이것의 크기는 고정되어 있으며, 수학함수를 사용하여 이해할 수 없게 만들어진 것이다. 요약메시지는 메시지로부터 도출된 것이기 때문에 이것은 그 메시지에만 독특하게 적용된다. 메시지에서 빈칸이나 쉼표 하나만이라도 바꾸게 되면 요약메시지도 바뀌게 된다. 일자/시간 스템핑이 요약메시지의 내용을 특정날짜에 고정시켜 준다. 메시지내용의 무결성을 입증하기 위해 또 다른 요약메시지가 만들어진다. 만일 그것이 일자/시간 스템핑된 요약메시지와 일치하면 그 메시지는 변경된 것이 아니다.

2. 전자상거래의 보안기술 체계

전자상거래의 보안기술 체계는 다음의 그림과 같다. 즉, 정보통신기술과 암호기술을 기반으로 한 정보보호기반기술과 전자상거래 시스템 및 network 보호기술 및 전자상거래 응용서비스 보호 기술로 구분할 수 있다.

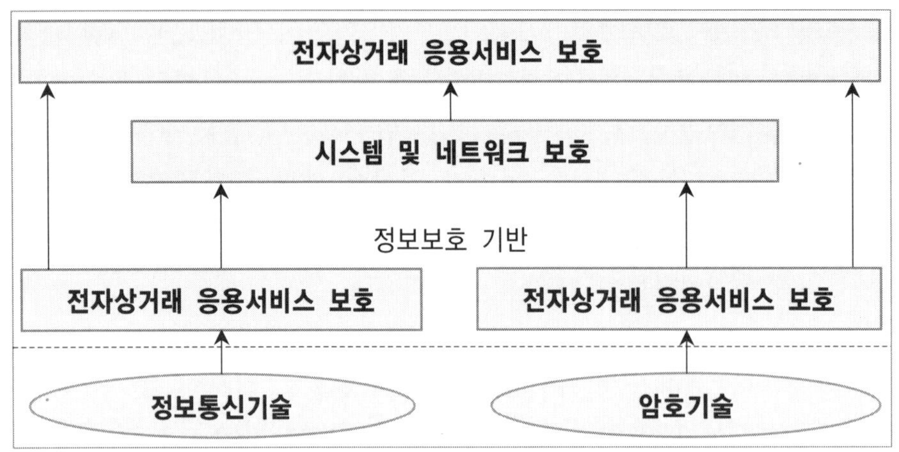

【그림 Ⅳ-6】 전자상거래 보호를 위한 계층

1) 정보보호기반기술

이론적 암호학이나 정수론 등 암호기술에 정보처리 기술이 가미되어 암호 알고리즘, 암호 프로토콜 기술을 형성하고 있는 암호 관련 기술과 감사기록, 접근제어 등 정보처리 기술 및 라우팅 제어, 트래픽 제어 등 정보전송 기술에 기반을 둔 순수 시스템 관련 기술로 구분한다.

2) 전자상거래 시스템 및 network 보호기술

전자상거래 시스템 및 network 보호 기술은 network 보호 및 일반 호스트에서 인가되지 않은 노출, 변경, 파괴로부터 정보시스템에서 처리 보관되는 정보를 보호하는 방법으로서 파일 시스템 보호, 데이터베이스 보호, 운용체계 보호, 개인용 컴퓨터 보호, 바이러스 방지 기술 등을 포함되는 컴퓨터 보호 기술로 구분할 수 있다.

Internet 기반 전자상거래는 웹 기술을 근간으로 클라이언트-서버 기술, 분산처리 기술, 실시간 데이터베이스 기술 등이 요구된다.

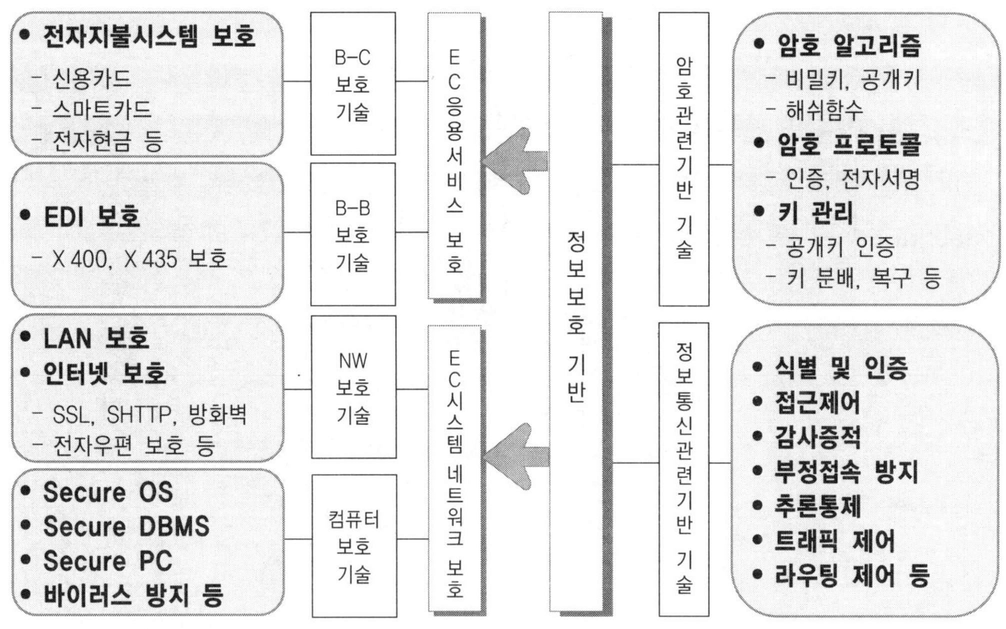

【그림 Ⅳ-7】 전자상거래 보호기술 분류 요약

브라우저는 HTTP 프로토콜 외에 다른 프로토콜을 지원할 수 있으며 플러그 인 기법 등을 통해 지원되는 외부 응용 프로그램과의 연결은 다양한 형식의 정보를 처리할 수 있다는 장점을 제공하는 반면, 침입자에 의해 악용될 우려도 있다. 또한 내부 DB와의 연동으로 웹 서버 호스트가 공격당하면 내부 자료도 노출될 가능성이 많아지므로 더욱 웹 서버의 보안이 중요하다.

3) 전자상거래 응용서비스 보호기술

EC 응용서비스 보호기술은 정보보호 기반 및 EC 시스템/network 보호기술들을 활용하여 EC 서비스에 정보보호 기능을 제공하는 기술로 크게 B2C 서비스 보호와 B2B 서비스 보호로 구분할 수 있다. B2C 서비스를 보호하기 위해서 신용카드, 전자화폐, IC카드를 포함하는 전자지불서비스 보안이 가장 중요하며 B2B 서비스 보호를 위해서는 EDI 서비스의 보호가 포함되어 있다.

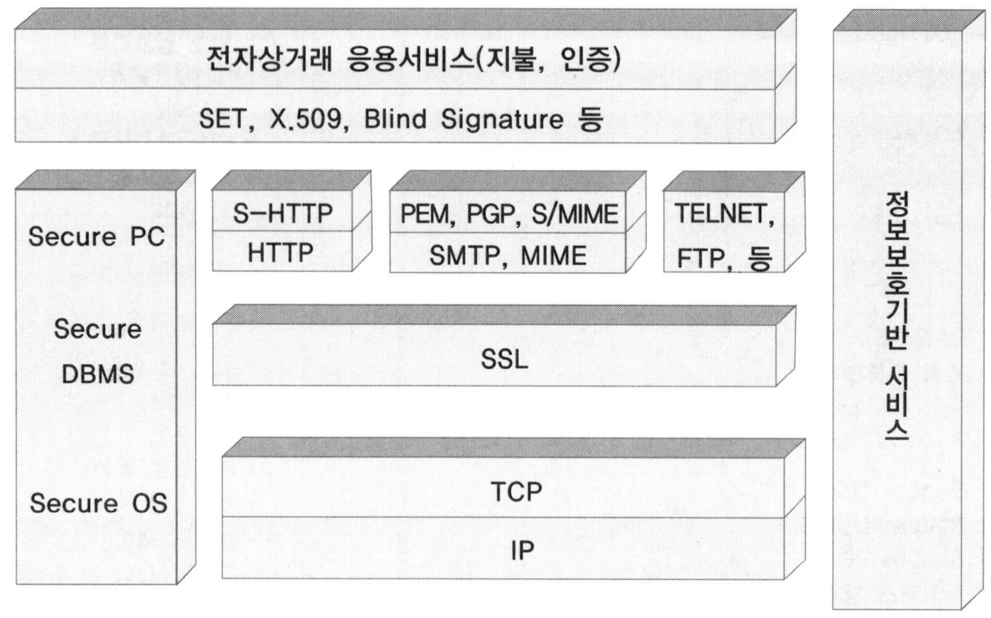

【그림 IV-8】 전자상거래의 대표적 보호기술

3. 전자상거래의 신뢰성 증진 방안

1) 신뢰성 확인 개념

전자상거래의 신뢰성을 증진과 관련하여 신뢰성 확인을 위한 개념은 다음과 같다.

(1) 위험의 감소

상거래 시스템의 기본 개념은 위험의 전가(transfer of risk)이다. 전자적이든 아니든 전체 상거래 시스템에 동일한 개념이 적용된다. 그리고 위험 전가 개념과 병행하여 책임이나 책임 가능성의 감소가 있다. 그 결과 공인된 표준이나 업계에서 많이 사용하는 수단을 채택하게 된다. 예를 들어, 판매자는 신용카드 발행자에게 지불 위험을 전가시키는데 대해서 일정 비용을 할인해준다.

(2) 신뢰할 수 있는 절차

인정을 받았거나 과거에 신뢰성이 있던 시스템이나 절차를 사용하는 경우 신뢰성이 증진된다. 예를 들어 누군가가 성공적으로 거래했거나 요금 지불 절차 및 어음교환을 성공적으로 마친 사람을 알고 있을 경우, 새로운 애플리케이션에 대한 신뢰성이 높아질 가능성이 크다.

(3) 확인 기능

신뢰성은, 거래 요소들이 처음부터 끝까지 재확인 될 경우 높아진다. 따라서 문제, 모순, 기타 분쟁 등이 있을 경우 이것이 어느 시점에 발생한 문제인지 또는 누구에게 책임이 있는지 등을 확인할 수 있다(traceability). 영수증, 매출 전표, 카본지를 쓴 사본, 기타 복사본 등이 확인 기능을 가능케 하는 예이다.

(4) 중개자와 신뢰성 있는 제 삼자

은행과 같이 물품이나 서비스에 대한 지불을 하는 중개자(intermediaries)에 의해 신뢰성은 높아진다. 예를 들어, 은행은 전자적인 자금 이체를 촉진시키고 구매자의 신용을 확증하는 신용카드를 발행한다. 은행은 판매자에게 계약상의 지불 책임을 갖는 중개자 역할을 한다.

(5) 보증(endorsement)

주요 기업, 미국 정부, 유명한 단체가 어떤 절차, 제품, 기술 등을 사용할 경우, 어떤 것을 선택할지 결정하지 못한 쪽에 영향을 줄 수 있다. 정보기술 분야, 그 중에서도 보안 표준은 보증의 척도가 되는 경향이 있다. 또 다른 곳에서 사용하지 않더라도 연방정보처리표준(FIPS: Federal Information Processing Standard)이나 자료암호표준(DES: Data Encryption Standard)과 같이 정식 보증이 있는 경우 신뢰성을 확보할 수 있으며, 연방정보처리표준(FIPS)은 미국국립표준기술연구소(NIST)에서 제정한 기술 표준과 지침이며 상무부 장관의 승인을 받아 범정부적으로 사용되고 있다.

(6) 정식 검사 및 검정(certification)

전자상거래의 중요한 신뢰성 증진 요인은 구성요소, 제품, 시스템의 정식 검사 및 검정이다. 이들 절차는 구매자에게 품질, 신뢰도, 보안성 등을 확인할 수 있는 기준을 제시하며, 또 다른 중요한 점은 개발자로 하여금 목표 설정을 할 수 있게 한다는 것이다.

(7) 법적 토대 및 구제책

전자적이든 아니든 모든 상거래에서 가장 중요한 요소는 기본적인 상거래 법체계와 구제책으로서 이들 법이 제공하는 법적 안정성과 문제 발생시 대처할 수 있는 구제책을 강구할 수 있다.

2) 기술적 요구 사항

(1) 신분확인과 인증

전자상거래가 Internet과 같은 개방된 network에서 이루어지기 때문에 패스워드 등을 통한 방식 외에 스마트카드와 토큰, 생체측정법(biometrics) 등 신뢰성이 있고 취약성이 낮은 방식이 도입되고 있다.

가. 스마트카드와 토큰

휴대가 용이하고 이를 인식하는 컴퓨터와 독립적으로 동작할 수 있지만 도난, 복제의 위험이 있고 집에 두고 다니기 쉽다는 단점이 있다.

나. 생체측정법(biometrics)

생체측정법 가운데, 지문인식 기술이 저렴, 신속, 정확, 사용의 편이성으로 널리 사용될 전망이며, 신분확인과 인증을 위해 스마트카드와 실시간 지문인식 기술을 함께 사용하는 방식이 유망한 기술로 부각되고 있다.

(2) 접근제어

사용자가 접근허가를 받은 정보와 기능의 유형에 따라 시스템에서 정한 규칙을 적용하는 접근제어 메커니즘이 필요하며, 이 부문에서는 역할기반 접근제어(RBAC: Role Based Access Control) 기술이 부각되고 있다.

여기서 역할기반 접근제어(Role-Based Access Control)의 개념은 1970년대에 온라인 시스템 상에서 다중 사용자와 다중 응용으로부터 시작되었다. 이 메커니즘 하에서는 여러 기능이나 데이터에 대한 접근이 사용자의 신분에 의해서가 아니라 주어진 환경에 따른 사용자의 역할에 기반하여 제어된다. 예를 들면, 동일한 사람이 동시적이지는 않지만 때로는 구매자의 권한을 부여받고, 때로는 인가자의 권한을 갖는 것이다. 결국 확인기능과 개인적 책임부여를 위해 사용자의 신분이 유지되어야 하는 전자상거래 환경에 적합한 방식이다.

3) 안전한 전자상거래를 위한 보안 서비스

안전한 전자상거래를 위해 요구되는 보안 서비스는 다음의 표와 같다.

〈표 Ⅳ-4〉 전자상거래와 보안 서비스

기능/서비스 계층	기능 및 서비스	
	일반적	보안 관련
network	물리적 통신 기반(TCP/IP), 에이전트 관리	접근 제어, 방화벽, SSL
상거래 기반 서비스	디렉토리 서비스(X.500), 파일 전송(FTP), 하이퍼텍스트 전송(HTTP), 과금 및 지불 서비스, 전자문서교환(EDI)	사용자 인증(Authentication), 부인 봉쇄(Non-Reputation, X.509)
애플리케이션	전자목록(Catalog), 전자양식(Form), 전자우편(E-mail), 전자게시판(BBS), 쇼핑몰(Mall)	메시지 기밀성(Confidentiality), 메시지 무결성(Integrity), 지불서비스(SEA, SET, S-HTTP)

4. 암호시스템 및 분류체계

1) 암호화의 개념

암호화(encryption)는 network를 통해서 중요한 정보를 주고받을 때 다른 사람들이 읽거나 보지 못하도록 내용을 위장하는 것을 말하며, 이와 반대로 암호화된 자료를 가지고 원래의 내용을 알 수 있도록 암호문을 평문으로 복구하는 작업을 복호화(decryption)라고 하며 이때 일정한 규칙으로 사용되는 정보 변환 작업을 암호화 기법이라고 한다.

2) 암호학의 분류

암호학을 분류하면 암호화 기술과 암호 시스템으로 구분된다.

암호화 기술은 정수론 등 암호기술에 정보처리 기술이 가미된 암호 알고리즘, 암호 프로토콜, 키관리를 포함하고 있다. 암호는 고대 이집트 시대나 로마, 중국 등 인류의 역사를 이끌어 온 고대 국가시대부터 인류와 함께 해 왔다. 특히, 전쟁과 관련하여 중요한 정보를 적으로부터 보호하고 기밀을 유지시키는 보다 효과적인 작전 수행 방법으로써 많은 역할을 해왔다. 넓은 의미에서의 암호학(cryptology)은 평문(plain text)을 보호하기 위한 암호화 알고리즘을 연구하는 암호학(cryptography)과 평문을 해독하기 위하여 암호화 과정과 암호문(cipher text)을 연구하는 암호해독학(cryptoanalysis)으로 구분된다.

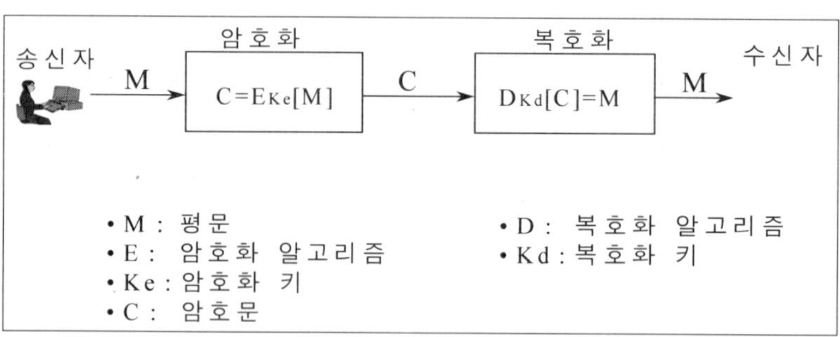

【그림 Ⅳ-9】 암호화 / 복호화 과정

암호시스템은 감사기록, 접근제어 등 정보처리 기술 및 라우팅 제어, 트래픽 제어 등 정보전송 기술에 기반을 두고 있다. 즉, 암호화 되지 않은 상태의 평문을 암호문으로 만드는 암호화 과정(encryption, encoding), 역으로 암호문을 평문으로 변화시키는 복호화 과정(decryption, decoding), 암호화와 복호화 과정에서 사용되는 암호화 키(cryptographic key)와 키 관리 등 정보보호를 위한 일련의 프로세스를 암호시스템이라고 한다.

3) 암호화 기법

암호화는 전자서명(digital signature), 전자인증서(digital certificate), 전자지불

(electronic payment) 등의 응용을 위한 기본 기술로서 사용된다. 암호화 기법은 크게 비밀키 암호화 기법과 공개키 암호화 기법으로 나누어진다.

(1) 비밀키 암호화 기법

비밀키 암호화 기법(대칭키 암호화 기법)은 Secret-Key Algorithm, Symmetric Algorithm, Single-Key Algorithm, One-Key Algorithm 등 다양한 이름으로 불리기도 하는데 이 기법은 암호화할 때 사용한 키와 암호를 해석(복호화)할 때 사용하는 키가 같은 암호화 방식을 말한다. 송신자와 수신자 둘 다가 같은 비밀키를 알고 있어 송신자가 비밀키를 사용하여 메시지를 암호화하고, 수신자는 비밀키를 사용하여 메시지를 복호화(해독)하는 방식(키는 별도의 보안채널<전화 등>을 이용하여 전송함)이다.[95] 비밀키 암호 알고리즘의 예로 DES(Data Encryption Standards), 3DES(Triple DES), IDEA(International Data Encryption Algorithm) 등이 있다.

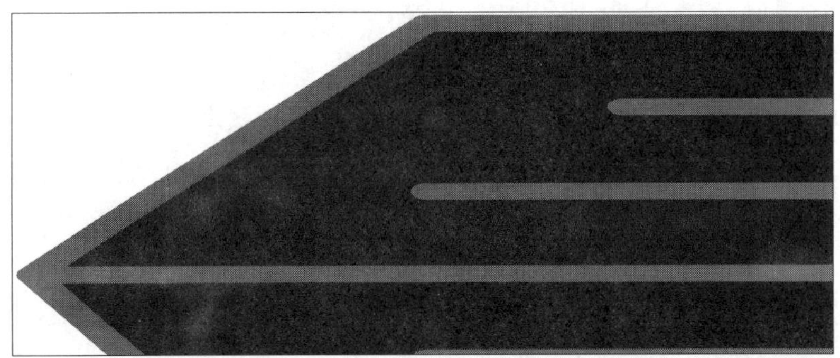

【그림 Ⅳ-10】 대칭키 암호화 시스템

(2) 공개키 암호화 기법

공개키 암호화 기법은 Public-Key Algorithm, Asymmetric Algorithm 등으로 불리기도 하는데 다른 말로 비대칭키방식이라고 하며 암호화할 때 사용한

95) 예를 들어 A가 B에게 "love"라는 메시지를 보낼 경우, A와 B는 비밀키를 1로 가지고 있어서 암호화할 때는 보내는 내용물을 각각 하나씩 뒤로 밀고(가령 'L'은 'M'으로) 복호화할 때는 다시 하나씩 앞으로 당기는 형태가 될 수 있다.(가령 'M'은 'L'로) 따라서 "love"라는 단어를 암호화하기 위해 비밀키 1을 적용시키면 "mpwf"가 된다. 이럴 경우 데이터 전송도중에 누군가가 이것을 몰래 본다고 해도 그 내용을 이해할 수 없을 것이다.(물론 실제 비밀키는 이보다 훨씬 복잡하다) B는 전달받은 메시지 "mpwf"를 비밀키 1을 이용하여 다시 복호화하여 본래의 메시지인 "love"를 열어보게 된다.

키와 복호화할 때 사용하는 키가 다르며 암호화키로부터 복호화키를 알아낼 수도 없다. 공개키 암호화 기법이라 불리는 이유는 암호화키가 공개되기 때문이다. 이는 1976년 W. Diffie와 M. E. Hellman이 「New Directions in Crytography」이란 논문을 발표하면서 최초로 공개키 개념을 소개하였다. 이는 비밀키(대칭키) 암호알고리즘이 가지고 있는 키분배 문제, 키관리 문제 및 서명 문제를 해결하는 대안으로 제시되었다. 이후 1978년 Rivest, Shamir와 Adleman에 의해 소인수분해의 어려움에 기반을 둔 공개키 암호알고리즘(RSA)이 개발되어 현재 세계적으로 가장 널리 사용되고 있으며, 실질적인 산업계 표준으로 자리 인정되고 있다.

이 기법을 사용할 경우 각각의 참여자는 공개키(암호화키)와 비밀키(복호화키)를 생성하여 공개키는 공개적으로 발표하고 비밀키는 비밀로 자기만 알고 있다. 두 키는 한 쌍으로 사용되는데 공개키는 데이터 암호화에, 비밀키는 데이터 복호화에 사용된다. RSA 공개키 암호화 기법이 가장 널리 알려져 있다.[96] 미국의 암호화 표준인 DES와 현재 전세계적으로 인정받고 있는 IDEA, SSL에 사용되는 RC4 등이 있으며, 미국의 NSA(National Security Agency)에서 개발한 알고리즘이 공개되지 않은 Skipjack 알고리즘도 여기에 속한다.

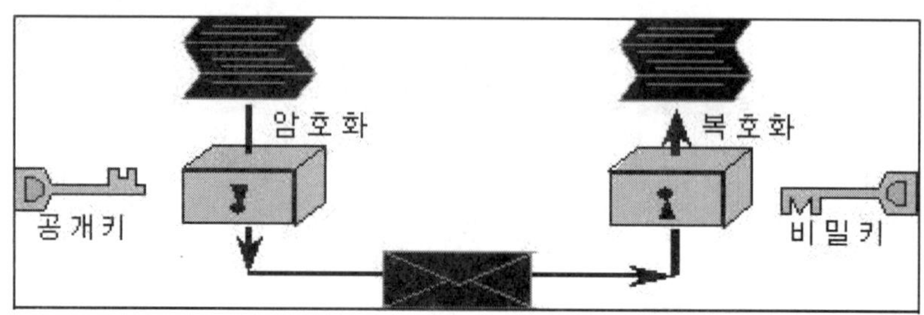

【그림 Ⅳ-11】 비대칭키 암호화 시스템

96) 예를 들어 A가 B에게 전자우편을 보낸다고 하면, A는 B의 공개키를 확인하고 그 키를 사용하여 전자우편의 내용을 암호화한 다음 B에게 전송한다. 그러면 B는 전자우편을 받아 자기만 알고 있는 비밀키를 사용하여 암호화된 전자우편의 내용을 해독하여 메시지의 내용을 읽어볼 수 있게 된다.

5. 시스템 보안

1) 시스템 보안 개요

시스템 보안의 목표는 다음과 같다. 첫째, 부적절한 노출을 방지함으로서 비밀성을 보장하고, 둘째, 부적절한 서비스 거부시킴으로서 방지가용성을 확보하며, 셋째, 부적절한 변경방지를 통해 무결성을 확보하며, 넷째, 사용자의 식별과 인증을 확보하는 것이다.

여기서 식별이란 사용자의 신분을 시스템에 제공하는 방법이고, 인증은 신분의 유효성을 수립하는 방법인데, 컴퓨터는 메시지나 파일이 변경되지 않았음을 검증하거나 수신된 메시지가 특정인으로부터 발송되었다는 것을 검증하기 위해 인증을 사용하기도 한다.

2) 해커와 보안

(1) 보안 침해 행위의 유형

해커가 보안의 침해 행위의 유형에는 ① 가로막기(Interruption), ② 가로채기(Interception), ③ 수정(Modification), ④ 위조(Fabrication) 등이 있다.

(2) 보안의 장애요소

해킹(Hacking)은 비인가자가 시스템에 침입해서 불법으로 조회, 수정, 삭제, 권한변경 등의 행위를 하는 것을 말한다. 과거에는 관리자의 실수나 OS에서 실수를 한 프로그램들을 악용해 관리자의 권한을 얻는 것이 고작이었지만, 이제는 network를 흘러 다니는 정보의 기본단위인 패킷(packet : network 상에 정보를 송수신할 때 가장 기본이 되는 정보단위)을 하나하나 조작해 해킹을 하게 됐다. 이러한 해킹은 다음과 같은 3단계로 이루어진다.

가. 1단계

목표로 한 호스트 내부에 잠입을 하여 셸(shell)을 사용할 수 있는 유저의 권한을 얻어내는 것이다. 이를 실행하기 위해 유저의 패스워드를 알아야 하는데, 스니프(sniff)를 이용하는 고급 방법에서부터, 'finger -l @targethost'를 해 알아낸 사용자들의 패스워드를 추측해 로그인하는 저급한 방법까지 아주 다양한 방법이 있다. 보통의 해커라면 외부에서 목표로 한 호스트의 패스워드 파일을 빼와서 이를 이용해 목표로 한 호스트 내부 유저로 침입하는 것이 보통이다. 그리고 이 1단계를 방어하는 것이 바로 network 시큐리티이다. 일반적으로 한두 개의 패스워드가 없는 ID를 찾거나 pretty, angel 등 흔한 패스워드를 이용하여 침입을 시도한다.

나. 2단계

목표로 했던 호스트 내부에 잠입을 했으면 목표 호스트의 관리자(root)의 권한을 획득하려고 시도할 것이다. 이는 호스트 내부의 OS 홀(hole)을 이용하는 경우가 많다. 또한 이 2단계를 방어하는 것이 바로 로컬 시큐리티이다.

다. 3단계

호스트 관리자(root)의 권한을 획득한 뒤 자신이 다음에 다시 침입할 경우에 편의를 기하기 위해 backdoor(뒷문)를 만들어 놓고 나가는 단계이다. 또는 다른 목표 시스템이 있는 경우 ID와 패스워드를 얻기 위해 스니퍼를 설치하여 network를 감청한다. 매번 목표로 한 호스트에 잠입하기 위해 번번이 해킹을 시도한다면 증거를 언젠가 남기게 마련이고 '꼬리가 길어져서' 결국은 잡히게 마련이다. 자신만이 사용할 수 있는 내부 버그(트로이 목마)를 남겨 놓고 가는 것이 침입할 때 증거를 남기지 않는 좋은 방법이기 때문에 해커들은 이를 애용하고 있다. 마지막으로 자신의 침입 흔적을 지우기 위해 log를 지우게 된다.

(3) 보안의 위협 요소

가. 패킷 스니핑(packet sniffing)

패킷들은 이더넷 케이블을 타고 전송이 된다. 이 패킷들은 어떤 유저가 어느 호스트에 로그인 했다는 정보 따위를 가지고 있는데, 이더넷 디바이스를 컨트롤해 흘러가는 패킷에서 원하는 정보인 유저들의 패스워드를 알아내는 것이다. 즉, tcpdump, snoop, sniff 등과 같은 network 모니터링 툴을 이용해 network 내에 돌아다니는 패킷의 내용을 분석해 정보를 알아내는 것으로 network에 연동돼 있는 호스트뿐만 아니라 외부에서 내부 network로 접속하는 모든 호스트가 그 대상이 된다. 요즘 가장 심각한 문제가 되는 해킹 기술로 최근 해커들의 공격에 대해 통계를 낸 자료를 보면 스니핑에 의한 공격이 가장 많은 것으로 나타나고 있다.

나. IP 스푸핑(IP Spoofing: IP 사기 치기)

spoof란 단어는 '속이다, 사기 치다'라는 뜻으로 해커가 머물러 있는, 또는 단순히 악용하고자 하는 호스트의 IP 어드레스를 바꾸어서 이를 통해 해킹을 하는 것이다. 즉, Internet 프로토콜인 TCP/IP의 구조적 결함이라 할 수 있는 TCP 시퀀스 번호, 소스라우터의 소스 주소를 이용한 인증 메커니즘 등을 이용하는 것이다. 인증 기능을 가지고 있는 시스템을 침입하기 위해 해당 시스템 호스트로 위장하는 방법으로 자신이 그 컴퓨터의 호스트인 것처럼 가장하는 것으로 현재까지의 해킹유형 중 최상의 방법이다. 그 유명한 미트닉이 이방면의 대가다.

다. NFS(Network File System) file handle guessing

NFS는 컴퓨터 사용자가 원격지의 컴퓨터에 있는 파일을 마치 자신의 컴퓨터에 있는 것처럼 검색하고, 마음대로 저장하거나 수정하도록 해주는 클라이언트/서버형 응용프로그램으로 모든 NFS의 동작은 파일이나 디렉토리를 지정하는 파일 handle들을 이용하여 이루어지게 된다. 이 파일 handle들은 허가 받은 클라이언트가 서버와의 동작을 위하여 알고 있는 것이다. 그런데 허가 받지 않은 해커가 NFS에 잠입하여 이 파일 handle들의 값을 알아내고 NFS 서비스를 받을 수 있게 만드는 것이다.

라. DNS server cache poisoning

네임 서버(IP 에 일대일 매치되는 네임 어드레스를 관리하는 호스트)에 잠입해 가짜 호스트들을 만들고 나오는 것을 말한다.

마. 바이러스

바이러스는 파일을 지우거나 엉망으로 만들고, 하드디스크에 손상을 주거나 시스템을 파괴하는 것으로, 전세계적으로 매월 100개 이상의 새로운 바이러스가 만들어지고 있다고 한다. network 바이러스는 Internet에서 가장 많이 이용되고 있는 서비스인 전자우편과 웹을 통한 컴퓨터 바이러스의 감염은 Internet 보안의 또 다른 문제점으로 등장하고 있다.

바. 버그 벌레(Worm)

웜(Worm)은 network를 통해 자신을 복제 전파할 수 있는 프로그램을 의미하는 것으로 시스템에서 시스템으로 증식하고 때때로 시스템의 성능을 떨어뜨리며, network를 이용하여 퍼져나가는 등 바이러스가 디스크를 이용하는 것과 같은 방법이다.[97] 특히, Internet 웜은 빠른 전파력을 가지고 있고, 감염된 시스템을 거점으로 피해시스템이 기하급수적으로 증가하기 하는 등 최근에 가장 큰 문제를 야기하는 해킹방법이다.

사. 트로이 목마

트로이목마(Trojan Horse)는 상대방이 눈치 채지 못하게 몰래 숨어드는 것으로 정상적인 프로그램에 부정 루틴이나 명령어를 삽입해 정상적인 작업을 수행하는 과정에서 부정 결과를 얻어낸 후에 즉시 부정 루틴을 삭제하기 때문에 발견이 어렵게 된다. 시스템 프로그래머, 프로그램 담당 관리자, 오퍼레이터, 외부 프로그램 용역자가 저지르며 시스템 로그인 테이프와 운용 기록이 있는 프로그램 리스트를 확보한 후 정상적인 프로그램 실행 결과와 의심스런 프로그램 결과를 비교하는 일이 예방책이다.

아. Scavenging

Scavenging은 컴퓨터실에서 작업하면서 쓰레기통에 버린 프로그램 리스트, 데이터 리스트, 카피자료를 얻는 지저분한 방법이다.

---

97) Worm이 처음으로 알려지게 된 것은 1988년 11월 2일에 발생한 Morris Worm 사건부터인데, Cornell 대학에서 전산학을 전공하는 대학원생인 Robert T. Morris는 유닉스 시스템의 sendmail과 fingerd의 버그와 rsh/rexec를 이용하여 자기 복제 및 자체적인 network 전파 기능을 갖는 UNIX Worm을 개발하여 Internet을 통해 유포하여 6200대 이상의 서버 시스템을 정지시키는 혼란을 야기했으며, 거의 100만 달러의 피해를 입혀 며칠 후 컴퓨터 관련 법안(The Computer Fraud and Abuse Act : Title 18)에 의거 유죄 판정을 받아, 3년의 집행유예와 400시간의 공공 봉사, $10,500의 벌금형을 선고받았다.

자. 논리 폭탄

논리폭탄(Logic Bomb)은 프로그램에 어떤 조건을 넣어주고 그 조건이 만족되면 자동으로 불법 결과가 나타나게 하는 것으로 트로이 목마와 유사한 면을 가지고 있다.

카. 자료 바꿔치기

자료 바꿔치기(Data Diddling)는 원시 서류 자체를 변조, 위조해 끼워 넣거나 바꿔치기 하는 수법으로 자기 테이프나 디스크 속에 엑스트라 바이트를 만들어 두었다가 데이터를 추가하는 수법으로 원시 자료 준비자, 자료 운반자, 자료 용역처리자 데이터와 접근이 가능한 내부인이 주로 사용하는 방법이다.

타. Super Zapping

컴퓨터가 고장으로 가동이 불가능할 때 비상용으로 쓰이는 프로그램이다. 패스워드나 각종 보안 장치 기능을 상실시켜 컴퓨터의 기억장치에 수록된 모든 파일에 접근해 자료를 복사해 가는 수법이다.

파. Trap Door

운용체계나 대형 응용프로그램을 개발하면서 전체 시험실행을 할 때 발견되는 오류를 정비나 유지보수를 핑계 삼아 컴퓨터 내부의 자료를 뽑아가는 수법이다.

하. Asynchronous Attacks

미리 작성해둔 침투 프로그램으로 시스템 운영자를 속인 채 해킹을 하는 방법이다. 즉, 컴퓨터 중앙처리장치 속도와 입·출력 장치 속도가 다른 점을 이용해 멀티프로그래밍을 할 때 체크 포인트를 써서 자료를 입수하는 것으로 사용하기 쉬우면서도 효과적인 해킹방법이다.

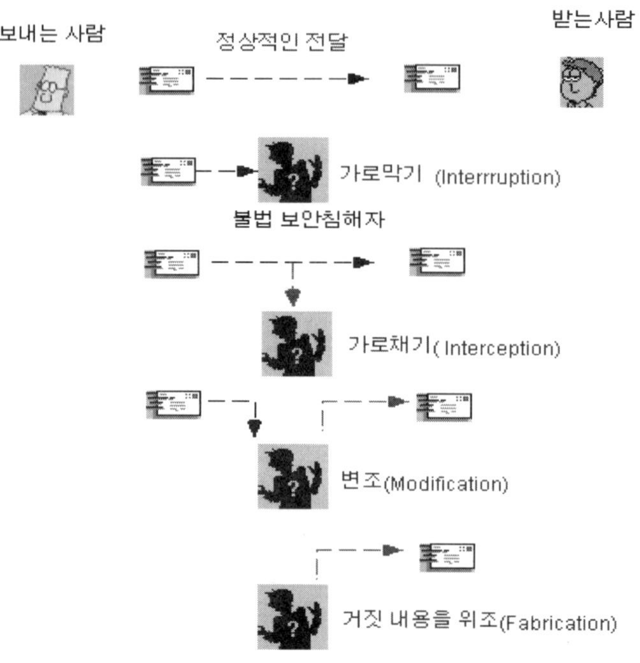

【그림 Ⅳ-12】 해커의 보안침해 행위

3) 시스템 보안 대책

(1) 보안정책

Internet에 연결할 때 우선적으로 고려해야 할 사항으로 "network 보안"을 들 수 있다. 그러나 이러한 보안은 Internet을 통한 원활한 정보의 흐름과 자유로운 접속이라는 측면에서 제한 요소로 작용할 수 있으며, Internet에 접속하고자 하는 단체는 내부적으로 보호해야 할 정보와 외부에 공개할 정보에 대한 명확한 구분을 바탕으로 적절한 보안 정책(Security Policy)을 우선 세워야 한다.

이와 같이 ①보안 정책 수립, ②보안 시스템 구축, ③이용자 교육은 Internet 보안을 위한 기본적인 3요소이며, 보안관련 제도로는 형법에 처벌규정을 두고 있다.

(2) 시스템 보안도구

여기에서 말하는 보안은 주로 비인가자의 접근 제어 측면의 보안을 말한다. 시스템이 갖고 있는 보안의 취약점을 정기적으로 점검하거나 보안을 강화하기 위한 다양한 도구들이 많이 제공되고 있다.

network 모니터링 도구로는 TCPDUMP, ARGUS, ARPWATCH, NFSWATCH, CPM, NetLog 등이 있다. 여기서 NetLog란 로그 분석이 가능한 모든 TCP 및 UDP 통신 내용을 기록한다.

Auditing 도구로는 Tripwire, ps, CP Wrapper, SWATCH(Simple Watcher), Chkacct 등이 있다.

가. Tripwire는 시스템 내의 파일과 디렉토리의 무결성(Integrity)을 검사하는 보안 도구이다. 즉, 이전에 만들어 둔 데이터베이스의 정보와 현재 존재하는 파일 및 디렉토리를 비교한 다음, 서로 다른 점들을 모두 알려 주게 되는데, 이를 통하여 중요 파일 및 디렉토리의 변조 여부를 확인할 수 있다.

나. CP Wrapper는 network 서비스들의 요청이 있는 경우 해당 정보들을 기록하여 주는 시스템이다.

다. Swatch (Simple Watcher)는 시스템 로그 분석이 가능한 감사기능 툴을 말한다.

(3) UNIX 패스워드 및 로그인 도구

UNIX 패스워드 및 로그인 도구로는 CRACK, CRACKLIB, NPASSWD, PASSWD+, S/KEY 등이 있다.

가. Crack은 보안이 취약한 UNIX 시스템의 패스워드를 알아내는 도구로서 비슷한 기능을 갖는 툴로서 Npasswd, Passwd+ 등이 있다. 기능상으로는 다르지만 보안을 위해 패스워드를 감추어 주기 위한 Shadow라는 툴이 있다.

나. npasswd는 텍사스 Austin 대학의 Clyde Hoover에 의해 UNIX passwd를 대체하기 위해 만든 프로그램으로서, 지원하는 기능은 다음과 같다.

㉠ 최소한의 패스워드 길이를 조정할 수 있다. ㉡ 사용자에게 대소문자, 숫자, 마침점 등의 사용을 강요할 수 있다. ㉢ 단순한 패스워드를 체크해 낼 수 있다. ㉣ 호스트 이름, 호스트 정보 등을 체크할 수 있다. ㉤ 로그인 이름, 성명 등을 체크할 수 있다. ㉥ 시스템 사전을 비롯하

여, 여러 사전의 단어를 체크할 수 있다.

(4) 보안 취약점 점검 도구

보안 취약점 점검 도구로는 SATAN, TIGER, COPS, ISS, GABRIEL, SCAN-DETECTOR 등이 있다.

가. SATAN (System Administrator Tool for Analyzing Networks)SATAN은 Internet의 특정 시스템의 보안 상태를 점검할 수 있는 Perl 언어로 개발된 보안 프로그램이다. SATAN은 해당 시스템의 sendmail, FTP/TFTP, NFS/NIS, r-shell 등의 보안 취약점 등을 점검하여 해당 시스템이 갖고 있는 보안 취약점을 알려 주고, 해당 문제점의 해결 방안 등을 제시해 준다. SATAN은 다른 툴과 마찬가지로 해커에 의해 새로운 해킹을 위한 툴로 이용될 수도 있는 문제점이 있다.

나. Tiger란 UNIX 시스템의 전반적인 보안 점검을 실행해 주는 도구이다. 주요 점검 사항으로는 이용자들의 .rhosts, .cshrc, .netrc 파일 점검, 패스워드 문제 점검, 시스템 파일들의 접근 권한 문제 점검, NIS/NFS 점검, setuid 상태의 변화 점검 등이다. 유사한 툴로 COPS (Computer Oracle and Password System)가 있다.

다. ISS(Internet Security Scanner)는 Internet을 통한 자신의 호스트 공격을 가정하여 취약점을 점검하기 위한 툴로서 자신의 시스템에 계정이 없는 사람이 자신의 시스템을 공격하는 경우를 가정하여 사용자나 관리자의 실수로 잘못 설정된 중요 설정 파일들을 조사하여 그 이상 여부를 알려 주는 보안 도구이다. ISS를 이용하면, guest와 같이 특별한 목적이 없으면서 보안상 문제를 야기할 수 있는 계정의 존재 유무, 각종 프로그램의 알려진 버그의 존재 여부, 취약한 파일 시스템 세팅, 현재 사용 중인 사용자들의 목록 등을 확인할 수 있다.

6. 안전한 전자상거래 서버 구축과 운용

1) 보안관련 표준

어떤 경우에도 HTTP 프로토콜을 사용해 지불 정보가 전달된다면 보안의 허점이 될 수 있다. 웹의 위험과 취약점을 살펴보면 다음의 표와 같다.

〈표 Ⅳ-5〉 웹의 위협과 취약점

구분	무결성	기밀성(비밀성)	서비스 거부	인증
위협	- 사용자 데이터 변조 - 트로이목마 브라우저 - 메모리 훼손 - 전송 메시지 변조	- network에서의 도청 - 서버정보의 도난 - network구성 정보 유출	- 사용자 프로세스 정지시키기 - 부정요청으로 시스템 오버플로 - 디스크, 메모리 오버플로, - DNS공격으로 시스템 접속 이상 야기	- 정당한 사용자 사칭과 데이터 변조
결과	- 자료 손실 - 기계 손상 - 모든 다른 위협에 대한 취약성	- 정보의 손실 - 프라이버시 침해	- 정상 동작 및 서비스 방해	- 사용자 자료의 변조 - 잘못된 정보를 신뢰
대응책	- 암호화된 체크섬	- 암호화, 웹 프락시	- 방어 어렵다	- 암호 기술

최근 전자지불을 위하여 강구되고 있는 표준은 다음과 같은 것이 있다. PGP : 메일, PEM : 보안 메일, Kerberos : Authentication, SNMP v2 : network 관리, S-HTTP : WEB 문서 보안, SSL : Transport Layer Security

2) 웹 보안대책

(1) 접근제어, 패스워드 인증기능 사용

.htaccess, .htpasswd를 사용하여 주요 디렉토리에 사용자인증기능을 추가하여 운영한다. 이 기능만으로 부족할 경우에 보다 강화된 인증기법을 사용할 수도 있다.

(2) 로그강화

시스템로그(wtmp, utmp, sulog, pacct 등)와 www 로그를 수시로 백업하고 가능하다면 로그서버를 따로 운영하여 2중 관리하는 것도 바람직하다 .

(3) 암호화 기능 이용

스니퍼링 방지 스니퍼링을 통한 정보유출을 막기 위하여 주요정보 송수신시 SSL, SHTTP등 암호화 기능을 사용한다.

(4) 웹 서버의 소요비용 대비 보안기능

웹 서버는 공개용일수록 보안의 허점이 널리 알려져 있고 상용서버일 경우 덜 한편이다. 특히 보안기능이 강화된 상용서버의 경우 가격은 일반적으로 높지만 보안성은 높다고 할 수 있다.

(5) 철저한 백업

수시로 정기적인 백업을 하여 해킹이나 재난으로 인한 사고에 대비한다.

(6) 원격관리

웹 서버의 관리는 콘솔에서 하는 것을 원칙으로 하고 원격접근시 해당 로그를 남기도록 한다.

(7) 침입탐지시 경고기능

침입탐지용 상용도구설치/운영함으로서 임의의 사용자가 주요 관리 파일 접근시 관리자에게 알려주거나 network를 통한 침입 시도가 있을 경우 경고기능을 추가한다.

(8) 각종 보안도구의 설치/운영

공개용/상용 보안도구를 서비스의 특성에 맞게 설치, 운영한다. 시스템의 취약점을 점검해주는 도구 및 무결성 점검도구는 반드시 설치한다.

3) 사용자인증 방법

(1) IP Address Authentication

서버를 설치할 때 서버의 정보에 접근할 수 있는 브라우저의 IP 주소 혹은 도메인을 지정해서 설치할 수 있다. 이렇게 하면 등록된 IP 주소 혹은 도메인이 아니면 해당 정보에 접근할 수 없게 된다.

(2) Basic Authentication

Basic Authentication은 HTTP 1.0 사양으로서 대부분의 브라우저와 서버에서 채용 구현되어 있으며 '사용자명/패스워드'를 관리할 수 있도록 하며, 이 방식은 IP Address Authentication과 함께 결합하여 사용하기도 한다.

이 방법은 간단하다는 장점이 있지만 사용자에서 서버 측으로 전달되는 사용자명과 패스워드는 암호화가 되지 않는다. 즉 처음에 논의된 가로채기 등이 가능한 곳에서는 보호받을 수 없다.

또한 서버가 거대하고 복잡한 디렉토리 구조로 되어 있고 거기에 따라 허용될 사용자의 그룹이 서로 다르고 복잡하게 연결되어 있는 경우에는 운영하기가 매우 힘들다. 또한 결과로서 넘어가는 url에 대응되는 문서는 보호받지 못하므로 Basic Authentication 외에 좀 더 강력한 보안 프로토콜이 필요하다.

(3) Message Digest Authentication

Basic Authentication에서는 패스워드가 거의 암호화 없이(unencode만으로) 서버에게 전달된다. 그래서 network 상에서 전송되는 패스워드를 가로채서, undecode만 하면 패스워드를 쉽게 알 수 있다.

이러한 약점을 보완하자는 생각에서 패스워드를 One-Way Hash(MD5)로 encoding해서 서버에게 전달함으로써 network 상에서 이러한 정보를 가로채이더라도 이 정보를 가지고 패스워드를 해석할 수 없도록 하는 메커니즘이다. 서버 측에서도 로그인명/패스워드 등의 정보를 MD5로 인코딩해서 저장한다.

4) 웹 서버 해킹 대책

웹 서버에 대한 공격 방법과 이에 따른 대응 방안은 다음과 같다.

그 밖에 웹을 통한 홈페이지나 정보서비스는 웹 서버나 홈페이지를 잘못 구성하거나 관련 CGI 등의 잘못된 구현으로 여러 가지 보안취약점들을 보유하고 있어 대책이 필요하다.

〈표 Ⅳ-6〉 웹 서버 공격방법 및 대책

해킹 방법	결 과	대 책
취약한 CGI이용	외부 사용자가 임의의 명령을 수행, 디렉토리내의 파일목록을 열람가능	/cgi-bin/에 취약한 cgi 프로그램을 삭제한다.
WWW서버 구현상 버그이용	각종 WWW서버의 버그 이용 임의의 명령을 수행, 서비스거부 공격 가능	최신버전으로 패치
SSI의 #exec 이용	SSI #exec 명령의 부주의 사용할 경우 외부에서 임의의 명령 수행 가능	WWW서버구축시 SSI를 사용하지 않는다.
입력 FORM 이용	FORM email주소 입력부에 임의 명령 추가, 외부에서 임의의 명령 수행	입력부에서 email주소만 접수하는 필터기능 추가
WWW서버 구성상 문제 이용	부적절한 구성으로 임의의 문서에 접근	WWW서버의 설치, 운영시 보안기능을 강화
/cgi-bin/ 인터프리터 이용	/cgi-bin/의 perl등의 인터프리터를 이용하여 외부에서 임의의 명령 수행 가능	/cgi-bin/에 perl, shell등 인터프리터를 삭제한다.
스푸핑	WWW서버의 network 트래픽을 감시하여 사용자의 비밀정보를 빼냄	암호화, 인증기능 강화된 WWW서버를 구축, 운영
서비스거부공격	SYN Flooding이나 IIS버그 등 서비스거부공격으로 WWW서비스를 방해	공격 탐지기술을 적용
일반적인 해킹	일반 호스트에 대한 원격공격, 시스템 루트권한 획득	일반호스트 서비스 기능 삭제, WWW서비스 수행

7. 방화벽

1) 방화벽의 개념

(1) 방화벽의 정의

원래 방화벽(Fire Wall)이란 건물에서 화재가 발생한 경우에 일정 부분 이외의 장소로 불이 번지는 것을 막기 위해 설치하는 벽을 의미하는데, network의 보안 사고나 위협이 더 이상 확대되지 않도록 막고 격리하는 것으로 시스템의 접근 제어에서도 마찬가지 개념을 적용하여 방화벽 외부는 마음대로 이용하게 하고 방화벽 내부에는 권한자만 접근할 수 있도록 구성한 보안 시스템을 의미한다.

(2) 방화벽의 필요성

방화벽의 원리는 내부 network를 Internet으로부터 분리하여 Internet에서 내부 network로 연결하려는 모든 시도를 강력히 방어하기 위해 단일 지점에서 검열(Screening), 차단(Filtering)하는 것이다.

기업 network 내의 호스트들은 서로를 신뢰한다는 가정 하에 시스템이 구축되기 때문에 내부 network 자체의 보안 요구사항은, 외부 사용자가 내부 network에 접근하려 할 때의 보안 요구사항과는 다르다는 사실이 문제를 복잡하게 만든다. 이러한 문제를 해결하기 위해 내부 시스템과 외부 시스템을 구분함으로써 보안성을 부여하는 시스템이 바로 방화벽(Firewall)이다.

방화벽의 장점은 내부 network 자체의 보안 조치와 Internet 외부사용자 보안과 분명히 차별적용 할 수 있다는 점에 있다. 그뿐 아니라 방화벽은 단일 지점에서 그 기능을 제공하므로 보다 관리가 쉽고, 안전한 완충지대 역할을 수행한다.

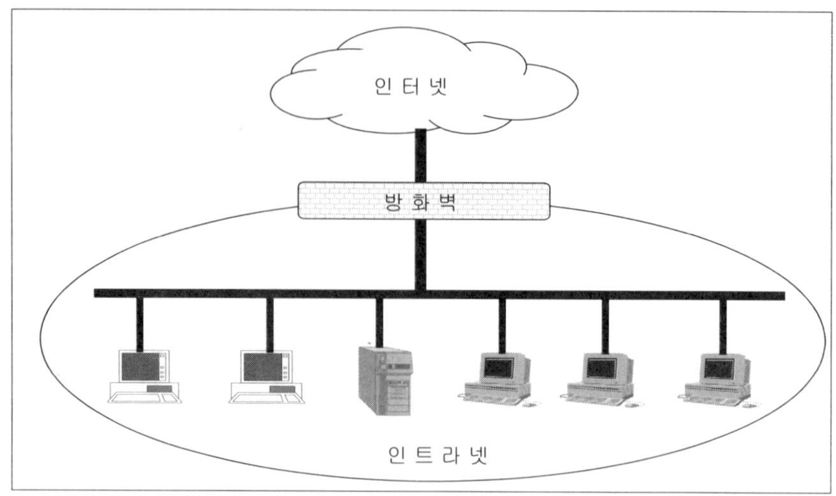

【그림 Ⅳ-13】 방화벽의 원리

즉, 외부 network로부터의 침입에 대해 내부 network를 보호하기 위한 network 구성요소로서 하드웨어와 소프트웨어를 총칭하는 것으로 외부 network와 연결된 유일한 창구(Gateway) 역할, 서비스 접속 및 거부, 사용자 인증, 내·외부 상호 접속된 network에 대한 트래픽 감시 및 기록, 중요한 트래픽에 대한 암호화 등의 역할을 수행하게 된다.

2) 방화벽의 구성

(1) 방화벽의 원리

방화벽의 원리는 내부 network를 Internet으로부터 분리하여 Internet에서 내부 network로 연결하려는 모든 시도를 단일 지점에서 검열(Screening), 차단(Filtering)하는 것이다. 이러한 방화벽은 하드웨어와 소프트웨어로 구성된다.

하드웨어 측면에서 방화벽은 대부분 라우터와 유닉스 호스트의 조합으로 이루어지는데, 소프트웨어는 라우터 내의 소프트웨어(Access Lists)와 유닉스 호스트상의 소프트웨어(Packet Screensm, Proxies, Mail 및 News Forwarders)의 결합이다.

또한, 방화벽은 내·외향 연결(Incoming and Outgoing Connection)과 트래픽

을 검열하고 차단해야 하고, 또 방화벽은 클라이언트들을 가지면서 이 클라이언트들에게 어떤 일정한 조건하에서 서비스를 제공해야 한다. 여기서 클라이언트는 network 상에서 서비스를 이용하는 사용자의 단말기나 소프트웨어를 의미하며 network의 호스트일 수도 있고 또 내부 서버에 연결하려고 하는 Internet상의 클라이언트일 수도 있다. 그리고 여기에서의 서비스는 Internet과 내부 network간의 방화벽에 의해 제공되는 서비스에는 Telnet, FTP, Gopher, HTTP, Mail 및 News Forwarding, X11 등이 있을 수 있다. 방화벽에서 서비스를 제공하기 위해서 클라이언트의 신원 확인(Identity)이 매우 중요할 뿐 아니라, 연결하고자 하는 서버, 시간, 트래픽의 암호화 필요성 여부, 클라이언트/서버 Protocol에 대한 제한(예를 들어, 파일의 Export는 허용하지 않고 Import만 허용) 등이 조건이 될 수도 있다.

(2) 방화벽의 형태

방화벽에는 주로 두 가지 형태가 사용되고 있는데, 하나는 패킷 필터 방식의 방화벽이고 다른 하나는 프록시 서버 방식의 방화벽이다.

가. 패킷 필터(Packet Filter) 방식

이 방식은 외부로부터 데이터 패킷이 들어오면 방화벽은 (발신지와 도착지 주소를 가지고 있는) IP 패킷의 헤더를 검출하여 이들의 정보와 사전 정의된 접속제어목록(필터링 규칙)을 비교한 후 패킷을 수용하여 목적지로 보내거나 제거하는 방식이다.

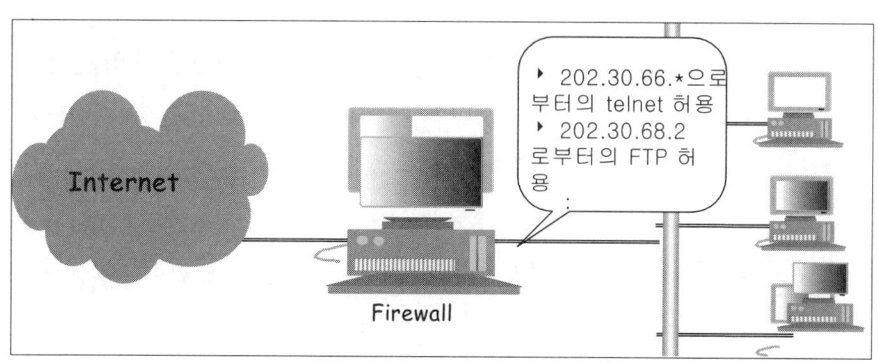

【그림 Ⅳ-14】 패킷 필터 방식 방화벽

나. 프록시 서버(Proxy Server) 방식

이 방식은 Internet 접속 프로토콜을 프록시 서버 상에서 실행시킴으로서 내부에서 외부로 나가는 패킷이 직접적으로 노출되지 않도록 하는 방식이다.

여기서 프록시는 사용자 시스템과 실제 서버 사이에서 데이터를 전송함으로써 내부의 사용자와 방화벽 시스템이 클라이언트/서버 관계가 되고, 방화벽과 시스템과 실제 서버가 또 하나의 클라이언트/서버 관계를 유지하게 된다. 방화벽 시스템 내의 telnet, ftp, http 등의 porxy는 접속을 거부하거나 허용에 대한 로그 기록을 남기게 된다.[98)]

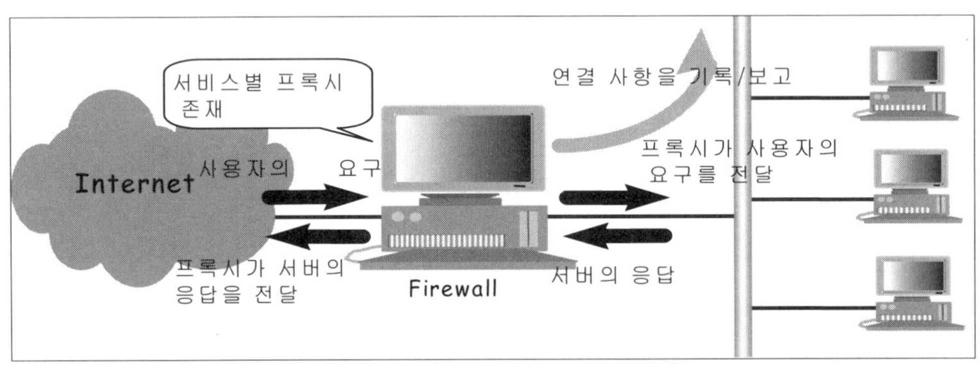

【그림 Ⅳ-15】 프록시 서버 방식 방화벽

3) 방화벽의 기능

방화벽을 설치하는데 따른 장점으로는 프라이버시보호, 서비스의 취약점 보호, 보안기능의 집중화된다는 측면이 있지만, 서비스의 제한, 처리속도가 저하, 백도어의 위협, 내부사용자에 의한 보안 침해 등이 단점이 있다.

가. 접근 제어(Access Control)방화벽 시스템은 내부 network에 대한 접근 제어 기능을 제공한다. 메일서버나 공개 정보 서버와 같은 특징 호스트를 제외하고는 외부에서 내부 호스트에 접속하는 것을 금지하는 기능이 있어야 한다.

98) 한국전산원, “방화벽 시스템의 구축과 응용 : 방화벽 실무 지침서”, 1996.

나. 사용자 인증 사용자가 자신의 패스워드를 사용하는데 신중을 기하더라도 network 상에서 패스워드가 평문(Plan text)그대로 전송되기 때문에 침입자들이 사용자의 패스워드를 모니터링 할 위협은 항상 존재한다. 또한 패스워드는 재사용(reusing)하는 방법을 사용하기 때문에 이러한 전통적인 패스워드 시스템의 취약점을 방어하기 위하여 스마트카드나 인증 토큰, 생체 특성 등의 강력한 인증 기법 등이 제시되고 있다.

다. 로깅 내부망과 외부망의 모든 접속이 방화벽 시스템을 통하여 이루어진다면 방화벽 시스템은 접속 정보와 network 사용에 따른 유용한 통계정보들을 제공할 수 있는 로깅 기능이 필수적이다. 방화벽 시스템 로깅 기능은 방화벽 시스템에 대한 허가된 접근뿐만 아니라 허가되지 않은 접근이나 공격에 대한 정보도 로그 파일에 기록해 두어야 한다. 즉, 역추적 기능이 있어서 어떠한 network 접근이라도 그 흔적을 찾아 역추적이 가능해야 한다.

라. 암호화방화벽 시스템은 또한 중요한 트래픽에 대한 암호화 기능을 제공할 수 있다. 일반적으로 트래픽의 암호화는 network 프로토콜의 각 계층에서 가능하다. 암호화 기능의 장점은 트래픽을 보호하기 위한 다른 보안 기능과는 달리 데이터가 비록 외부 침입자에서 노출되어도 의미를 알 수 없으므로 비밀성이 보장된다는 점이다.

Part V

주요 정보시스템 분석

16. 광속상거래
17. 전자문서와 전자서명
18. 전자문서교환
19. 전사적자원관리시스템
20. 고객관계관리시스템
21. 공급망관리시스템

Chapter 16 광속상거래

1. 광속상거래의 개념

광속상거래(Commerce At light Speed : CALS)는 제품의 생산으로부터 폐기에 이르는 모든 활동을 디지털 정보기술의 통합을 통해 구현하는 산업 정보화 전략을 뜻한다. 즉, CALS는 종래의 수치데이터뿐만 아니라 설계도, 매뉴얼 등을 비롯한 화상 및 음성을 포함한 멀티미디어 정보를 교환할 수 있는 미래형 산업 정보시스템으로 제품의 설계에서 조달, 보수, 운용에 관련되는 모든 부문에 대한 정보를 참여하는 모든 기업이 서로 공유하게 된다. 관련 기업 모두가 마치 하나의 통일된 가상기업(Virtual Corporation)처럼 행동하여 제품개발의 리드타임을 단축하며, 생산성을 향상시키고 나아가서는 제품의 라이프 사이클 전체를 통한 코스트 삭감을 꾀하는 새로운 산업 정보인프라 구조를 말한다.

CALS는 1986년 군수지원 전산화(Computer Aided Logistics Support)를 시작으로 하여 1988년 무기 체계 획득 및 군수지원 전산화(Computer-added Aquisition & Logistics Support)로 1992년 통합 물류 생산 및 지원 정보 시스템(Continuous Aquisition & Life-cycle Support), 1995년 광속상거래(Commerce At Light Speed)인 CALS로 변화되어 왔다.

군수지원 전산화(Computer Aided Logistics Support)란 초기의 개념으로 무기체계의 보급조달과 경비유지를 위해 미국 국방성이 디지털 정보의 통합과 공유를 통한 신속한 자료처리 환경을 구축하기 위한 전략을 표현하는 개념이다.

무기체계 획득 및 군수지원 전산화(Computer-added Aquisition & Logistics Support)는 무기체계의 군수지원 뿐만 아니라 획득과정을 포함하는 총체적인 관리 및 지원의 개념으로 확장된 것으로, 기술정보의 1회 입력으로 이루어진 데이터베이스를 서로 다른 관련 업체들이 공유함으로써 재입력할 필요 없이 여러 번 사용함으로써 업무 혁신은 물론 상당한 비용 절감을 가져오게 한 개념으로 재정립되었다.

통합 물류 생산 및 지원 정보 시스템(Continuous Aquisition & Life-cycle Support)은 제조업의 산업정보화에 가까운 의미로서 제품의 발주, 수주 및 구매 절차로부터 생산, 유통 및 폐기까지 전 수명주기를 관리할 수 있는 체계의 지원, 제품에 대한 총체적 관리를 기본으로 모든 산업에 적용할 수 있음을 의미하는 개념을 의미한다.

Chapter 17 전자문서와 전자서명

1. 전자문서의 개념과 기능

문서(文書, Document)란 "문자 또는 사람이 알아 볼 수 있는 특수한 부호나 기호 등을 이용하여 의사나 개념 등을 표시하여 나타낸 것"이라 볼 수 있다. 이러한 문서의 개념은 비단 종이문서에만 한정된 것은 아니나, 그 사용의 편리함과 사후참조의 용이함 등의 장점으로 인하여 이제까지 종이문서가 가장 널리 사용되어 온 것은 일반적인 사실이다.

문서는 일정한 법적 효과를 나타내기 위해서는 정보전달 기능(informative function), 증거 기능(evidential function), 상징 기능(symbolic function)이 있어야 한다. 정보전달 기능이라 함은 당사자의 의사를 문자 등에 의하여 현실적으로 나타낼 수 있을 뿐만 아니라 상대방에게 문서작성자의 의사를 종이상의 기록을 통하여 전달하는 기능을 수행해야 한다. 증거기능은 당사자 간에 의사내용에 관해 분쟁이 발생하였을 경우 종이문서에 기재된 내용을 가지고 사실을 증명할 수 있는 자료가 될 수 있어야 하며, 상징기능은 그 문서의 내용이 표출하는 추상적인 것으로서 권리·의무 관계가 주 내용이 되는 문서에서 특히 중요한 의미를 가지고 있는 기능이라고 볼 수 있다.[99]

99) 문서의 요건으로는 사람이 인지할 수 있는 어떠한 문자 또는 그에 갈음할 부호 등으로 표시되어야 하고 일정한 사상 또는 개념을 표시하여야 한다. 또는 종이 또는 가시적인 물체의 형태를 지니고 있어야 하며, 매도인과 매수인 또는 기타 거래 당사자 간의 의사표시이어야 한다. (한국전자거래진흥원, 알기 쉬운 전자문서 가이드, 2005. 4.)

우리는 거래를 성사하는 계약을 체결하거나 또는 이해당사자간에 의사표시를 하는 중요한 수단으로서 문서를 사용하여 왔다. 특히 거래의 증빙으로서 종이로 된 서면의 형태의 문서는 거래와 관련하여 법적인 충돌이 발생하였을 경우 중요한 증거자료로서 활용됨으로서 더욱 그 중요성이 크다고 할 수 있다. 그러나 정보통신기술의 발달과 더불어 전자문서란 과거 종이문서와 다른 새로운 형태의 문서가 등장하게 되었다.

전자문서에 대한 정의는 전자거래기본법에서 "컴퓨터 등 정보처리능력을 가진 장치에 의하여 전자적인 형태로 작성, 송·수신 또는 저장된 문서"라고 규정하고 있다.[100] 전자거래기본법과 전자서명법상의 전자문서의 요건을 보면, 첫째, '컴퓨터 등 정보처리능력을 가진 장치에 의하여 작성(생성)된 것'이라야 한다. 따라서 전화, 전신, 텔렉스 등 기존의 전자적 매체에 의한 문서는 통상적인 문서의 일종이며, 전자문서가 아니다.[101] 왜냐하면 전화 등과 같은 기존의 전자적 매체가 정보전달 혹은 정보변환 기능을 수행할 수는 있다고 할지라도 자체적으로 입력된 정보에 대한 처리 '능력'을 갖는다고는 평가하기 힘들고, 전술한 바와 같이 전화 등 기존의 매체에 의한 거래를 전자거래의 범주에서 제외하여야 할 필요성 또한 있기 때문이다.[102]

둘째, 전자문서는 '전자적 형태로 작성된 정보'이면서, 셋째, 전자문서는 전자적 형태로 '송·수신 또는 저장' 될 수 있을 것을 요건으로 한다.

따라서 '전자문서'라는 것은 결국 일정한 내용의 의사표시가 컴퓨터 등을 이용하여 디지털 부호의 형태로 저장되고 송·수신된다. 이처럼 전자문서는 무형의 전자적 기록이라는 점에서 종전에 우리가 사용하여 오던 유형적 존재로서의 문서와는 전혀 개념을 달리하고 있다.

전자문서의 특징은 전자적 형태로 저장될 수 있다고 하더라도 의사표시의 전자화의 특성상 그러한 저장된 결과는 바로 사람에 의하여 인식될 수 있는 것이 아니라 모니터, 또는 프린터 등의 출력장치를 통하여 구현되어야만 비로소 인식될 수 있다.[103]

---

100) UN/CEFACT에서는 전자문서를 실제 비즈니스 거래와 관련된 식별자나 정보를 구조화되고 기능화된 방법으로 구성한 비즈니스 정보개체들의 집합이라고 정의하고 있다.

101) 정쾌영, 『최신전자거래법』, 무역경영사, 2001, p.76.

102) http://law.kimz.net/index.htm.

전자문서의 분류는 일반인들이 보편적으로 사용하는 워드프로세서로 작성된 문서(hwp, doc 등), MP3, AVI, JPG 등의 멀티미디어 파일, 기계/건축 분야에서 사용되는 CAD 등의 도면문서 등을 포함하는 일반적인 의미의 전자문서와 전자거래분야에 국한되어 사용되는 전자거래문서가 있으며, 일반전자문서에 비해 정형화, 표준화 되어 있다.

전자거래문서의 유형에는 EDI(Electronic Data Interchange)문서와 XML/EDI문서, XML(XML : Extensible Makeup Language)문서로 나눌 수 있는데, EDI문서는 기업 간 거래에 관한 데이터와 문서를 표준화하여 통신망으로 거래 당사자가 직접 송수신하는 정보전달시스템이다. 주문서, 납품서, 청구서 등 무역에 필요한 각종 서류를 표준화된 상거래서식 또는 공공서식을 통해 서로 합의된 전자신호로 바꾸어 컴퓨터 통신망을 이용하여 거래처에 전송한다. 전자문서교환에서 사용하는 국제적인 통신표준은 현재 국제연합이 중심이 되어 만든 UN/EDIFACT의 표준을 따르고 있다.

XML/EDI문서는 EDI를 통하여 데이터를 XML 기타 타 업무 프로세스에 바로 적용될 수 있는 개방적 구조를 가지기 때문에 업무 효율성의 제고 등 실질적인 EDI 도입의 효과를 기대할 수 있으며 값싼 구축/운영비용과 인터넷을 바로 이용할 수 있다는 장점이 있다. XML문서에 있어 XML은 데이터의 저장 및 교환을 위한 대표적인 문서교환 표준인 SGML(Standard Generalized Markup Language)[104]과 HTML(Hyper Text Markup Language)[105]의 장점을 모두 가질 수 있도록 1996

103) 하강헌·허광욱, 『전자무역론』, 두남출판사, 2007, pp. 608.

104) 1986년 국제 표준화 기구(ISO)에서 국제 표준(IS-8879)으로 채택한 마크업(문서 생성) 언어로서, SGML은 텍스트 내에 표현하고자 하는 모양이나 구조 그리고 의미 부여를 태그 형식으로 표기한 마크업 언어로서, 교환된 문서나 파일의 수신 측에서 내용을 자유롭게 편집하고, 재활용할 수 있는 특징이 있으며 컴퓨터 시스템이나 응용 프로그램에 독립적인 언어이다. SGML은 그 표현의 우수성에도 불구하고 너무 복잡하고 어려워 일반화 되지 못하였고, 대신 SGML 응용의 하나인 HTML(하이퍼텍스트 생성 언어)가 표현의 단순함과 사용의 편이성으로 인터넷에서 웹 페이지를 표현하는 표준적 언어로 자리 잡게 되었다. 1999년에 W3C에서는 SGML의 축소판이라 할 수 있는 XML(확장성 생성 언어)을 웹 표준 언어로 제정하였다. XML은 사용자가 필요에 따라 임으로 태그를 정의하여 사용할 수 있다. (한국정보사회진흥원 IT 용어사전)

105) 인터넷 웹 페이지의 하이퍼텍스트 문서를 만들기 위해 사용되는 기본 언어. 문서의 글자 크기, 글자 모양, 그래픽, 색, 문서 이동 등을 정의하는 언어로 구성되어 있으며, 태그(tag)라는 명령어로 구분하여 사용된다. HTML로 작성된 문서는 웹 브라우저의 해석을 통해 사용자에게 보여지는 데 문자뿐만 아니라 화상이나 음성, 영상 등을 포함하는 페이지 표현이 가능하다. 또한, 다른 페이지나 다른 서버에 있는 페이지를 자동적으로 호출할 수도 있다. HTML은 ISO에서 책정한 표준 범용 문서 생성 언어(SGML)를 기반으로 하여 만들어졌으며, 웹 브라우저에 사용된 최초의 공통적인 HTML은 IETF에

년 W3C(World Wide Wed Consortium)[106]에서 제안하였으며 웹상에서 구조화된 문서를 전송 가능하도록 설계된 정보 교환을 위한 웹 표준이며, 최근 전자거래 및 각종 업무에서 폭넓게 채택되어 사용되고 있다.

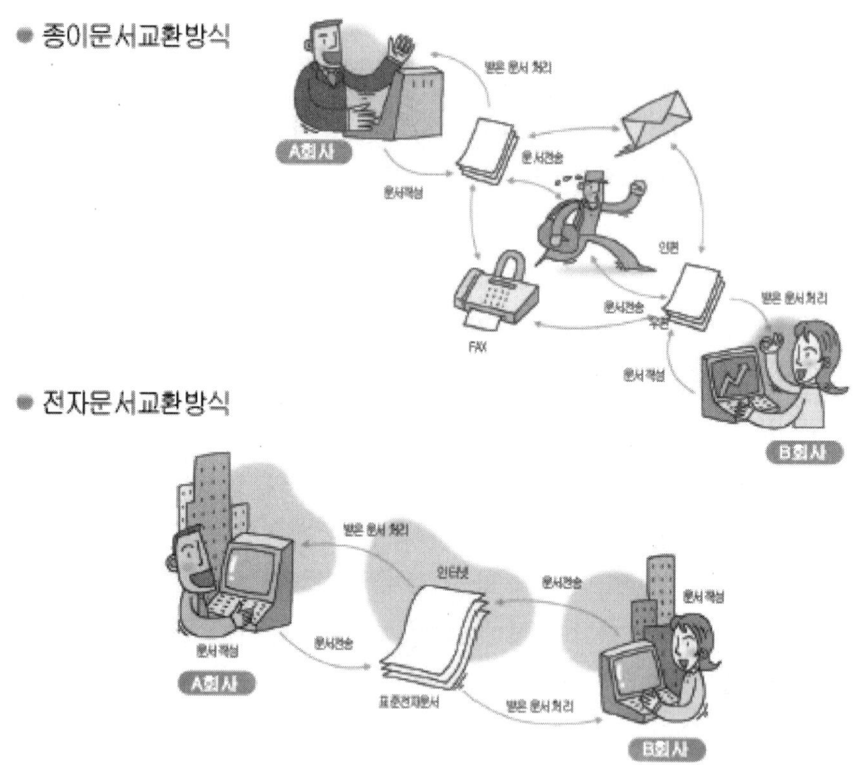

자료 : 한국전자거래진흥원, 알기 쉬운 전자문서 가이드, 2005, p. 7.

【그림 V-1】 종이문서교환방식과 전자문서교환방식의 비교

서 작성한 HTML 2.0으로 계속해서 새로운 버전이 개발/보급되고 있다. (한국정보사회진흥원 IT 용어사전)

106) 월드 와이드 웹 브라우저/서버 기술의 표준화를 추진하고 있는 교육/연구 기관 및 관련 회사들의 단체. 흔히 WWW 컨소시엄 또는 W3C라고 부른다. 미국 MIT 공과 대학교와 WWW 서버를 개발한 유럽 원자핵 공동 연구소(CERN) 등이 주축이 되고, 마이크로소프트(MS)사나 넷스케이프 커뮤니케이션즈사 등 관련 회사들이 표준화 작업에 참가하고 있다. 이 단체는 WWW의 페이지 기술 언어(PDL)인 하이퍼텍스트 생성 언어(HTML), WWW 브라우저/서버 사이의 통신 규약인 하이퍼텍스트 전송 규약(HTTP) 등의 표준화를 진행하고 있다. 인터넷의 표준화 조직인 인터넷 엔지니어링 태스크 포스(IETF)를 보좌한다. (http://www.w3.org), (한국정보사회진흥원 IT 용어사전)

〈표 Ⅴ-1〉 일반전자문서와 전자거래문서의 비교

구 분	내 용
일반 전자문서	한글, MS 워드, 파워포인트, 엑셀 등 문서작성 소프트웨어를 사용하여 작성된 HWP, DOC, PPT, XLS, TXT, PDF 형식의 파일
	종이문서를 스캔하거나 디지털카메라 등을 이용하여 만든 파일
	CAD/CAM을 이용하여 작성된 도면파일, 인터넷에서 사용되는 HTML 형식의 파일
	JPG, MP3, AVI등 음악, 사진, 동영상 등 멀티미디어 관련 파일
전자 거래문서	전자문서교환방식(EDI)을 사용한 문서
	확장형표기 언어(XML)를 사용해 작성한 문서

자료 : 한국전자거래진흥원, 알기 쉬운 전자문서 가이드, 2005, p. 4.

전자문서의 기능은 크게 정보적 기능, 증명적 기능, 상징적 기능을 가지고 있다.[107]

첫째. 정보적 기능이란 전자문서는 무형적인 전자적 기록이지만 문서에 갈음하여 생성된 것으로서 일정한 사상적 의미를 내용으로 하는 정보를 담고 있다. 전자문서는 송·수신을 통하여 그 동일성을 유지하여 원격지로 전달하고, 모니터나 프린트 등의 출력장치를 통하여 그 내용을 그대로 재생·연출시켜 판독할 수 있으므로 일반 문서와 동일한 정보전달 기능을 가진다.

둘째, 증명적 기능이란 문서는 법률적 행위의 존부와 그 내용을 증명하는 중요한 기능을 가진다. 법률적 행위가 전자문서에 의하여 이루어진 경우에 전자문서도 그 법률적 행위의 존부와 그 내용을 증명하는 기능이 있다. 다만 전자적 기록은 종이로 된 문서와는 달리 아무런 흔적도 없이 그 기록이 쉽게 삭제·변경될 수 있어, 일정한 사실 또는 법률관계의 존부와 그 내용을 증명하는 기능이 현저하게 떨어진다고 할 수도 있다. 그러나 전자문서도 암호화나 인증 또는 수식확인 등을 통하여 그 안전성을 담보할 수 있으므로 그 증거가치는 충분하며, 따라서 문서의 증명기능도 당연히 인정된다고 하겠다.

107) 정쾌영, 『최신전자거래법』, 무역경영사, 2001, pp.79-80.

셋째, 상징적 기능이란 문서에 어떤 법적 의의가 있는 사상적 의미를 가지고 있을 때 문서는 그 법률관계 내지 권리관계를 표상하는 기능을 수행한다. 전자문서 역시 그 전자적 기록이 법적 의미가 있는 경우 그 법률관계의 존재와 내용을 표상하는 상징적 기능이 인정된다. 다만 문서의 상징적 기능은 법률관계를 표상하는 문서의 물리적 존재에 의존하는 만큼, 무형적 전자적 기록인 전자문서에 일반문서와 같은 상징적 기능이 있는가에 대해서는 의문의 여지도 있다. 왜냐하면 전자문서의 경우에는 출력함으로써 어느 때고 똑같은 문서를 얻을 수 있다.[108] 그러나 전자문서는 출력장치를 통하여 언제든지 그 내용을 현출시킬 수 있으므로 일반 종이문서와 같은 상징적 기능을 가진다고 볼 수 있다.

2. 전자문서와 암호화

전자무역거래의 경우 정보의 기밀성, 무결성의 확보, 인증, 부인방지, 및 접속제어를 그 요소로 하여 전자무역거래의 신뢰성과 안정성을 보증하고 있다.[109]

여기에서 기밀성(Confidentiality)은 신의성실의 원칙에 의거한 거래당사자 이외의 제3자가 거래정보 및 거래 당사자의 신용에 관련된 정보를 획득할 수 없도록 하는 것을 의미한다. 즉 거래 당사자 간에 전자매체를 통하여 교환되는 정보는 당사자 이외에는 확인할 수 없도록 보증하는 것을 의미한다. 기밀성의 보장은 접근통제와 암호화에 의해서 구현될 수 있는데 실제 접근통제에 실패하더라도 데이터가 암호화되어 있으면 침입자가 이해할 수 없으므로 기밀성 보장의 근본적인 수단은 암호화라고 할 수 있다.[110] 둘째, 무결성(Integrity)은 정보의 정확성 및 완전성에 관한 것으로서 정보의 교환 중에 제3자에 의하여 변경되거나 손실됨이 없이 전송초기에 정보와 동일하고도 완전한 것임을 보증하는 것을 의미한다. 셋째, 인증(Authentication)은 정보를 교환하는 실제 당사자로서의 신원을 확인하는 것으로 정보의 근원을 보증함을 말한다. 또한 진정성의 확보는 거

108) 종래의 종이로 된 문서는 하나의 정본이 있으면 이와 똑같은 내용과 형식을 가진 문서를 만들더라도 정본이 될 수 없으며, 정본을 복사한다고 하더라도 사본일 수 밖에 없다.
109) 김병일, "정보보안 기술의 보호", 지적재산권법연구, 한국지적재산권학회, Vol 5, 2001pp. 59
110) 한국 EC/CALS협회, 전자거래백서, 2000, pp. 331-332.

래 당사자가 실제로 유효하게 교환되어진 정보와 결합할 수 있음을 보증함에 따라 향후 분쟁의 소지에 따른 법적 증거로서 유효한 입증자료로도 활용될 수 있다. 넷째, 부인방지(Non-repudiation)는 정보의 발신 및 수신과 정보의 무결성을 부인하는 것을 방지하는 것을 보증함을 의미한다. 즉 정보제공자 또는 수신자가 각 상대방에 대해 정보내용을 부인하는 것을 방지함을 말한다. 다섯째, 접속제어(Access control)는 시스템에 들어온 사용자가 정보를 취득하고자 할 때 사용자가 할 수 있는 권한이 있는지 여부를 판단하는 것을 말한다. 보호가 필요한 정보자원에 대하여 사용자별로 관리자가 임의적으로 사용권한을 부여할 수 있도록 하거나 사용자에게 보안등급과 사용분야를 부여하는 권한을 통제하는 방법을 사용한다.

이와 같은 정보보안의 요소는 거래 당사자에게 신뢰와 안정성을 확보할 수 있게 하여 실질적으로 전자무역거래의 효율성을 제고할 수 있음과 동시에 활성화에 기여할 수 있다. 다만 전자무역거래에 있어서 구매자와 판매자가 모두 신뢰할 수 있는 거래가 성립되기 위해서는 두 당사자 사이에 위에서 모든 보안요구사항, 기밀성, 무결성, 인증, 부인방지, 접속제어가 하나라도 빠지지 않고 제공되어야 할 것이다.

이러한 문제점을 해결하기 위하여 물리적 접근통제에서부터 비밀번호 이용, OS의 보안성 강화 등 여러 가지 방안들이 제시되었는데. 그 중 가장 각광을 받고 있는 것이 암호를 이용한 보안기술이다. 암호(Cryptography)는 정보를 제3자가 알지 못하도록 전달하는 비밀통신수단으로, 정보의 직접적인 보호를 통해 가장 기본적이고 안전한 수단을 제공하는 기술이다.[111] 암호기술은 암호화기술과 암호 프로토콜 기술로 분류된다. 암호기술은 평문을 해독 불가능한 형태로 변형하거나 또는 생성된 암호문으로부터 해독 가능한 형태로 변환하기 위한 원리, 수단, 방법 등을 다른 기술로 공개된 네트워크에서의 불법도청을 방지하기 위하여 사용한다. 암호화 기술은 사용하는 키의 종류에 따라 비밀키 암호방식과 공개키 암호방식으로 구분된다. 암호 프로토콜 기술은 네트워크에서 상대방의 신분을 확인하는 개인식별 및 인증기술, 전자서명기술 등이 있으며, 전자결제 및 전자화폐도 암호화 프로토콜 기술의 응용분야에 속한다.[112]

111) 이상호 · 김영남, "닷컴 · 전자거래", 북코리아, 2000, pp. 156-157. ; Mel, H.X., and Baker, Doris, "Cryptography Decrypted". Boston Addison-Wesley, 2000, pp. 7-11.

3. 전자문서의 효력

1) 전자문서의 문서로서의 효력

전자문서는 일반 종이문서와 동일한 효력이 있다고 보아야 한다. 이는 전자문서가 일반적인 의미에 있어서의 문서가 담당하고 있는 정보적 기능, 증명적 기능, 상징적 기능을 수행 할 수 있다는 것을 의미한다. 따라서 전자문서는 다른 법률에 특별한 규정이 있는 경우를 제외하고는 전자적 형태로 되어 있다는 이유로 문서로서의 효력이 부인되지 아니한다.[113]

한편 UNCITRAL 전자상거래모델법도 "차후의 참조를 위하여 사용될 수 있도록 접근 가능하다면 전자문서의 문서성을 인정"하는 태도를 취하여 각각 전자문서의 효력에 관한 별도의 규정을 두지 아니한 채 문서성에 관한 규정만을 둠으로써 전자문서를 일반 문서와 같이 취급한다.[114]

전자문서의 문서로의 효력은 다른 법률에서도 인정된다. 즉 전자무역촉진에 관한 법률에 따르면, "무역업자 또는 무역유관기관이 전자무역기반시설을 통하여 신청 등 또는 승인 등을 한 전자무역문서는 무역관련법령 등이 정한 절차에 의하여 처리된 문서로 본다."[115]라고 규정하고 있다. 그리고 "무역업자 또는 무역유관기관이 신청 등 또는 승인 등을 전자무역기반시설을 통하여 전자무역문서로 처리한 경우에는 무역관련법령 등이 정한 절차에 따라 처리된 것으로 본다."라고 규정함으로써 전자무역문서로 처리된 무역업무도 문서로 처리된 것과 동일한 효력을 부여하고 있다.[116]

---

112) 한국정보보호센터, 정보보호개론, 교우사, 2000, pp.19-20.
113) 전자거래기본법 제4조.
114) UNCITRAL Model Law on Electronic Commerec(1996) 제6조 제1항; Where the law requires information to be in writing, that requirement is met by a data message if the information contained therein is accessible so as to be usable for subsequent reference.
115) 전자무역촉진에 관한 법률 제15조.
116) 전자무역촉진에 관한 법률 제14조.

2) 전자문서의 증거능력

증거능력이란 유형물이 증거방법으로서 증거조사의 대상이 될 자격을 말하고[117], 증거력이란 증거자료가 증명해야 할 요증사실의 인정에 기여하는 정도를 말한다. 우리나라의 경우 민사소송법에서는 자유심증주의를 채택하고 있기 때문에 원칙적으로 증거능력의 제한이 없는 것으로 이해되고 있으므로, 전자문서의 증거능력도 당연히 인정된다. 또한 문서의 증거력은 형식적 증거력과 실질적 증거력으로 구분된다. 형식적 증거력은 문서가 진정하게 성립된 것을 뜻하고, 실질적 증거력은 진정하게 성립된, 다시 말하면 형식적 증거력이 있는 문서가 요증사실을 입증할 수 있는 능력 또는 증거가치를 말한다.[118]

전자문서의 경우, 작성자 본인은 물론이고 작성자의 대리인 또는 자동으로 전자문서를 송신·수신하도록 구성된 컴퓨터프로그램 그 밖의 전자적 수단에 의하여 송신된 전자문서에 포함된 의사표시는 작성자가 송신한 것[119]으로 보므로, 이 한도에서 송신된 전자문서의 증거력은 인증된다.[120] 그리고 전자문서의 수신자가, ⓐ전자문서가 작성자의 것이었는지를 확인하기 위하여 수신자가 미리 적성자와 합의한 절차를 따른 경우, ⓑ수신된 전자문서가 작성자 또는 그 대리인과의 관계에 의하여 수신자가 그것이 작성자 또는 그 대리인의 의사에 기한 것이라고 믿을만한 정당한 이유가 있는 자에 의하여 송신된 경우에 해당하는 경우에는 전자문서에 포함된 의사표시를 작성자의 것으로 보아 행위 할 수 있다[121]라고 하여 형식적 증거력을 인정하고 있다. 하지만 ⓐ수신자가 작성자로부터 전자문서가 작성자의 것이 아님을 통지받고 그에 따라 필요한 조치를 취할 상당한 시간이 있었던 경우, ⓑ제2항제2호(위의ⓑ)의 경우에 전자문서가 작성자의 것이 아님을 수신자가 알았던 경우 또는 상당한 주의를 하였거나 작성자와 합의된 절차를 따랐으면 알 수 있었을 경우에는 전자문서의 형식적 증거력은 부정된다.

한편, 전자문서의 증거능력 등에 대한 UNCITRAL위 전자상거래 모델법의

117) 이세윤, 『민사소송법』, 박영사, 1995, p. 540.
118) 이세윤, 『민사소송법』, 박영사, 1995, pp. 607-608
119) 전자거래기본법 제7조 제1항.
120) 정쾌영, 『최신전자거래법』, 무역경영사, 2001 p. 88.
121) 전자거래기본법 제7조 제2항.

규정을 보면, "데이터 메시지의 증거로서의 허용성 판단에 있어 그것이 오직 데이터 메시지라는 이유만으로, 또한 원본의 형태가 아니라는 이유로, 증거로서의 효용성을 부인하기 위한 어떠한 증거법적 원칙도 적용되어서는 아니 된다."고 규정하고 있고, 동조에서 증거력과 관련하여 데이터 메시지가 생성되고, 저장되고, 전달되는 방법이 신뢰할 만한가, 냉용의 무결성을 보장하는 방법이 신뢰할 만한가, 발신자의 신분을 확인하는 방법이 신뢰할만한가의 여부와 기타 관련사항을 참작하여 이를 결정하도록 규정하고 있다.[122]

4. 전자서명의 개념

서명(署名)이란 문서작성자가 일반에게 자기의 동일성을 표시하고 책임을 분명하게 하기 위하여 서명을 기재하는 것을 말한다.[123] 이 서명법의 법적효력은 그 문서가 서명자에게 속한다는 증거능력을 가지며, 서명자의 행위에 대한 법적 외관을 창출하여서 거래주체를 특정함으로써 서명자가 법적으로 그 내용에 구속되는 법적 효력을 내포한다.[124] 그런데 이러한 서명은 반드시 수기(handwriting)에 의하여 작성될 필요는 없으나, 그 실행이 용이하고 서명자에 따라 식별이 가능하다는 장점 때문에 보통의 서명은 통상 필기도구를 이용한 사람의 수시에 의하여 이루어지고 있다. 또한 우리나라를 비롯한 동양권의 경우에는 수기에 의한 서명보다는 인장에 의한 날인이 문서에 대한 동의나 내용확인을 위하여 많이 사용되고 있는데, 이렇게 인장을 날인함으로써 생성된 인영 또한 서명과 동일한 기능을 수행한다고 할 것이다.[125]

---

122) UNCITRAL Model Law on Electronic Commerec, 제9조; (1) In any legal proceedings, nothing in the application of the rules of evidence shall apply so as to deny the admissibility of a data message in evidence: (a) on the sole ground that it is a data message; or, (b) if it is the best evidence that the person adducing it could reasonably be expected to obtain, on the grounds that it is not in its original form. (2) Information in the form of a data mwssage shall be given due evidential weight. In assessing the evidential weight of a data message, regard shall be had to the reliability of the manner in whicf the data message was generated, stored or communicated, to the reliability of the manner in whicf the integrity of the information was maintained, to the manner in which its originator was identified, and to any other relevant factor.

123) 정영화, 「전자상거래법」, 다산출판사, 2001, p.187.

124) 법무부, 「외국의 잔자서명법제」, 1997, p.5.

125) 하강헌 · 허광욱, 「전자무역론」, 두남, 2007, pp.614-619.

문서에 일정한 법률적 효과를 나타내는 내용이 담겨져 있을 때 그 문서상에 이루어진 서명은 계약체결 기능, 동일성 기능, 진정성기능, 경고적 기능 등을 수행한다. 즉, 서명자는 서명을 함으로써, 문서의 내용에 의하여 상징되는 어떠한 법률적인 행위 또는 일정한 의사표시의 종국적으로 완료하였고(계약체결기능), 문서상에 이루어진 서명이 서명자의 진정한 서명과 동일한 것이며(동일성 기능), 그 문서가 서명자에 의하여 진정하게 작성되었음(진정성 기능)을 나타낸다. 또한 서명은 서명자로 하여금 문서의 내용을 간과하는 것을 방지하여 진지한 고려 없이 성급한 의사표시를 하게 되는 것을 막아주기도 한다(경고적 기능)[126].

종이 문서를 서명하는 방법으로 앞에서 설명한 바와 같이 수기서명과 인장의 형태가 대표적으로 이용되고 있으며, 또 다른 서명의 방법으로 전자펜을 이용한 전자서명(Electronic signature)이 있다. 수기서명은 위조가 용이하고 전자결재가 불가능하며 전자상거래 및 EDI 시스템 구축에 있어 문제가 있으며, Electronic signature는 재사용이 가능하며 이로 인해 위변조 등이 가능하다는 문제점이 생긴다. 이를 해결하기 위한 방법으로 문서를 파일형태로 저장한 후 전자서명 생성키를 이용하는 Digital signature가 등장하게 되었다.

전자서명이란 "서명자를 확인하고 서명자가 당해 전자문서에 서명을 하였음을 나타내는데 이용하기 위하여 당해 전자문서에 첨부되거나 논리적으로 결합된 전자적 형태의 정보[127]"를 말한다. 그리고 UNCITARAL의 전자서명 모델법에 따르면, 전자서명이란 "데이터메시지에 부착되거나 논리적으로 결합된 전자적 형태의 서명 또는 자료로서 사람의 신원을 확인하고 데이터 메시지의 내용에 대한 그 사람의 승인을 나타낼 목적으로 사용된 것[128]"을 말한다.

---

126) 김진환, http://law.kimz.net./sum/sum_docnsig.htm.

127) 전자서명법 제2조 제2호.

128) UNCITRAL Model Law on Electronic Signature, 제2조 a호; "Electronic Signature manes data in electronic form in, affixed to or logically associated whit, a data message, which may be used to identify the signatory in relation to the data message and to indicate the signatory's approval of the information contained in the data message".

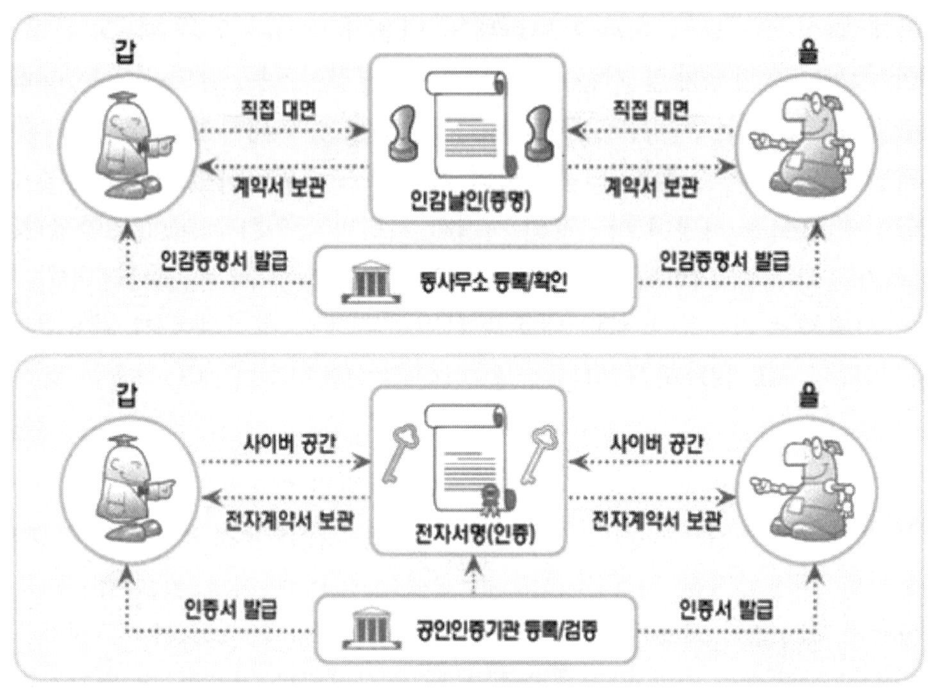

자료 : http://www.boho.or.kr/index.html

【그림 V-2】 인감과 전자서명의 비교

이러한 전자서명에는 대칭형 비밀키 암호와 기술을 사용하는 방식, 비대칭형 고개키 암호화 기술을 사용하는 방식, 서명인의 서명을 이미지로 미리 등록하여 사용하는 방식 및 지문이나 홍체 등을 이용하는 바이오 매트릭스 방식 등 여러 가지 방식이 있다[129].

그러나 개방적인 통신망에서 거래 당사자 간의 신원확인과 의사표시의 전이 여부를 확인하기 위해서 전자서명은 공개키 암호화 기술에 의한 방식으로 한정되어 수용되고 있다 따라서 광의의 전자서명은 Electronic Signature로, 공개키 암호화방식에 의한 전자서명은 Digital Signature라는 용어로 구분되어 사용되고 있다[130].

전자 서명은 공개키 암호 알고리즘의 성질, 즉 암호화 키와 복호화 키가 다르다는 성질에 기반하는 알고리즘이다. 전자 서명은 공개키 암호 알고리즘의 사

129) 김은기, "전자서명법 및 전자거래기본법의 입법취지", 「인권과 정의」, 통권 제272호, 1999, p. 58.
130) 최경진, 『전자상거래와 전자상거래법』, 현실과미래, 2000, p. 158.

용 방법과 반대로 이루어진다. 즉, 서명자는 자신의 개인키를 사용하여 문서에 서명을 하고, 서명 검증자는 서명자의 공개키를 사용하여 서명을 검증할 수 있도록 되어 있는 것이다. 즉, 전자서명의 원리는 상대방의 신원을 확인하기 어려운 사이버공간에서 서로를 알아볼 수 있도록 한 쌍의 전자서명키(공개키와 개인키)를 사용하여 자신을 증명하는 것이 전자서명의 원리이다.

〈표 Ⅴ-2〉 정보보호 기반 기술

분류	기술분야	기 술 내 용
정보보호 기반 기술	암호 기술	- 기밀성 유지, 전자서명 등에 사용되는 대칭키와 공개키에 대한 알고리즘, 서명 알고리즘에 대한 설계・분석과 암호모듈의 하드웨어적인 고속 구현 기술 - 부인방지, 동시성(전자계약 등), 익명성, 컨텐츠 보호 등에 사용되는 프로토콜 구현기술 - 암호 키의 분배, 전송, 동의, 복구를 위해 사용되는 키의 관리
	인증 기술	- 인증서 전달을 위한 CA, RA, 인증서 관리기술 등 공개키 기반구조(PKI)구축에 사용되는 기술 - 다양한 전자거래에서 ID 서비스를 위한 단일 ID관리/분산인가/ID중개/위임 기능을 제공하는 Identity 보호용 기술 - 사용자 신분 확인을 위한 바이오인식, 다중인식 등의 기술 - 유비쿼터스 환경에서 개인인증이 가능한 실시간 다중 바이오인식알고리즘, 칩셋 및 응용기술
	개인정보 보호기술	- PET(Privacy Enhancing Technology) - 자기정보 통제권, 익명화 에이전트 등의 기술 - 개인정보의 이용범위에 따라 해당되는 정보 외에 다른 정보를 읽거나 해독할 수 없게 하는 개인정보의 안전한 분산 저장 및 추출 기술

자료 : 홍도원, "정보보호기술의 현재와 미래", KALI, Vol 40, 2006, 9., p. 24.

암호화에 사용되는 키를 암호화키라 하고, 복호화에 사용되는 키를 복호화 키라 하며 암호화 키와 복호화 키는 쌍을 이룬다. 평문을 암호화 키를 이용하여 암호화하였을 경우 우리가 알 수 없는 암호문이 생성되며 이 값을 다시 복호화 키를 이용하여 복호화 하였을 경우 원래의 평문이 나오게 된다.

여기에서 암호기술은 크게 비밀키 암호기술과 공개키 암호기술[131]로 구분할

131) 공개키 암호방식을 보다 쉽게 설명하면, 공개키 암호방식은 암호화 키와 복호화 키가 서로 다르고, 암호화키를 공개하고 복호화 키를 비밀로 하는 방식이다. 즉 키 생성 알고리즘을 통해 두 개의 키를 생성하여 그 중 하나를 공개하고 나머지 하나를 자신이 보관하여 사용하는 것이다. 사용자 A가 사용자 B와 통신 할 때 A는 B의 공개키를 이용하여 평문을 암호화해서 내보내면, B는 수신한 암호문을 자신의 비밀키로 풀어 평문을 확인하게 된다.

수 있는데 공개키 암호기술은 암호화 키와 복호화 키가 서로 다름은 물론, 암호화키(공개키)가 공개되더라도 복호화 키(개인키)는 알 수 없다는 특성을 갖는다. 따라서 우리는 암호화 키를 통신망에 공개하는 방법을 이용할 수 있고, 누구든지 그 키를 이용하여 문서를 암호화할 수 있다는 장점을 가지고 있다. 이를 반대로 이용하면 자신의 개인키로 암호화 한 문서는 해당 공개키만이 복호할 수 있으므로, 송신자에 대한 신원확인에 사용할 수 있음을 알 수 있고 이것이 전자서명의 원리이다.

공개키 암호 기술을 사용하기 위해서는 키의 인증문제에 대한 해결 방안이 요구된다. 아무런 조치 없이 통신망에 공개키를 공개하면, 공개키가 자신의 것임을 입증할 방법이 없다. 일례로 자신의 공개키를 다른 사람의 공개키로 위장하면, 암호화된 문서를 가로챌 위험이 있다. 공개키 기반구조(Public key Infrastructure ; PKI)는 공개키 암호기술에 기반하여 암호키(공개키)의 소유자를 확인시켜 주는 방법이다. PKI에서는 각 개인이 인증기관이라 불려지는 믿을 수 있는 기관으로부터 인증서를 발급 받는 방식을 이용한다. 인증서에는 각 개인의 신원 및 암호화 키가 명시되어 있으며, 이 값은 인증기관의 전자서명으로 보호된다.

최근 공개키 암호기술에 기반한 전자서명이 많이 이용된다. 자신의 개인키로 문서를 암호화하면, 공개키를 이용하여 문서의 생성자가 누구인지 알 수 있다. 마치 종이문서에 자신만의 고유한 서명을 기록한 것과 같은 효과를 갖는다. 따라서 전자서명에서는 암호화와는 반대로 개인키를 이용하여 서명을 생성하도록 하고 공개키를 이용하여 서명을 검증하는 방법을 사용하고 있다. 전자서명은 일반적으로 해쉬함수와 함께 사용되며, 전자서명[132)]의 검증은 공개키를 이용하여 서명값을 푼 값과 문서에 대한 해쉬값이 같은 지를 비교하는 방법을 사용한다.

132) 전자서명의 효력을 갖추기 위해서는 위조불가, 서명자 인증, 부인불가, 변경불가, 재사용 불가 등의 조건을 갖추어야 한다.

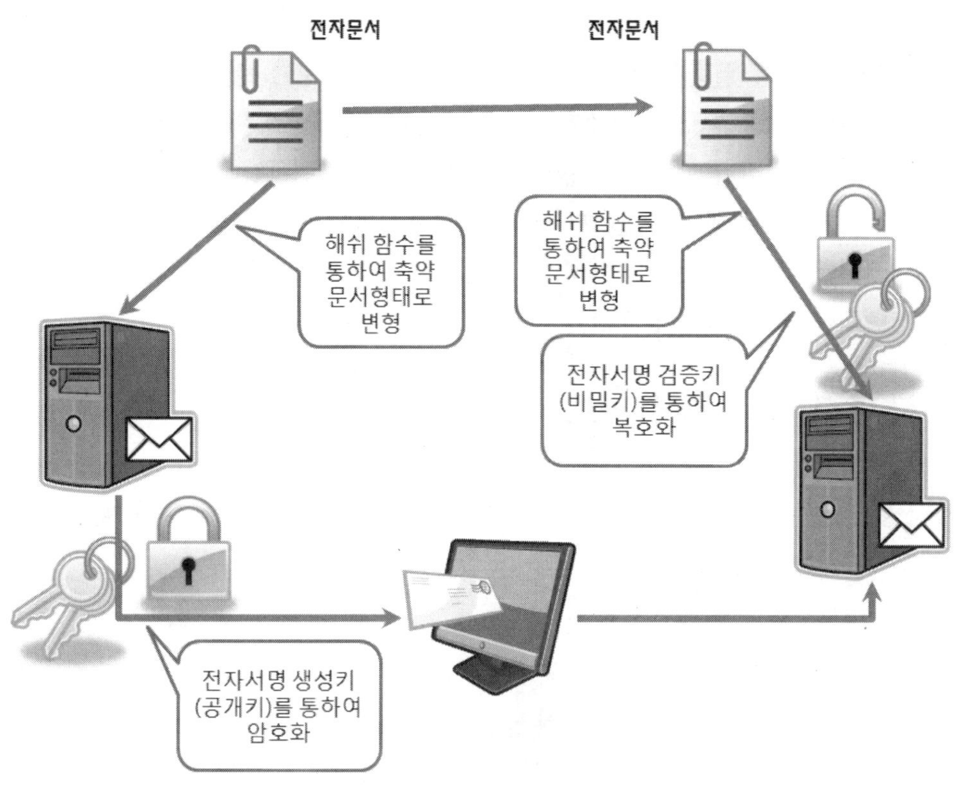

【그림 V-3】 전자서명 전체 수행도

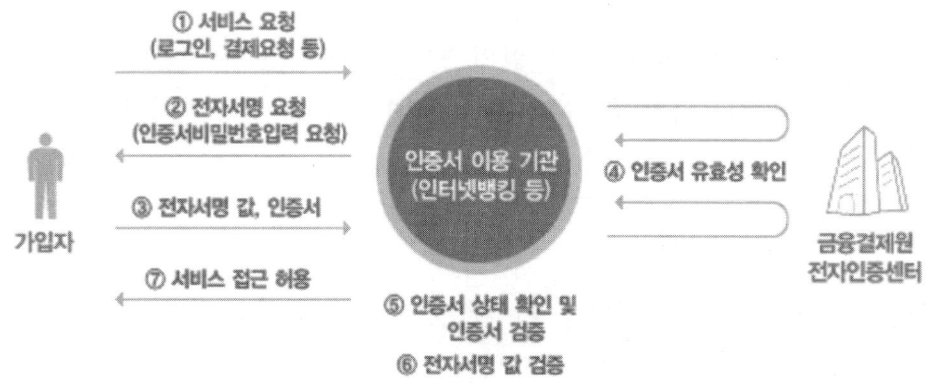

자료 : http://www.yessign.or.kr/

【그림 V-4】 금융결제원 공인인증서비스(yessign) 인증서 이용절차

전자서명에 있어서 인증이라 함은 전자서명검증키[133]가 자연인 또는 법인이 소유하고 전자서명생성키에 합치한다는 사실을 확인·증명하는 행위를 말한다.[134] 공개키 방식의 암호기술에서의 인증서비스라는 것은 결국 공개키의 진위여부를 확인하여 이를 증명해주는 인증서(Certificate)를 발행해주는 서비스를 의미하고 인증서는 신리할 수 있는 제3의 기관인 인증기관(Certification Authority)이 사용자의 공개키 및 기타 정보에 자신의 전자서명을 첨부하여 발행하는 문서로 할 수 있다.[135]

5. 전자서명의 기능과 활용

전자서명은 무결성 확보, 디지털 서명의 효력 거절 부인, 수령자의 메시지에 대한 신뢰보호 등의 기능을 한다.[136]

첫째, 무결성의 확보이다. 무결성(integrity)은 데이터메세지의 정확성 및 완전성에 관한 것을 말한다. 즉 수신인이 수령한 데이터 메시지가 발신인이 전송한 메시지와 동일한 것이고 완전한 것인가, 또는 전자문서의 흠결이 존재하지 않는가에 대한 문제이다.

데이터 메시지의 무결성을 확인 하는 수단으로서 전자서명이 중요한 수단이 되고 있다 비밀키에 대응하는 공개키를 이용하여 원본 메시지와 수신된 메시지의 동일성을 증명하게 되면, 즉 전자문서의 수신인이 전자서명 검증키에 의하여 송신인의 전자서명을 복호화 하는 경우에 그 전자문서의 작성자와 송신인인 동일함을 확일 할 수 있게 되므로 써 전송된 메시지는 전자서명이 작성된 후로 변경되지 않았음을 알 수 있다.

둘째, 진정성의 확보이다. 진정성(Authenticity)은 메시지의 전자적 데이터 메시지의 근원에 관한 것, 즉 그 메시지가 누구로부터 전송되었으며, 진정한 것인가 하는 문제이다. 전자서명에서는 송신인의 비밀키로 암호화된

133) 공개키 방식의 기반에서 전자서명검증키라 함은 공개키를 의미한다.
134) 전자서명법 제1조 제6호.
135) 유재철, "전자상거래와 전자서명의 기술", 인터넷법률 제6호, 2001, p. 162.
136) 정쾌영, 앞의 책, p92; 최경진, 앞의 책, p160; 윤광운·배정한·김철호, 앞의 책, pp. 248-249.

디지털 서명은 송신인의 공개키로만 복호화할 수 있기 때문에 비밀키를 소지한 송신인으로부터 메시지가 왔음을 알 수 있다.

셋째, 부인봉쇄이다. 부인봉쇄(Non-repudiation)는 발신인에게 데이터 메시지를 귀속시키는 것, 즉 메시지의 근원, 발신 또는 수신과 메시지 내용의 무결성을 부인하는 것을 차단하는 것을 의미한다. 전자서명에 의하여 메시지의 진전성가 무결성이 확립될 수 있는 경우, 발신인은 데이터 메시지의 내용과 그 메시지를 전송하였다는 것을 부인하는 것이 차단된다. 이는 발신인이 비밀키의 지배를 상실하지 않는 한 전자서명의 위조될 수 없을 뿐만 아니라 수신인도 그 문서를 위조할 수 없기 때문이다.

넷째, 위·변조의 불가이다. 위·변조 불가(Unforgeability)는 전자서명이 수신인에 의하여 확인될 경우, 수신인은 일방적으로 그 메시지를 신뢰할 권리가 있고, 전자서명을 한 발신인을 그에 대하여 구속력을 받는다. 그러나 전자서명이 수신인에 의하여 확인되지 않는다면, 수신인이 발신인의 신분을 신뢰하지 않아도 된다. 즉, 적절한 절차를 거쳐서 정당하게 작성된 전자서명이 전송되어지면, 전자서명의 특성상 변형이 매우 어렵기 때문에 수신인은 수신한 메시지를 신뢰하고 거래를 할 수 있다[137].

전자서명의 활용을 살펴보면, 앞에서 살펴본 바와 같이 전자서명은 비대면거래인 인터넷거래의 안정성 확보를 위하여 가장 중요한 수단으로서 그 역할이 매우 높다. 이러한 전자서명은 인터넷뱅킹, 사이버증권 등의 금융분야와 인터넷쇼핑, 전자계약, 전자무역 등의 전자상거래분야, 전자민원서비스, 전자조달 및 입찰, 각종 공과금 수납 등의 공공분야, 전자의료, 전자투표, 전자공증 등의 다양한 분야에 적용할 수 있다. 특히 전자무역 분야에 있어 무역 등 국제거래에서 공인인증서를 통하여 신용장 개설, 수출입신고, 통관 등의 업무를 해당 기관을 방문하지 않고서도 인터넷을 통하여 안전하게 수행할 수 있다.

전자서명의 효력에 앞서 전자문서를 포함한 문서가 사용되고 있는 예를 보면 유언 등에서와 같은 법률행위의 요건이 되는 경우 및 문서로서 의사 표시를 하는 경우 등 결국 증거로서의 역할을 하는 경우로 크게 대별할 수 있다. 그리고

137) James Hill, Lock and Document Security on the Net, *Business Law Todady*, November/ December 1998, p. 12.

서명 또는 날인(기명날인)은 그 문서가 그 명의자에 의하여 작성된 것인가(진정성립)를 나타내 주는 역할을 담당한다.

이러한 관점에서 전자서명의 효력문제를 보면, 우선, "공인인증기관이 제15조의 규정에 의하여 발급한 인증서에 포함된 전자서명 검증키에 합치하는 전자서명 생성키로 생성한 전자서명은 법령이 정한 서명 또는 기명날인으로 본다"[138]고 규정하고 "제1항의 규정에 의한 전자서명이 있는 경우에는 당해 전자서명이 당해 전자문서의 명의자의 서명 또는 기명날인이고, 당해 전자문서가 전자서명된 후 그 내용이 변경되지 아니하였다고 추정한다"[139]고 규정하여 전자서명법상의 전자서명은 법령이 정한 서명 또는 기명날인으로서의 효력과 그 전자문서의 내용이 변경되지 아니하였다는 것을 추정해 주는 효력을 인정하고 있다. 따라서 특정 전자문서에 공인인증기관이 인증한 전자서명이 있는 경우 그 전자문서의 진정성립이 추정될 뿐만 아니라 그 내용이 변경되지 아니하였음을 추정해 주는 효력이 부여되고, 위 전자문서는 증거 및 법률행위의 요건이 될 수 있는 것이다.

한편, "제16조의 규정에 의한 공인인증기관이 인증한 전자서명은 다른 법률에 그 효력을 부인하는 규정이 있는 경우를 제외하고는 관계 법률이 정하는 서명 또는 기명날인으로 본다"[140]고 규정하고 있으며, "제1항의 규정에 의한 전자서명이 있는 전자문서는 작성자가 서명한 후 그 내용이 변경되지 아니한 것으로 추정한다."[141]고 규정하고 있는데 이는 기본적으로 전자서명법과 크게 다르지 않다.[142]

문제는 공인인증기관의 인증서가 부착되지 아니한 전자서명이나 공인인증기관이 아닌 일반인증기관의 인증이 부착된 전자서명, 혹은 아무런 인증이 없는

138) 전자서명법 제3조 제1항.
139) 전자서명법 제3조 제2항.
140) 전자거래기본법 제6조 제1항.
141) 전자거래기본법 제6조 제2항.
142) 다만 전자서명법은 "법령"이 정한 서명 또는 기명날인으로 본다고 규정하고, 전자거래기본법은 관계 "법률"이 정하는 서명 또는 기명날인으로 본다고 규정하여 적용범위에 차이가 있는 듯한 태도를 보이고 있고, 효력범위에서도 전자서명법은 다른 법률과의 적용문제에 대해 아무런 언급이 없는 반면, 전자거래기본법은 "다른 법률에 그 효력을 부인하는 규정이 있는 경우를 제외하고는"이라는 단서를 추가하였다. 그러나 전자서명법상의 전자서명도 다른 법률에 그 효력을 부인하는 규정이 있는 경우에는 신법우선의 원칙, 특별법 우선의 원칙에 따라 그 전자서명의 효력이 인정되지 아니하는 것으로 해석하여야 할 것이다.

전자서명의 효력이다. 이러한 전자서명이 법률, 법령이 정한 서명 또는 날인으로서의 효력이 없는 것은 분명하다. 따라서 예를 들어 민법상 유언에서 공정증서에 의한 유언의 경우와 같이 문서에 의한 법률행위를 전제로 하고, 서명 또는 기명날인을 요구할 때에는 전자문서에 위와 같은 행위를 하고자 하는 경우에는 공인인증기관의 인증서가 첨부된 전자서명이 필요할 것이다. 한편, 공인인증기관의 인증을 받지 못한 전자서명이라 하더라도 위와 같은 적극적인 법적 효력을 부여받지 못할 뿐이지 서명으로서의 효력은 부인되지 아니한다. 따라서 특정 전자문서에 공인인증서가 없는 전자서명이 부착된 경우에는 증언, 감정, 검증 등 다양한 방법에 의하여 그 전자서명이 특정 행위자에 의하여 행해진 것이 입증되면 통상의 서명 또는 날인으로서 인정하여 진정성립을 추정할 수 있고, 결국 문서의 진정성립까지도 추청 될 것이다.[143)]

143) 백승민, "전자서명과 인증", 인터넷과 법률, 법문사, 2002, pp.196-198.

Chapter 18 전자문서교환

1. 전자문서교환의 의의

전자문서교환(EDI : Electronic Data Interchange)이라고 하며 정형화된 서식과 같이 구조화된 형식의 정보(structured format data)를 표준화된 상거래서식 또는 공공서식으로 구성하여 합의된 통신표준에 따라 컴퓨터 간에 교환하는 정보전달방식이다. 즉, EDI는 사용자간에 각종 행정 및 상거래 문서를 서로 합의된 표준을 사용하여 컴퓨터간의 직접 통신에 의해 교환하는 시스템으로 정의하고 있다.

〈표 Ⅴ-3〉 EDI의 기대효과

구 분	기 대 효 과
직접적인 효과	문서거래시간의 단축, 자료의 재입력방지 업무처리의 오류감소, 업무처리 비용의 감소
간접적인 효과	재고감소, 효율적인 인력활용 관리의 효율성 증대, 고객 서비스향상 효율적인 자금관리
전략적인 효과	거래상대방과의 관계개선 전략적 정보시스템 구축 새로운 사업으로 확대, 경영혁신, 경쟁우위확보

2. 전자문서교환의 구성요소

EDI를 구현하는 단계에서는 EDI 시스템이 구축되어야 한다. 이를 위해서는 사용자간의 상호협약, 표준 전자문서, 사용자 시스템, 메시지 중계시스템, 통신망을 들 수 있다. EDI표준과 사용자시스템, 네트워크, 거래약정으로 구분하여 구조를 분석하였다.

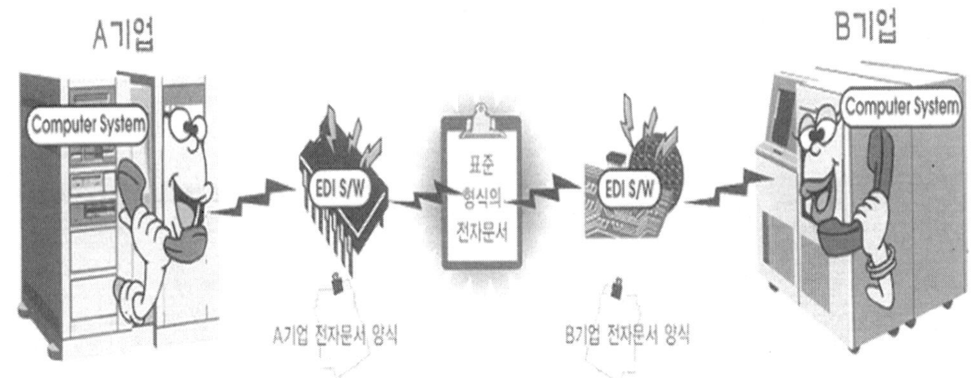

【그림 V-5】 EDI 개요

1) EDI 표준

EDI 표준이란 EDI 사용자간에 교환되는 전자문서의 내용과 구조, 통신방법 등에 관한 일련의 규칙 및 지침으로서 상이한 언어, 업무처리방식, 컴퓨터 시스템을 보유한 거래당사자간에 전자문서의 자유로운 교환을 보장하는 공통언어를 말한다.

EDI 표준은 상이한 업무처리방식과 컴퓨터 시스템을 갖춘 거래당사자간에 데이터의 자유로운 교환을 보장하는 일종의 공통규약으로서, 전자문서의 내용과 구조, 그리고 통신방법 등에 관한 일련의 규칙 및 지침이다. 통신표준은 CCITT 표준을 따르고 있으므로 사용하는데 별다른 문제가 없으나, 전자문서 표준은 산업별, 지역별, 국가별로 상이하며, 국제표준이 제정되어 있기는 하나 아직 산업별, 지역별, 국가별로 국제표준을 따르지 않는 경우가 많다. 국가표준에는 미국의 ANSI X.12, 일본의 CII 등이 있으며, 우리나라는 국제표준인

UN/EDIFACT를 근간으로 한 KEDIFACT를 사용하고 있다. 현재 국제표준으로는 UN/EDIFACT(EDI For Administration, Commerce and Transport)가 있다.

2) EDI 사용자 시스템

전자문서의 교환을 가능하게 하는 사용자의 컴퓨터 하드웨어, 소프트웨어 및 모뎀을 의미한다. 사용자 시스템은 각 기업의 상황에 맞춰 자유로이 선택하여 구축할 수 있으나 일반적으로 어떤 전산장비에 어떻게 EDI 소프트웨어(응용 S/W, 변환 S/W, 통신 S/W)를 탑재하여 사용하느냐에 따라 Host 방식(주전산기방식), FEP 방식(단말처리방식), PC 단독 방식(Stand-Alone), PC-LAN 방식, VAN-TO-VAN 방식 등으로 구분할 수 있다.

3) EDI 네트워크

전자 데이터의 교환을 위해서는 네트워크의 구축이 필수적이다. EDI 네트워크는 단순하게 거래 상대방과 직접 통신할 수 있는 네트워크를 구축하여 사용할 수도 있으나, EDI에서는 주로 통신망서비스를 제공하는 제3자 네트워크 또는 VAN 사업자를 이용한다. 제3자 네트워크는 부가가치통신망(VAN ; Value Added network)을 이용하는 것으로 우체국과 유사한 기능을 수행하는 VAN업자를 통해 거래상대방과의 네트워크를 구축하게 된다. 이러한 VAN 업자를 이용하면 한 번의 접속으로 원거리에 있는 다수의 수신인에게 다양한 문서를 전송할 수도 있고, 지속적으로 송수신내역을 확인할 수 있으며 그 밖에도 다양한 서비스(메시지 변환서비스, 암호화/인증기능, 교육훈련 등)가 제공된다.

4) EDI 거래약정

EDI 거래약정은 당사자 간에 사전 거래약정을 맺는 것이 중요한데, EDI로 업무 처리하는데 따른 제반사항은 다음과 같다.

첫째, 네트워크 약정 (Network Agreement : N/A)은 사용자와 네트워크 서비스 제공업자간의 약정으로서 각 사용자가 거래관련 업무를 EDI로 처리하기 위해 서비스 제공업자와 맺는 이용약정을 말한다. 이 약정에는 이용자에 관한 인적사항에서부터 요금부담자, 비밀번호, 수발신인 식별자 및 접속방법 등에 관한 사항들이 기재되도록 되어 있다. 즉, 서비스의 종류 및 내용, 사용자 ID, 비밀번호 및 수발신인 식별자값, EDI 서비스 이용요금 및 부과방법, EDI 업무처리상 에러 및 분쟁발생시 해결절차 등이 포함되어 있다.

둘째, 거래약정(Interchange Agreement : I/A)은 사용자와 사용자간의 EDI 거래약정으로서, 세부사항은 EDI로 업무를 처리할 전자문서 및 표준에 대한 합의라든지, 해당 업무별 사용자 명시 및 수발신인 확정과 EDI 서비스 제공업자 및 데이터 통신망 합의, 전자문서 송수신 시간 및 예상 응답시간 합의, 서비스 이용료 등 비용부담에 대한 합의, 업무처리상 에러 및 분쟁발생시 해결절차 등을 포함하고 있다.

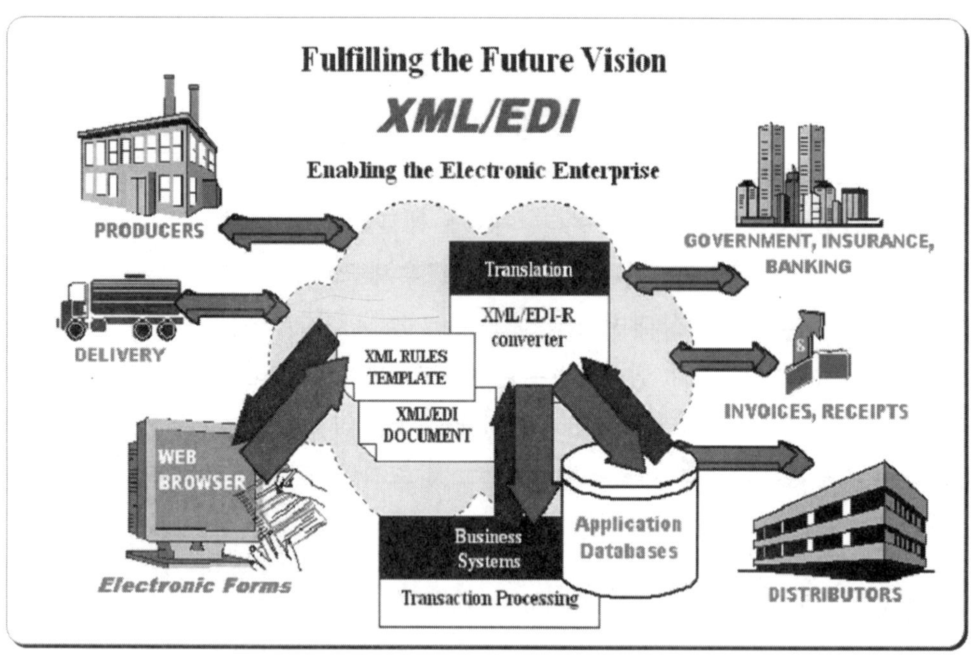

【그림 V-6】 XML/EDI

Chapter 19 전사적자원관리시스템

ERP(Enterprise Resource Planning)는 1970년대 경영정보시스템(MIS)의 출현이나 1980년대의 전략정보시스템(SIS)의 출현과 마찬가지로 기업경영을 위한 새로운 개념이며, 정보시스템의 한 유형이다. ERP를 현행 정보시스템의 대체를 위한 단순한 패키지 도구로 파악하는 것이 아니라 기업이 직면하고 있는 경영과제를 해결하기 위한 기초이자 근간이 되는 경영관리 개념으로 인식하는 것이 중요하다.[144)]

1. 전사적자원관리의 의의

ERP시스템의 출현배경으로는 1970년대의 자재소요량계획(Material Requirement Planning: MRP)과 1980년대의 제조자원계획(Manufacturing Resource Planning: MRPⅡ), 생산관리 분야의 JIT(Just In Time), TQM(Total Quality Management), 경영관리 분야의 경영정보시스템 등을 기반으로 하여 발전된 개념이다.

---

144) 김의창·송유진·문태수, 『e-비즈니스시대의 정보관리론』, 학현사, 2005, pp. 300~309.

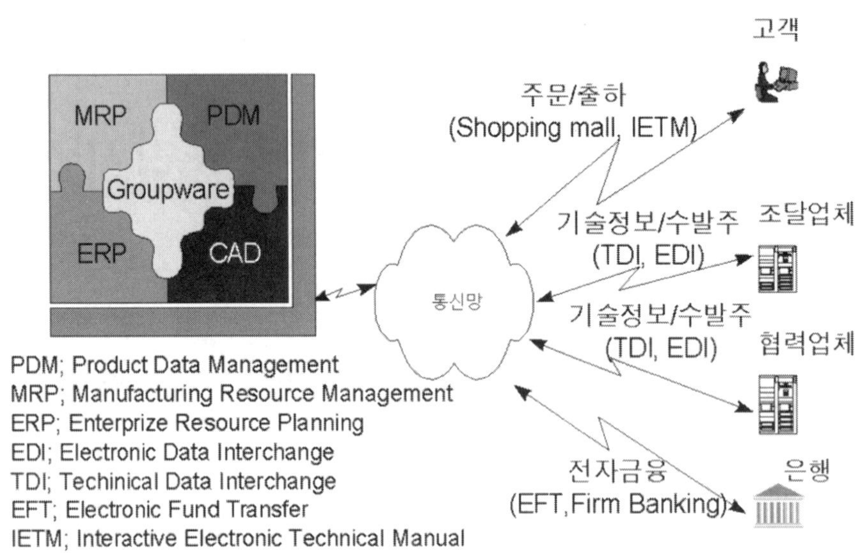

【그림 V-7】 ERP의 개념

1970년대에 시작된 MRP는 제품을 구성하는 모든 요소 즉 원자재, 부자재, 반제품 등에 소요되는 자재수급계획과 생산관리를 통합시킨 최초의 체계적인 정보관리 기술로 어떤 물건(원자재나 부자재, 반제품 등)이 언제, 어떤 제품에서 필요하지를 예측해 주어 기업 자원의 비능률적인 활용이나 낭비를 제거할 수 있도록 해 주었다. 그러나 초창기 MRP 시스템은 보편적 개념성과 다양한 적용성을 가지고 있는 것에 반해 컴퓨터와 정보통신기술의 부족, 데이터베이스 기술의 적용 미흡 등으로 업무적용의 한계를 가지고 있었다.

MRP보다 한 단계 발전된 형태인 MRPⅡ는 MRP의 문제점이 단순한 자재소요계획을 수립하여 제품생산 공정에 필요한 기능을 지원하였지만. 전체적인 생산제조자원에 대한 기능을 보완하고 수주와 판매, 그리고 회계업무 영역까지 포함하는 개념으로 확대외어 최적화된 제조활동을 실현 가능하게 함으로써 효과적은 생산관리 및 제조자원에 대한 관리가 가능하게 되었다. 즉 MRPⅡ시스템은 수주 데이터를 근거로 생산일정 스케줄링이나 생산능력에 대한 시뮬레이션 등 생산활동을 분석하는 도구가 추가되면서 더욱 지능적인 생산관리 도구로 발전하게 된 것이다.

하지만 소품종 대량생산에서 다품종 소량생산의 고객지향 체재로 전환되는

1990년대 들어서면서 기업은 과거보다 더 많은 생산품목과 자재를 관리하야 되며, 제한된 생산자원(설비, 공간, 시간, 인력 등)을 가지고 올바른 의사결정을 위해서는 거래처와의 영업활동, 협력사와의 자재수급활동, 그리고 연구개발에 따른 제품설계 변경 등에 의한 다양한 조직적 업무를 정보시스템으로 처리해야만 하는 상황에 처하게 되었다.

특히 시장환경이 글로벌화 됨에 따라 생산 및 물류의 거점이 국내외 여러 곳에 산재하게 되고 국제경쟁력 강화차원에서 전사적인 인적(man), 물적(material), 재무적(money) 자원에 대한 최적 관리와 제품생산을 위한 자재 수·발주, 납기를 맞추기 위한 적정재고 및 제조자원관리 등이 실시간으로 이루어져야 할 필요성이 높아졌다. 이와 같이 고객과의 제품공급체계를 유지하기 위하여 내부적으로는 철저한 제조자원에 대한 관리가 필요하며, 협력회사와는 자재수급이 적기에 이루어지도록 조직 내 가치사슬구조를 획기적으로 혁신해야만 하는 상황에 처하게 된 것이다.

ERP는 기업이 제품생산을 위한 구매·생산·영업·설비·자재 등의 본원적 활동뿐만 아니라 회계·인사·재무·기술개발 등과 같은 지원활동을 통합하여 기업이 보유하고 있는 각종 유·무의 경영자원을 전사적으로 통합관리 할 수 있게 해주는 정보시스템을 의미한다. 기존의 정보시스템은 회계관리시스템, 재고관리시스템, 생산관리시스템 등 주로 특정 업무 분야를 지원하는 시스템이어서 부문별 정보화에 따른 업무지원에는 문제가 없었지만, 경영환경의 변화에 따라 기업 전체가 시장의 요구와 변화에 적극적으로 대응하면서 조직이 보유한 인력, 자금, 물자 등의 흐름을 정확하고 신속하게 처리하기 위해서는 ERP와 같은 개념의 정보시스템이 필요하게 된 것이다.

가트너 그룹의 정의 의하면 ERP는 제조, 재무, 물류 그리고 다른 경영기능이 조화를 이루도록 지원하는 응용프로그램의 집합이라고 하였다. 즉 ERP는 경영목표달성을 위해 경영자원을 효율적으로 관리하고, 경영기능이 제대로 기능을 발휘하도록 지원하는 통합정보시스템이라 할 수 있다. ERP 시스템의 가장 큰 특징 중의 하나는 영업, 생산, 구매, 재고, 회계, 인사 등 회사 내의 모든 단위업무가 상호 긴밀한 관계를 가지면서 실시간으로 통합되어 처리된다는 것이다. 이러한 업무통합을 통해 기존 MIS의 개념이 제안하고 있는 부분 최적화에서 전체 최적화가 가능하게 되었으며, 가업(task)이나 기능(function) 중심적인 업무처리 방식에서 다부문(cross-functional)에 걸친 프로세스 지향적인(process-oriented) 업무처리방식으로 인식해야 한다.

ERP 시스템의 개념이 출현하면서 기존의 정보시스템 개발 및 운영 방식은 상당한 변화를 가져오고 있다. 기존의 기업 내 정보시스템이 전산실이나 정보시스템 부서를 통해서 현업 요구를 기준으로 분석하고 설계하여 시스템을 구현하는 절차를 거친데 반해, ERP는 자체개발방식 이외에도 공급업체(vendor)가 제공하는 ERP 패키지를 기반으로 도입하여 기업의 업무에 맞도록 커스터마이징(customizing)해주는 방식으로 개발이 추진되고 있기 때문이며, ERP 시스템을 적용하기 위해서는 기존의 업무방식을 근본적으로 재설계하고 업무나 자원의 흐름을 실시간(real time)으로 파악할 수 있도록 사내 모든 업무와 자원을 통합적으로 관리할 수 있어야 한다.

이에 따라 ERP 구현을 위해서는 현업의 업무지식(process knowledge)에 대한 중요성뿐만 아니라 ERP 기술지식(technology knowledge), 그리고 대부분의 ERP 구축 이후의 운영지식(operation knowledge)을 가지고 있어야 한다. 그러므로 대부분의 기업에서는 정보시스템 부서만으로는 ERP와 관련된 전문지식을 확보하여 운영하기에는 어려움이 있으며, 기존의 IT 적용이나 유지보수 업무보다는 최신 정보기술의 검토와 분석 그리고 IT의 전략적 활용과 관련된 분야에 많은 관심을 가지고 전문성을 높이고자 노력하고 있다.

현재 국내외 대부분의 기업들은 전통적인 기업 경영방식으로는 수익성 제고나 고개만족을 달성하기 어려우며, 정보기술을 활용하지 않고는 지속적인 경영혁신을 통한 기업 간 경쟁에서 살아남기 어렵다. 뿐만 아니라 기업의 상하위 공급체계와 제품설계 및 원가자료의 확보, 사업부간의 연결 재무제표 작성, 공인된 회계감사의 의무화, 해외 투자 자본의 유치 등을 위해 투명하고 성숙한 기업 위상을 확립하기 위해서도 ERP 시스템과 같은 전사적 정보화가 필수적인 요건이 되고 있다. 이러한 요건을 만족시키기 위한 ERP 시스템의 적용은 오늘날 변화하는 환경에 적극적으로 대응하고 기업경영 활동의 체계적인 수행이라는 측면에서 중요한 사안이 아닐 수 없다.

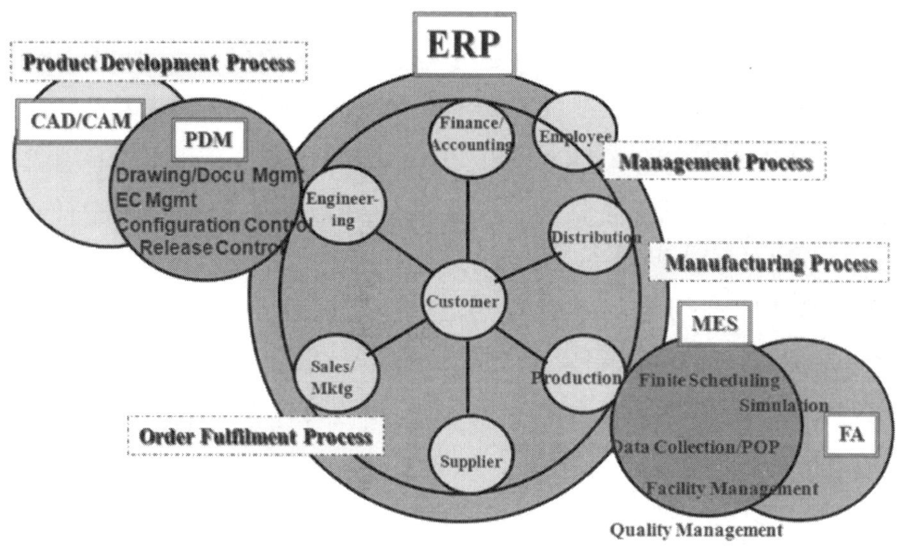

【그림 V-8】 기업에서 ERP의 위치

2. 전사적자원관리의 특성

따라서 ERP 시스템을 도입함으로써 업무처리 능률을 극대화하기 위한 선진 프로세스(Best Practice)와 최첨단의 IT를 동시에 얻는 효과를 거둘 수 있고, 이는 급변하는 경영환경의 변화와 정보기술의 발전에 대응하려는 기업의 노력을 해결시켜 주는 솔루션이라고 할 수 있다.

ERP시스템의 가장 큰 특징 중의 하나는 영업, 생산, 구매, 재고, 회계, 인사 등 회사 내의 모든 단위업무가 상호 긴밀한 관계를 가지면서 실시간(Real Time)에 통합적으로 처리된다는 것이다. 이러한 업무통합을 통하여 기존의 정보관리시스템에서의 부분최적에서 전체 최적화가 가능하게 되었고, Task중심적인 업무처리 방식이 고객 지향적인 프로세스 중심적으로 전환되어진다. 또한 모든 시스템이 통합되어 있기 때문에 어떠한 정보라도 두세 번 중복적으로 처리할 필요 없이 거의 한 번의 입력으로 처리가 끝나게 되는 One Fact One Place가 가능하게 된다.

ERP의 또 다른 특성은 그룹웨어와의 연동이 가능하다는 점이다. 그룹웨어는 다수의 사람이 서로 협력하면서 공동으로 진행하는 지적인 작업을 지원하기 위한 소프트웨어이다. 일반적으로 그룹웨어에서는 전자메일·전자계시간·공용 데이터베이스·전자 결재·Work Flow등의 기능이 제공된다. 이러한 그룹웨어기능과 영업·생산·구매·자재·회계 등 기간업무 시스템과의 연동은 필수적이라고 할 수 있다. ERP시스템의 경우 패키지 자체 내에서 이러한 그룹웨어 기능들을 내장하고 있으나 자체 내에 그룹웨어 시스템이 없는 경우에도 외부 그룹웨어시스템과의 연계를 통해 그룹웨어 기능을 제공하고 있다.

또한 ERP는 확장 및 연계성이 뛰어난 오픈 시스템이다. 기존 ERP이전의 단순한 기업정보시스템은 폐쇄적인 구조로 설계되어 시스템의 확장 및 다른 시스템과의 연계가 제대로 이루어지지 않은 반면, ERP시스템은 어떠한 운영체제·데이터베이스에서도 구동되도록 설계되어 있어 시스템의 확장이나 다른 시스템과의 연계가 쉽게 되어 있다. 특히, 데이터를 정밀하게 분석해주는 데이터 웨어 하우징(Data Ware Housing), 경영분석 도구인 중역정보시스템(EIS : Executive Information System), 설계와 생산을 동시에 가능케 해주는 PDM(Product Document Management), 초광속 상거래(CALS : Commerce At Light Speed), 전자상거래인 EC(Electronic Commerce)와 같은 응용전문영역의 패키지와 ERP시스템은 쉽게 조화를 이룰 수 있어 고도화되고 복잡해지며 급변하는 경영환경에 적극 대응할 수 있게 된다.

ERP의 이러한 특성은 전자자료교환과 전자 거래 대응을 가능하게 해 주는 것으로서 기업 내에서 거래되고 발생되는 모든 활동은 기업내부로 국한 시키는 것이 아니라 외부기업체와의 연계가 필수적인 사항이라 할 수 있다. 외부와의 연계업무 중 대표적인 것이 전자자료교환방식(EDI : Electronic Data Interchange)라 할 수 있다. ERP시스템에서 EDI를 연계시킨다면 거래처와 주고받는 모든 문서가 EDI를 통해 접수됨과 동시에 자동적으로 ERP시스템으로 연계되기 때문에 업무처리의 신속성과 정확성, 표준화를 가질 수 있게 된다.[145)]

145) 신철, 「알기쉬운 ERP」, 미래와 경영, 1999.

3. 전사적자원관리의 발전과정

전사적 자원관리의 발전과정을 살펴보면 1970년대는 다양한 제품과 기능의 통합화가 강조되기 시작한 시기였다. 그에 따라 제품을 만드는 데 소요되는 자재의 구성이 복잡해져서 자재명세서나 부품구성표의 사용이 필요하게 되었고 제품종류의 다양화로 인하여 자재재고 및 생산계획에 대한 효율적인 관리가 요구되었다. 이에 부응하기 위하여 1975년 올리키에 의해 제시된 자재소요계획(Material Requirements Planning : MRP)시스템은 컴퓨터 활용을 기반으로 널리 보급되었으며, 기업의 중요한 생산관리시스템이 되었다.[146)]

1980년대에 대부분의 기업은 소품종 대량생산의 제조환경에서 다품종 소량생산의 형태로 전이되기 시작되었으며, 고객 지향의 업무체계가 각광받기 시작하였으며, 수주관리, 판매관리 등의 기능이 보다 중요하게 되었고, 제조활동과 관련된 재무회계처리의 중요성이 인식되기 시작하였다. 다시 말하면 MRP Ⅰ과 같은 자제소요계획의 제한된 영역보다는 영업, 생산, 설비, 재무 등의 기능을 포괄적으로 고려하면서 제조자원의 최적화관리를 요구하는 MRP Ⅱ의 제조자원관리가 필요하게 된 것이다.

MRP Ⅱ는 판매계획, 생산계획, 자재소요계획, 생산능력계획, 부사분석 등 생산계획과 통제과정에 있는 여러 기능들이 하나의 단일 시스템으로 통합되어 있는 것을 의미한다. MRP Ⅱ와 MRP 시스템의 차이점은 제조자원의 관리정도이다. MRP Ⅱ는 사람(Man), 설비(Mechine), 자재(Material)의 제조지원의 부하율을 고려하는 방법으로 RCCP(Rouch Cut Capacity Planning), CRP(Capacity Requirements Planning), 가 사용되고, 재무회계, 재고관리, 원가관리시스템과 연계되어 관리되므로 제조자원계획으로 불리고 있다.

최근 기존의 ERP시스템에 기능적·기술적 사항이 추가되어 발전됨으로써 확장형 ERP가 등장하게 되었으며, 조직내 업무의 한계를 벗어나 기업의 관계 Network 형성 그리고 기업이 보유한 Network간의 경쟁으로 시장환경이 전환되면서 ERP의 기능에 공급망관리(SCM), 제품데이터관리(PDM), 고객관계관리(CRM) 등의 기능이 추가적으로 보완되었다.

146) 김은홍·김화영, 『경영정보학 개론』, 다산출판사, 2006., p. 182

또한 전자문서교환(EDI), 전자상거래(CALS/EC), 전자무역(e-Trade)등의 지원으로 기업의 국제화 기능이 필수적으로 고려되면서 확장형 ERP는 기업의 회계, 인사, 물류, 생산, 설계업무 중심의 고유기능에서 SCM, CRM, PDM과 같은 고유기능의 추가 이외에도 경영혁신 지원과 선진 정보화 기술 지원, 산업유형에 따른 기능 지원, 산업 내 국가 간 경쟁을 지원하는 Hub 시스템의 확대 적용으로, 글로벌 환경에서 기업 간 Network 경쟁으로 변화하는 양상이며, 이를 지원하기 위한 e-Business 시스템으로 진화하고 있다.

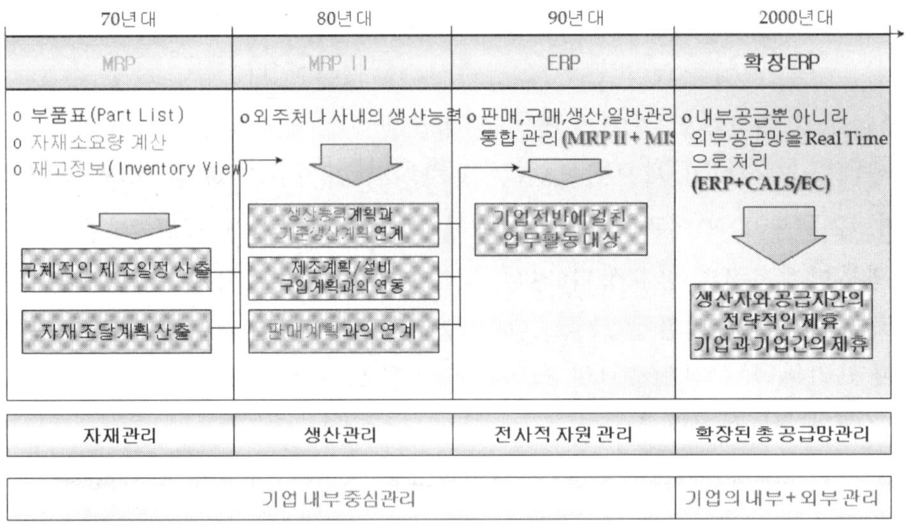

【그림 V-9】 ERP의 발전과정

〈표 V-4〉 전자적 자원관리시스템의 변천

구분	MRP-I	MRP-II	ERP	ERP-II
명칭	자재소요계획 (Material Requirements Planning)	제조자원관리 (manufacturing Resource Planning)	전사적 자원관리 (Enterprise Resource Planning)	확장현 ERP (Extended ERP)
년대	1970	1980	1990	2000
범위	제조	제조, 영업, 회계	기업의 업무 대상 (영업, 생산, 자재, 물류, 품질, 인사, 회계, 원가)	기업의 전 업무와 SCM, CRM, PDM 통합
기능	생산과	영업, 생산, 자재,	영업, 생산, 자재 등	기업내 전 업무와 공급

	자재요소계획	품질 제조 업무 지원	과일반관리업무지원	망관리, 고객관계관리, 제품데이터관리
도입 효과	비용절감, 효율향상, 고객요구 대응, 판매예측 향상	기업의 효율성 및 비용절감, 생산 증대, 유휴시간 감축	업무프로세스 최적화, 관리 및 비용절감, 효율성 및 품질 향상, 고객만족, 수익성 향상	ERP의 효과에 추가하여 고객 및 협력사를 고려한 제조활동, 전략적 가치관리
한계점	기업 내부의 전반적인 관리를 지원하기에는 미흡	시스템의 한계와 낮은 성공률, 기업 내부 프로세스 미흡	업무적 한계, 기능간의 연동을 통한 통합적 관리	기업의 네트워크 형성과 네트워크 경쟁력을 위한 Hub의 구축미흡

4. 전사적자원관리의 구조

ERP 시스템은 기업 내부 혹은 기업 간의 다양한 업무활동에서 나타나는 프로세스와 프로세스 간에 존재하는 과업들을 업무흐름에 따라 시스템으로 구현한 것이다. 일반적으로 수주업무에서 고객사에 납품하기까지 상품공급의 흐름이 존재하며, 인력의 채용부터 퇴직에 이르기까지 인적자원의 흐름이 존재한다. 또한 회계전표와 생성으로부터 재무제표의 작성에 이르기까지 재무적 자원의 업무흐름이 있다. 이와 같은 일련의 업무 프로세스를 통합하여 하나의 패키지 구성하는 것이 ERP 시스템이다. 그러므로 기업 운영에서 필수적인 인적·물적·재무적 자원의 흐름을 체계화하고 전사적으로 경영자원의 최적화를 위한 시스템 환경의 구성이 무엇보다 중요하다.

1) ERP 시스템의 구조

제조업의 ERP 시스템은 제조기업의 업무환경에 따라 영업관리, 납품관리, 거래처관리, 생산관리, 구매관리, 외주관리, 인사관리, 자산관리, 회계관리 등의 업무영역을 가지고 있다. 이와 같은 ERP 시스템의 하위 기능들은 산업적 특성과 기업 고유의 업무에 따라 다시 세부적인 업무기능으로 다시 세분화되어 ERP 시스템의 단위모듈을 구성하게 된다.

(1) Front-Office 업무

Front-Office 업무는 기업의 영업 및 마케팅 활동을 지원하기 위한 기능을 포함하고 있다. 이 업무는 주로 제품 거래활동을 의미하며, 거래처와의 주문이나 견적업무를 처리하는 영업관리와 제품을 적기에 출하하여 공급하는 납품관리, 그리고 납품활동에 따른 사후관리 및 서비스를 수행하는 거래처 관리업무가 있다.

(2) 제조활동 관련업무

제조활동 관련 업무는 고객으로부터 받은 주문을 기업의 제조활동에 반영하는 일련의 업무와 관련이 있다. 일반적으로 제품 제조를 담당하는 생산관리와 제품생산에 원자재, 부자재, 소모품 등을 구입하는 구매관리, 그리고 외부의 협력업체로부터 단품이나 반제품의 가공을 담당하는 외주관리업무가 이에 해당한다.

(3) Back-Office 업무

Back-Office 업무는 기업의 외부 거래활동에 대한 내부적인 업무활동을 지원하는 기능을 포함하고 있다. 이 업무는 주로 조직 구성원을 관리하는 인사관리, 기업의 활동에 필요한 공장, 설비, 기자재 등의 자산을 관리하는 자산관리, 그리고 기업의 거래활동에 따라 수반되는 현금흐름과 부가세 처리, 자금관리를 담당하는 회계업무 등이 있다.

ERP 시스템의 구성에 있어서 논의는 기법의 Front-Office 와 Back-Office업무 이외에도 점차 정보기술의 적용과 활용능력이 증대하면서 ERP 시스템의 기능적 확장이 고려되고 있으며, 협력업체나 고객사간의 업무처리기능에 대하여 정보기술을 활용하는 사례가 증가하고 있다.

급속한 정보기술의 발전과 인터넷의 활용을 통해 점차 기업 간의 경쟁환경은 ERP 시스템의 기능적 확장을 더욱 가속화하고 있다. 지금까지의 경영혁신은 주로 기업 내 전략, 기능, 구조혁신에 초점을 두었으나, 미래의 기업경영은 경영의 투명성 확보와 스피드 경영을 통해 경영효율화를 극대화하고, 국제경쟁력을 강화하는 데 초점을 두고 있다. 즉, 글로벌 마케팅, 글로벌 생산 등이 미래 기업경영전략으로 대두되면서 이를 뒷받침 할 수 있는 공급망관리(SCM), 고객관계관리(CRM), 전략적 기업관리(SEM) 등이 확장된 ERP(extended ERP)로 발전하고 있다.

2000년대 이후의 ERP 시스템에 있어서 기능적 확장 영역으로는 공급망관리(SCM), 고객관계관리(CRM), 모바일 정보연계, 유비쿼터스 환경 구축 등으로 고객이나 협력사와의 업무지원기능이 추가적으로 고려되고 있다. 그러나 EDI, CALS/EC, 인터넷 등의 자원으로 기업의 국제화 기능이 필수적인 요소로 고려되면서 확장형 ERP하는 개념으로 기업의 생산, 물류, 인사, 회계 등의 업무에 설계기능을 추가한 제품데이터관리(Product Data Management, PDM) 영역 등이 ERP 기본 시스템에 추가적으로 구성되고 있다. 또한 첨단 정보기술과 산업별 전문화 분야의 확대 적용을 위해 ERP 시스템의 기능에 지능형 시스템의 기능이 추가적으로 고려되고 있다.

2) ERP 시스템

ERP 시스템의 구축에 따라 기대되는 효과로는 기존의 단위업무 중심 단위업무 중심 정보시스템에서 조직의 업무기능인 영업, 생산, 구매, 인사, 회계, 원가 등 기업의 기간업무 전체를 통합하여 전사적 경영자원을 최적화할 수 있도록 하는 것이다. 조직의 기능중심적(function-oriented) 업무처리방식을 횡단적인 프로세스(cross-function process)처리방식으로 변화하여 업무재설계를 추진하고, 각 산업이나 업종 그리고 규모별로 최고의 실행사례(best practice)를 반영함으로써 경영혁신을 추진할 수 있다는 점이다.

일반적으로 ERP 도입을 완료한 대상으로 ERP 구축에 따른 기대효과를 살펴보면, 다음과 같다.

첫째, 업무 프로세스와 통합한 신속한 처리를 들 수 있다. ERP 시스템은 기업 내 또는 기업 간의 기간업무가 통합되어 선진 프로세스를 반영함으로써 업무의 통합과 프로세스 간의 연계에 의해 경영혁신을 추구할 수 있다. 업무재설계 과정에서 규모나 정도의 차이가 있다 해도 현행 업무의 문제점을 개선하여 새로운 업무방식을 적용하지 않는다면, ERP 시스템의 도입은 무의미할 뿐만 아니라 조직적 개선을 불가능하게 한다.

둘째, ERP 시스템의 도입을 기반으로 조직 내 정보자원의 공유기반과 통합적 활용을 가능하게 한다. ERP시스템은 단위모듈간의 인터페이스와 조직 내 통합 데이터베이스를 매개로 통합되기 때문에 데이터 일원화와 공유화가 가능해지고 업무간의 커뮤니케이션을 실시간으로 수행할 수 있다. 또한 기존 업무기능별로 처리하던 중복업무가 배제되고, 중복 관리하던 데이터나 정보를 통합적으로 관리하기 때문에 조직 내 불필요한 작업을 배제할 수 있다.

셋째, 정확한 경영의사결정 정보를 제공할 수 있다. 조직 내 기간업무 전체에 걸친 정보의 정확성과 실시간에 의해 정보가 처리되기 때문에 영업수주, 생산실적, 판매정보, 재고상황 등 매일 변화하는 경영환경에 대하여 파악이 가능하며, 빠른 의사결정을 내릴 수 있다. 횡적 프로세스의 연계로 업무간의 최신 데이터나 정보를 근거로 각종 의사결정이 가능하기 때문에 전체 최적화라는 관점에서 계획과 실행이 가능해서 관리수준을 향상시킬 수 있다.

넷째, ERP 시스템의 도입으로 초기 투자비가 들어가지만, 궁극적으로는 관리비, 재고유지비, 인건비 등의 비용을 절감할 수 있다. ERP시스템은 기존 업무관형이나 불필요한 업무를 재거하고 최적 실행사례를 도입하여 운영하기 때문에 ERP 시스템의 운영이 정착되어 장기적으로 운영될 경우, 기존의 불필요한 비용은 줄이고 ERP 투자에 대한 수익을 향상시킬 수 있다. 특히 업무의 불확실성이 감소하기 때문에 업무인력을 줄이는 것이 가능하며, 기업의 재고자산이나 불요자산에 대한 관리가 가능하다.

다섯째, 기간업무 수행에 따른 정보처리과정을 개선함으로써 조직의 핵심역량에 집중할 수 있다. 기간업무 그 자체는 기업경영에 있어서 필수불가결한 업무이지만 직접적으로 기업의 이익 증대와는 결부되지 않는다. ERP도입에 의해 업무의 효율화가 추진됨으로써 기업 본래의 업무인 영업 및 제조활동에 경영자원을 집중할 수 있으며, 이로 인하여 기업의 경쟁력을 향상할 수 있다. 특히 ERP시스템은 글로벌 대응이 가능하도록 거개국가의 무역, 통화, 결제 등의 회계처리에 있어 자동화된 도구와 프로세스를 가짐으로써 무역거래의 활성화 및 거래업무의 신속한 처리가 가능하다.

여섯째, ERP시스템의 도입으로 최종사용자의 자유로운 정보활용이 가능하고 고객의 만족도를 향상시킬 수 있다. ERP시스템은 통합 데이터베이스에 의해 업무기능간의 프로세스와 데이터 활용을 촉진하고, 업무관련 데이터나 정보에 쉽게 접근할 수 있기 때문에 개별 업무 담당자가 정보를 효과적이고 효율적으로 이용할 수 있다. 또한 수주처리부터 출하, 그리고 회계처리에 이르기까지 일련의 업무가 정보시스템으로 통합되어 있기 때문에 고객의 문의에 대하여 신속하고 정확한 회답을 수행할 수 있으며, 각종 고객서비스를 비약적으로 향상시킬 수 있다.

마지막으로는 조직 내 정보자원의 통합을 위한 정보시스템 인프라의 체계화를 들 수 있다. ERP 도입과정에서 기존 정보시스템의 한계점과 향후 도래할 최신 정보기술을 활용하여 업무 프로세스에 적용하기 때문에 정보기술의 발전에 유연하게 대응할 수 있으며, 조직 내 보유한 정보자원에 대한 평가를 통하여 미래 정보시스템의 기반구조로써 확장성, 호환성, 유연성을 높일 수 있다.

Chapter 20
고객관계관리시스템

지금까지 기업은 상품 또는 서비스를 보다 더 저렴한 가격 또는 우수한 품질로 고객에게 제공함으로써 수익을 추구했다. 그러나 소비자의 요구가 다양해지고, 기업활동의 순환 사이클이 빨라지면서 기업은 더 이상 품질 또는 가격만으로는 차별화 된 경쟁수단을 가질 수 없게 되었다. 기업은 고객별로 적합한 상품 또는 서비스를 보다 신속히 제공하여야 기업의 경쟁력을 가질 수 있으며, 고객의 요구사항을 정확히 이해함으로써 고객과의 관계를 지속적으로 유지하는 것이 중요하게 되었다.[147]

1. 고객관계관리의 의의

CRM(Customer Relationship Management)은 기업이 획득한 고객을 지속적으로 유지하고, 기업에 대한 고객의 가치를 증진시키기 위해 기업과 고객 간의 상호이익 관계를 형성·유지·강화하려는 기업의 일련의 마케팅과정으로 정의될 수 있다. 물론 CRM은 다양하고도 수많은 고객들의 정보를 기반으로 수행되기 때문에 고객 정보를 파악할 수 있는 시스템 기반을 필요로 하며, 생산과 상품의 전달경로, 마케팅, 그리고 의사결정 등의 경영 카테고리와 연관되어 있다.

147) 김의창·송유진·문태수, 『e-비즈니스시대의 정보관리론』, 학현사, 2005, pp. 317~326.

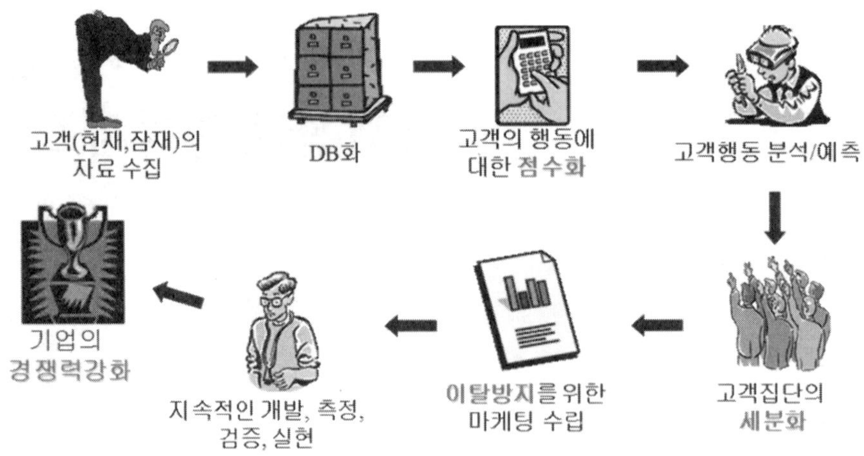

【그림 V-10】 CRM 기본 개념도

CRM을 위해서는 상품/서비스 중심으로 통합되어 잇는 기업의 데이터를 고객 중심으로 통합을 한 뒤 여러 기법을 이용하여 기업 내/외부의 고객정보(인구통계정보, 거래이력 및 반응정보 등)를 분석하고 고객을 세분화한다. 이를 통해 고객은 우량고객 집단, 휴면고객 집단, 잠재고객 집단 등 여러 특성 집단으로 분류가 될 수 있고, 기업은 각 특성 집단별로 차별화 된 마케팅믹스 전략을 수립할 수 있다. 각 고객 집단은 이렇게 기업이 실시한 마케팅에 어떤 반응을 보일 것이고, 기업은 다시 이 반응 정보들을 분석하여 다음의 고객 정보 수립에 반영하는 피드백을 수행한다. 이와 같은 CRM의 Closed-loop Cycle은 크게 4부분으로 분리되어 설명될 수 있다.

CRM프로세스에서 인식되어야 할 기본 사항들로는 크게 두 가지가 있다. 첫째, 고객과의 계속적인 Communication 및 관계지속을 통한 고객 이해가 필요하다. 둘째, 고객 확보/유지 및 고객의 LTV(Life Tine Value)향상을 목표로 고객의 행동에 영향을 주기위한 반복적/전사적인 접근이 이루어져야 한다. 고객정보획득, 고객 세분화, 마케팅전략의 수립, 실행 및 평가에 이르기까지 일련의 과정을 피드백 관리함으로써 지속적 개선을 해야 한다.

전세계적으로 CRM은 관심을 모으고 있는 이슈이지만 서로 다른 정의들이 많아 개념상의 혼란을 주는 경우가 많다. CRM은 기업이 수동적인 자세에서 벗어나 적극적으로 고객을 유치하고 고객과의 관계를 긴밀하게 이끌어가야 한다는 사업전략에서 비롯되었으며, 업무 프로세스 개선이 우선이다. CRM을 구현하기 위해서는 하드웨어, 소프트웨어, 네트워크 장비뿐만 아니라, 전산자원을 통합하는 작업과 컨설팅이 뒤따라야 하므로 CRM을 단순히 하드웨어나 데이터웨어하우스(Datdware house)의 연장선 또는 솔루션으로 파악해서는 안 된다.

CRM을 수행하기 위하여 데이터가 고객중심으로 통합되어 활용 가능한 시스템으로 구축이 되면, 여러 기준에 의해 고객을 세분화하고 고객의 특성을 발견하기 위한 여러 기법이 쓰이게 된다. 이러한 기법에는 정보요구자가 데이터웨어하우스에 직접 접근하여 다차원적인 질의를 통해 대화식으로 정보를 산출해 나가는 OLAP(On-Line Analytical Processing), 방대한 양의 정보로부터 쉽게 발견되지 않는 유용한 정보의 패턴을 추출하는 데이터마이닝(Data Mining) 등이 있다.

최근에는 인터넷 기업의 성장이 두드러지면서 외국기업 중에서 아마존, AOL (American On-Line) 등 선도기업을 중심으로 CRM을 통한 일대일 마케팅을 전개하고 있으며, 국내 인터넷 기업들도 대형포탈, 전문포탈, 전자상거래 기업들 위주로 CRM, DB마케팅 시스템을 구축 중이거나 도입을 준비 중이다.

【그림 V-11】 e-CRM의 등장배경

2. 고객관계관리시스템의 범위와 발전

1) 고객관계관리시스템의 범위

이러한 CRM의 범주는 아래의 도표에서 볼 수 있듯이 매우 포괄적이고 광범위하다고 할 수 있다.

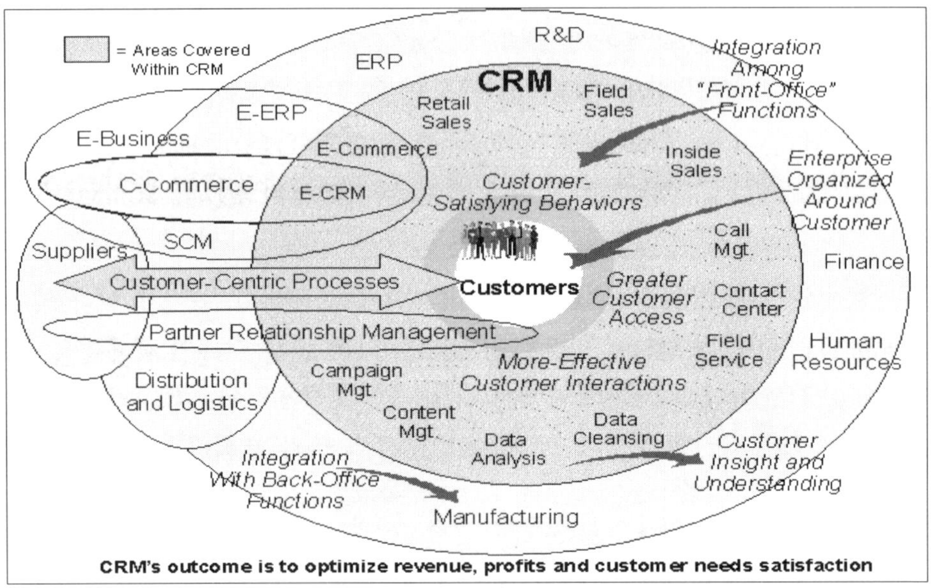

【그림 V-12】 CRM의 범주

2) 고객관계관리시스템의 발전

1990년대 후반 들어 고객관리가 기업의 성과와 생존에 직접적 영향을 미치게 되어 CRM의 시대가 열렸다. 고객은 network의 능동적 참여자로 변화하였고, 과거에는 가치사슬이 공급자 → 판매활동 → 고객의 방향으로 형성되었으나 최근에는 고객 → 고객·기업간 채널 → 경영활동으로 가치사슬의 역류현상이 나타나, 일방향적이었던 DBM에서 기업과 고객이 쌍방향적 동반자로 변화하였다. 이에 따라, 전사적으로 고객 관리를 지향하는 CRM을 도입하였고, 이러한 CRM으로의 진화는 고객으로부터 '요청'의 변화와 정보기술의 혁신으로 인한 기업의 「수단」의 변화에 기인한다.

여기에 Internet의 확산이 e-CRM이라는 개념을 새롭게 탄생시키기에 이르렀으며, Internet과 이메일의 보편화로 기업은 더욱 다양해진 채널을 통해 고객정보를 수집하여 공격적으로 활용하고 있다.[148)]

e-CRM은 Internet을 통하여 e데이터웨어하우스[149)]로 모아진 고객과 관련된 데이터를 웹마이닝(Web mining)[150)]으로 분석하며, Internet과 인트라넷을 이용한 eCRM은 고객층의 정교한 세분화와 개인 고객과의 1:1 관계 형성을 실현하고 있다.

〈표 V-5〉 CRM과 eCRM의 비교

항 목	CRM	eCRM
중심 초점	기업, 고객 에이전트	고객
관계의 성격	단순, 정적	복잡, 동적
관계의 범위와 통제	기업의 특정 영역	확장된 기업의 영역
애플리케이션의 목적	고객 상호작용의 추적	고객관계 가치의 이해와 증진
고객 접촉 채널	영업원 방문, TM, DM 등 복수의 분산된 채널	Internet을 활용한 단일 통합채널
고객 요청 처리과정	복잡하고, 처리과정에 오류 개입 가능성	On-demand access로 단순한 절차와 실시간 처리
비용(Check)	신규고객 유치와 관리 비용이 상대적으로 높음	초기 Set-up 비용이 높은 반면 유지, 관리 비용은 무시할 수준
On-line 서비스 내용	주로 TM을 이용한 단순한 질의/응답	음성, 동화상 Multimedia, FAQ, 기타 고객 관심분야 정보제공
시간, 공간적 범위	제한된 영업시간, 지역적 한계 존재	하루 24시간, 전 세계를 대상으로 가능

148) The Forrester Research Report
149) 데이터웨어하우스는 방대한 고객 프로파일 데이터를 저장하는 정보창고와 같은 것이다.
150) 마이닝이란 데이터베이스에 숨어 있는 유용한 정보를 통계적 기법을 이용해 찾아내는 과정을 말한다.

3. 고객관계관리의 유형과 특징

CRM은 프론트오피스(front office) CRM과 e-CRM으로 구분할 수 있다.[151] 전통적인 CRM시스템을 지칭하는 프론트오피스 CRM은 콜센터 등의 오프라인 매체를 중심으로 고객관계관리의 활동을 지향하는 것을 의미한다. 반면에 e-CRM은 인터넷상에서 발생하는 고객의 상세한 정보를 획득하여 분석하고 이를 바탕으로 고객 개개인에게 맞춤화된 정보를 제공하며 그 성과를 검증·평가하여 결과를 피드백 해 줌으로서 고객 요구에 대한 신속한 대응과 고객행동의 예측을 통해 고객 점유율 증대를 도모하는 일련의 활동을 지원한다.

〈표 V-6〉 프론트오피스 CRM과 e-CRM의 비교

구분	프론트오피스 CRM	e-CRM
주요 활동대상	오프라인 기업	전자상거래 또는 e-Biz 수행기업
고객접점	콜센터, 우편 등 오프라인 중심	인터넷 중심
구성요소	판매, 고객서비스, 마케팅	e-판매, e-고객서비스, e-마케팅
판매관련요소	전화판매, 판매자동화	전자상거래(B2B 등)
고객서비스 관련 요소	기술지원, 현장서비스	셀프서비스, 이메일관리
마케팅 관련 요소	캠페인, 분석도구	e-마케팅, 개인별 서비스

자료 : 민승기, "CRM 기술동향", 「전자통신동향분석」, 16(5), 2001

그러나 이와 같이 프론트오피스 CRM과 e-CRM으로 구분하여 e-CRM을 인터넷 환경하에서의 고객관계관리로 한정하는 것에는 무리가 있을 수 있다. e-CRM을 과거 프론트오피스 CRM을 포함하여 광의로 해석하여 구분하는 형태도 있다. 즉 과거의 프론트오피스 CRM이 인터넷 기반에서 보다 고객 맞춤형 서비스가 가능해진 형태로 e-CRM으로 보는 것을 의미한다.

앞에서 CRM의 개념을 살펴보았지만 이를 좀 더 자세히 살펴보면 CRM의 특징은 다음과 같다.

첫째, CRM은 고객지향적이다. 고객에게 필요한 상품, 서비스는 물론 차별화된 보상 등 적절한 혜택을 제공하여 고객과의 관계 관리에 기업에 초점

151) 민승기, "CRM 기술동향", 「전자통신동향분석」, 16(5), 2001. pp. 67~76. : 김은홍·김화영, 『경영정보학 개론』, 다산출판사, 2006., p. 187.

을 맞추는 고객중심적(Customer-Centric)인 경영방식이다.

둘째, CRM은 고객의 일생 전체에 걸쳐 관계를 구축하고 강화시켜 장기적인 이윤을 추구한다. CRM은 일회적이거나 단기적인 이윤 추구가 아니라, 장기적으로 지속적인 이윤을 추구하는 동적인 경영방식이다.

셋째, CRM은 기본적으로 개별고객의 일생에 걸쳐 거래를 유지하거나 늘려나 가고자 한다. 그러므로 고객과 기업 사이의 상호적인 혜택과 신뢰를 바탕으로 하는 윈-윈(Win-Win)의 결과를 위한 쌍방향(Interactive)의 관계를 형성하고, 지속적으로 발전시켜야 한다.

넷째, CRM은 정보기술에 기반한 과학적인 제반 환경의 효율적 활용을 요구한다. 고객관리를 위한 고객 데이터를 분석하는 등, 구체적인 경영효율의 측정을 통해 가시적인 경영 개선에 역점을 둔다. 그래서 마케팅에 있어서도 비효율적인 매스 마케팅보다는 차별적인 타켓 마케팅(Target Marketing)을 추진하여, 여러 마케팅 활동의 전반적인 효율을 통합적으로 제고해야 한다.

다섯째, CRM은 고객과의 직접적인 접촉을 통해 쌍방향 커뮤니케이션을 지속한다. 특히 멀티채널의 경우에 통합적이고 일관성 있는 메시지와 커뮤니케이션을 구사함으로써 고객과의 관계를 강화시켜 나간다. 이러한 상호작용적 고객 접촉을 활용하여 기업은 고객의 니즈를 자세히 파악할 수 있고 더욱 능동적으로 대처할 수 있다.

마지막으로 CRM은 단순히 마케팅에만 역점을 두는 것이 아니라 기업의 모든 내부 프로세스의 통합을 요구한다. 관계관리에 필요한 모든 부분, 즉 표준화된 업무 프로세스, 조직의 역량이나 훈련, 기술적 하부구조, 영업 요건을 충족할 수 있는 시스템의 기능, 영업전략, 영어정보(Business Intelligence) 등의 부분에서도 균형잡힌 향상을 꾀하는 경영방식이다.

위의 내용을 정리하며, CRM은 고객, 정보, 사내 프로세스, 전략, 조직 등 경영 전반에 걸친 관리체계이며, 이를 정보기술이 밑받침되어 구성되는 것이다. 즉, CRM은 바로 고객과의 관계를 바탕으로 평생고객가치의 LTV(Life Time Value)를 극대화하는 것이다. 단순하게 고객과의 관P에 머무르지 않고 신규고객 및 기존고객의 다양한 고객접점(영업사원의 고객접촉, A/S 직원의 방문, Inbound

Call(고객으로부터 걸려온 전화), Outbound Call(고객에게 판매촉진을 위해 통화한 전화 등)을 활용하여 여기서 발생한 수많은 데이터를 정리 분석해 마케팅 정보로 변환함으로써 고객의 구매관련 행동을 지수화하고, 이를 바탕으로 마케팅 프로그램을 개발, 실현, 수정하는 고객 중심의 경영기법을 의미한다.

4. 고객관계관리의 구성과 기술

1) CRM의 구성요소

효과적인 CRM을 지원하기 위한 솔루션은 대체적으로 다음과 같은 요소들을 지닌다. 첫째, 데이터베이스이다. 데이터베이스는 온라인과 오프라인에서 수집된 데이터를 고객별로 저장하고 관리한다. 둘째, 프론트엔드 애플리케이션은 E-mail, FAQ, 채팅, 전화, 팩스, 화상회의 등을 이용한 고객 대응, 영업활동 전개 등과 같이 고객 접점에서 벌어지는 일들을 처리하기 위한 애플리케이션이다. 셋째, 백엔드 애플리케이션은 고객 성향, 고객 서비스 현황, 마케팅 및 판매활동 계획의 수립 및 관리 등 고객접점에서 이루어지는 활동을 분석하고 계획을 수립하며 보다 나은 고객 대응 방안을 찾기 위한 애플리케이션이다.

하지만 모든 CRM 솔루션이 이들 요소들을 모두 갖고 있는 것은 아니다. 어떤 CRM 솔루션은 프론트엔드 애플리케이션과 데이터베이스로 구성되기도 하고, 어떤 CRM 솔루션은 벡엔드 에플리케이션과 데이터베이스만을 지니고 있기도 하다. 따라서 이들 구성요소는 CRM 솔루션을 아키텍처라는 관점에서 바라보기 위한 기본적인 틀로 활용되어야 한다.

2) CRM의 기술요소

CRM 프로세스는 크게 전략수립, 시스템구축, 실행으로 요약할 수 있으며, 시스템 구축에는 고객 통합 데이터베이스 구축, 고객 데이터 특성 분석, 다양한 마케팅 채널연계 등으로 구분 할 수 있다.

첫째, 고객과 관련된 전사적인 정보의 공유체제가 확립되어야 한다. 기업의 보유하고 있는 계약 및 처리 데이터와 영업점, DM, 콜센터, 캠페인 반응 등을 통해 생성된 고객 반응정보와 인구 통계학 데이터를 데이터웨어하우스 관점에서 기초하여 체계적으로 관리되고 다양하게 활용되어야 된다.

고객 불만과 고객의 요구사항, 고객과의 모든 접점에서 발생하는 정보들이 그대로 데이터베이스를 통해 축적되고, 체계적으로 관리하고, 이러한 정보를 충분히 활용한다면 고객별 차별화된 마케팅을 실시할 때에 지금보다는 훨씬 더 다양하고 의미있는 분석이 가능해지기 때문이다.

둘째, 기존의 고객특성과 새로운 고객군의 발굴을 위한 과학적이고 통계학적인 데이터마이닝 도구가 필요하다. 체계적으로 축적되고, 정제된 고객 통합 데이터베이스를 대상으로 지금까지 경험적이고 단편적인 자기 기업의 고객특성을 알게 된다.

마이닝 방법으로는 고객수명주기상의 가치분석과 고객 개개인의 행동 예측모델을 구축하는 것으로 신경망(Neural Network)과 같은 다양한 분석 모델을 개발하게 된다. 이를 통하여 고객의 가치를 발견하고 차별화함으로서 고객과의 관계를 평생 동안 유지토록 하는 것이며, 고객에게 좀 더 많은 가치를 줄 것인가에 대한 방법을 찾는 일이다.

셋째, 기업의 다양한 고객 채널을 통합하고 연계하는 캠페인 시스템이 필요하다. 고객 데이터베이스를 구축하고 데이터마이닝을 통해 고객특성을 분석하여도 채널과의 연계에 문제가 있다면 마케팅 부서만의 CRM이 될 것이다. 마케팅 채널로는 영업점, 대리점, 콜센터, 우편발송, 웹사이트, 고객센터 등이 고객과의 접점이 될 수 있다.

일대일 마케팅과 고객 특성에 맞는 차별화된 전략을 제대로 수행하기 위해서는 최종 고객과의 접점에서 고객의 모든 정보를 활용할 수 있어야 하며, 현장에서 신속한 결정을 할 수 있어야 한다.

CRM 구축을 위한 정보기술은 고객지향적이면서 전사적으로 연계되어야 한다. 기업이 고객과의 관계를 평생 동안 유지하기 위해서는 기업 어느 부서에서 근무하는 직원 한 사람 한 사람이 항상 고객을 위해, 고객에 대해 준비가 되어 있어야 한다. CRM은 고객에 대한 관점을 원천적으로 바꾸는 것이다. 고객을 알기 위해 노력하고 고객정보에 대한 개념을 바꾸고, 비즈니스를 개선하며, 과학적인 관리를 통해 점진적으로 정착단계에 이를 수 있다. CRM은 기업의 경영환경을 고객위주로 재편하는 과정이며 새로운 정보기술들이 이를 가능케 지원하는 것이다.

Chapter 21 공급망관리시스템

인터넷의 활용으로 기업의 정보시스템이 점차 외부기업과의 정보공유 및 업무처리 연계 등과 같이 외적인 정보 활용이 가능해지면서 지속적인 경쟁우위를 획득하고 성장하기 위해 기업들은 지속적인 공급업체와의 정보시스템 통합을 구상하게 되었다. 특히 정보통신기술의 발전으로 인터넷, 무선의 활용도는 급속도로 이루어져 새로운 제품개발이나 새로운 시장창출의 기회를 마련하기 위해 공급주가나 물류센터에서의 속도에 대한 경영 및 업무처리가 대단히 중요해지기 시작해지기 시작하였다. 즉 기존 제품들의 상품수명이 점점 더 짧아지고 하이테크 제품일수록 제품의 재고가 상품가치 하락으로 이어져 기업의 부담으로 작용하게 되어 이것을 극복하기 위해 재고를 줄이며 상품의 공급주기를 신속하게 운영하려는 혁신적인 노력이 추구되고 있는 것이다.152)

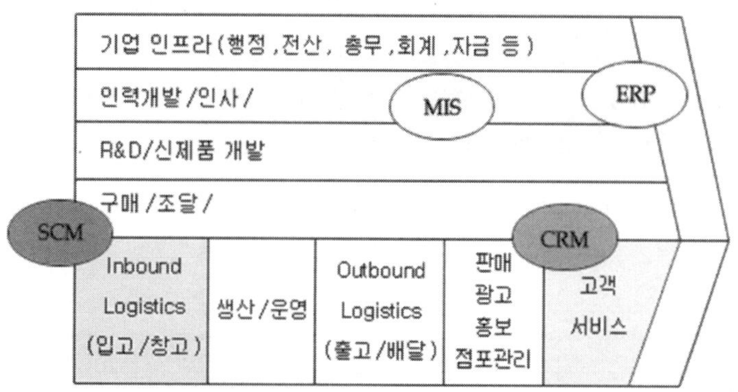

【그림 V-13】 Value Chain상에서 본 SCM과 CRM의 관계

152) 김의창·송유진·문태수, 『e-비즈니스시대의 정보관리론』, 학현사, 2005, pp. 310~316

1. 공급망관리의 의의

SCM(Supply Chine Management)은 원재료공급업체로부터 소비자까지 전체과정에서 상품 및 서비스의 물류(material flow)와 현금흐름(cash flow), 그리고 이를 처리하기 위한 정보의 흐름(information flow)으로 살펴볼 수 있다. 그리고 공급망과 관련하여 구성요소로는 원재료 공급업체, 제조업체, 유통업체, 소비자로 구성되어 있다. SCM은 공급망에 참여하는 모든 기업들이 상호 협력과 신뢰를 기반으로 정보기술을 전략적으로 활용함으로써 공급망 프로세스를 혁신적으로 개선하고 양질의 상품 및 서비스를 소비자에게 제공함으로써 소비자를 가치를 극대화하기 위한 전략적 활동 이라 할 수 있다.

이러한 공급망 관리를 효율화하기 위해서는 사내와 사외의 공급망을 통합하여 계획하고 관리해야 하며, 각 단위 시스템의 통합/연동이 반드시 필요한 요소로 고려되어야 한다. 팔린다는 보증이 없음에도 불구하고 부분적인 목표를 앞세워 활동하는 것은 과잉생산, 기회비용에 의한 손실을 줄일 수 없다. 공급망 전체의 효율성과 서비스의 실현이야말로 효과적으로 최대의 수익을 초래하고, 높은 고객서비스의 제공으로 연결된다. 이것들을 실현 가능하게 하는 새로운 경영전략이 공급망관리이다.

SCM은 1980년대 초, 자재의 구입, 제조, 판매의 비즈니스 기능을 통합했을 때 얻을 수 있는 이점을 연구한 Oliver & Webber(1982)에 의해 처음으로 소개되었다. SCM은 원재료 공급자로부터 고객에 이르기까지의 전 과정에 있는 물류, 정보, 자금의 흐름을 통합한 가상기업을 만들어 전체적인 입장에서 관리하여 물류 비용의 절감, 업무 효율성의 증대, 고객만족 극대화 등을 제공하기 위한 프로세스라고 정의하였다.

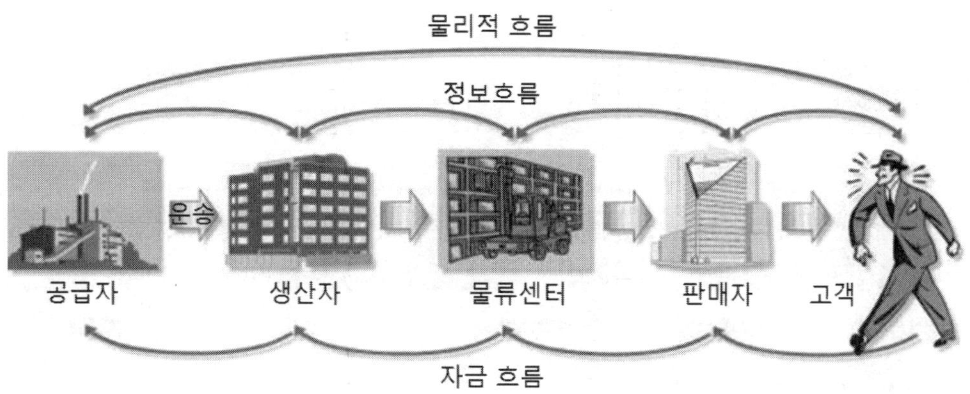

자료 : 대한상공회의소, SCM 도입가이드, 2005.

【그림 V-14】 SCM 도입 최적화

SCM은 단순히 정보기술차원의 접근방법이 아닌 정보기술과 경영철학의 조화를 이루려는 경영전략차원의 개념으로 보고 기업 간 협업, 협력, 신뢰뿐만 아니라 전략, 프로세스 리엔지니어링, 업무 재설계(BPR) 등이 포함된 새로운 기업경영 패러다임이다. 공급체인(supply chain)이라는 용어는 상품이 공급자로부터 최종소비자에게 흘러가는 과정에 참여하는 모든 조직과 이에 상응하는 정보 및 화폐의 흐름을 통칭한다. 보다 분석적인 관점에서 공급체인을 보는 경우 공급체인은 자재의 공급, 변환, 수요가 행해지는 거점들로 이루어지는 네트워크라고 할 수 있다. 이에 포함되는 활동으로는 자재조달, 생산계획, 주문처리, 재고관리, 운송, 보관, 고객서비스와 더불어 이 활동들을 전체적으로 관리하기 위한 정보 흐름의 관리를 포함한다.

SCM은 공급망 내 업체 간의 전략적 제휴를 바탕으로 통합 효율성을 추구하는 경영방식으로 단순히 정보기술차원의 접근방법이 아닌 정보기술과 경영철학의 조화를 이루려는 경영전략차원의 개념이며 기업 간 협력, 전략적 제휴, 프로세스 리엔지니어링, 활동 기준회계 그리고 기업 간 전자상거래 등이 포함된 광의의 경영개념이다. 또한 기업내부를 비롯한 공급망상의 원재료부터 최종소비자에 이르는 일련의 과정을 모두 포함하는 영역과 공급망상의 모든 영역에 포함된 제반사항 등을 통합 관리할 수 있는 새로운 경영전략이다.

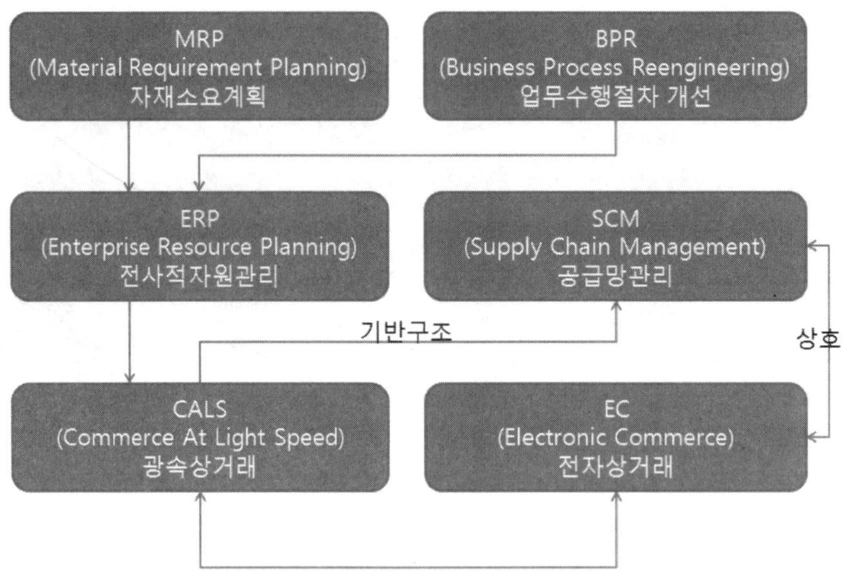

자료 : 대한상공회의소, SCM 도입가이드, 2005.

【그림 Ⅴ-15】 SCM 발전과정

2. 공급망관리의 특징

최근에 부각된 SCM은 개별 기업의 대응방식에서 탈피하여 동일한 공급망 상에 있는 기업들 간의 상호 신뢰와 협력을 토대로 한 소위 파트너십을 통한 대응방식으로 변환하였다. 다시 말하면 공급망상의 모든 기업들이 공동의 이익을 위해 상호 협력한다는 것이다. 최근에는 환경의 변화에 따라 개념과 범위의 활동 자체가 변화하고 있으며 다음과 같은 특성이 있다.

첫째, 가장 근본적인 원자재를 공급하는 공급업체로부터 최종적인 소비자에 이르기까지 전 과정을 포괄하는 조직내부 및 조직간 관계의 통합성을 통해 이루어진다.

둘째, 제품, 정보, 자금 및 관리활동뿐만 아니라 현장작업 업무와 관련 모든 제반 상황의 쌍방향적 흐름을 포함한다.

셋째, 궁극적으로 자원의 적절한 활용을 통하여 고객에게 높은 가치를 제공하고 경쟁우위를 달성하는 데 있다. 또한 접근방식은 <표 Ⅴ-7>에서 나타내고 있는 바와 같이 전통적 접근 방식과 다르다는 것을 알 수 있다. 광범위한 목표, 재고관리 및 구체적인 마케팅 목표의 달성보다는 오히려 고객 서비스의 높은 수준을 달성하려는 관계를 가진다.

즉 고개의 가치를 부여하기 위해서 제품이나 서비스의 형태로 최종 소비자에게 가치를 주는 각종 프로세스나 활동을 실시하는 조직체들을 상류에서 하류까지 연결한 네트워크라고 말하면서 다음과 같은 특징이 있음을 설명하고 있다.

첫째, 공급망 내의 각 가치 활동의 관리책임을 기능활동(구매, 제조, 물류, 판매 등)으로 분류하지 않고 공급망 전체를 하나이 주체로서 관리한다.

둘째, 공급망 전체의 목적을 위한 전략적 의사결정이 필요하며, 그 결과를 단계적으로 진행한다.

셋째, 재고의 사고방식을 바꾸어 재고는 처음부터 조정수단이 아니라 최후의 결과 현상으로 생각한다.

넷째, 단순한 인터페이스가 아니라 기업통합을 도모하는 새로운 전략적 접근 방식이다.

〈표 Ⅴ-7〉 과거 원가절감 접근방식과 공급망관리의 비교

구 분	전통적 접근방식	공급망 관리
재고관리 접근방식	독립적 노력	경로 재고에서 공동 감소
총비용 접근방식	기업 비용 최소화	광범위한 경로비용 효율성
시간 영역	단기적	장기적
정보공유와 감시의 정도	현 거래 요구에 국한	프로세스 계획 및 통제요구
경로내 단계 조정	쌍방의 경로간의 단일 거래계약	기업, 경로 수준간 다자간 계약
공동계획	거래에 기반을 둠	지속적임
기업철학의 양립성	부적절함	중요관계를 위한 최소한 양립
공급자 기반의 폭	경쟁증가와 위험확대로 큼	조정의 증가로 작용
경로의 리더십	불필요함	조정을 위해 필요함
위험과 보상의 정도	개별적	장기적 위험 미 보상 공유
정보 및 재고흐름	창고 지향적	유통센터 지향적

3. 공급망 관리시스템의 기능과 효과

1) SCM 시스템의 기능

기업의 고객수용 예측, 원자재 구매부터 상품 및 서비스의 가공 및 전달까지의 여러 제반 활동을 포괄하는 SCM 시스템의 구성요소는 SCP(Supply Chain Planning)와 SCE(Supply Chain Execution)로 구성된다. SCP는 공급망을 구성하는 내부 구성요소 간의 관계를 파악하고, 시장수요를 예측하여 공급망 전체에 대한 최선의 계획을 수립하여 의사결정과 계획입안 업무를 지원하는 소프트웨어이다. 세부 구성요소는 수요계획(demand planning), 사건계획(event planning), 재고계획(inventory planning), 자동재고보충계획(replenishment planning), 생산계획(manufacturing planning) 등으로 구성된다.

SEC는 SCP를 기반으로 공급망의 구매, 운송, 생산, 배송, 제품인도에 대한 과정을 수행하기 위해 구성되는데, 과거에는 모두 독자적인 시장을 형성하고 있었지만 SCM이 등장함에 따라 구축되어야 시너지효과가 높아진다는 것을 인식하게 되어 점점 통합되어 사용되는 주문처리 및 물류관리를 지원하는 소프트웨어이다. ASN(Advanced Shipment Notice), Cross Docking System을 지원하는 주문처리시스템(AQM : Advanced Ordering Management), 창고관리시스템(WMS : Warehouse Management System), 차량관리시스템(TMS : Transportation Management System)으로 구성된다.

현실적으로 보면 MRPⅡ(제조자원계획: Manufacturing Resource PlanningⅡ), ERP등 기존 정보시스템을 구축한 기업에서 기업성과를 높이기 위한 도구로서 SCP를 쉽게 활용할 수 있을 것이며 SCP를 구현하기 위해서는 SCE를 필요로 하기 때문에 상호보완적인 관계라고 하겠다. SCM을 적용하고자 하는 기업은 기업 간 장벽이 무너진 경쟁적인 전자상거래 환경에서 필수적인 기업통합 프로세스를 개혁하는 도구로서 생각하고 개별기업과 다양한 공급업체와 고객을 하나의 가상기업으로 간주하고 새로운 프로세스와 기업 Master Plan을 수립하여 단계적인 공급망을 구현함으로써 지속적인 성장 이전에 글로벌 경쟁체제에 생존할 수 있을 것이다.

2) SCM 시스템의 효과

SCM을 효과적으로 추진함에 따라 기업이 얻을 수 있는 주요 효과는 다음과 같다.

(1) 재고감소

SCM의 기본사상은 제품의 제조 및 판매활동을 위한 공급사슬 전체를 보고 계획하고 실천하는 것이다. 따라서 재고관리 측면에서 생산, 유통, 판매를 위한 정보가 적시에 제공되기 때문에 공급사슬 내에 원자재 및 제품의 흐름이 적정수준으로 원활하게 운영될 수 있다. 이는 각 업체들이 공급사슬 내의 자사에 해당하는 부분을 단절되고 독립적인 것으로 생각하여 각각 자시의 계획에 따라 상품의 흐름을 파악하면서 그에 필요한 안전재고를 확보하던 것을, 자사의 부분을 연결된 공급사슬의 일부분으로 고려함으로써 재고수준을 현저하게 줄일 우 있게 됨을 의미한다. 이는 자사에 안전재고가 없더라도 필요한 때에 틀림없이 필요한 상품이 필요한 만큼 필요한 곳에 공급된다는 확신이 있을 때 더욱 확고해진다. 또한, 공급업체인 Cycle Time을 25~50% 정도 감소 가능하며 Response Time이 25~50% 감소하며, 재고금액도 감소하며 수요의 불확실성이 개선 가능하며 공급업체인 Cycle Time 감소가 작업공정 프로세스(Work In Process, WIP)를 감소시킨다.

(2) 업무처리 시간단축

SCM은 공급사슬 내 모든 프로세스들의 유기적인 통합을 기반으로 수행된다. 그렇기 때문에 효과적인 SCM 운영을 할 경우의 업무절차 및 처리시간은 공급사슬 내 각각의 프로세스들이 개별적으로 업무절차를 수립하여 수행하는 것에 비해 상당히 간결하며 짧다. 그 이유는 각각의 프로세스가 독립적으로 업무절차를 수립한 후 수행하는 경우에는 공급사슬 내 다른 프로세스를 고려하지 않았기 때문에 사후에 업무절차를 수정하는 작업이 불가피하기 때문이다. 이러한 업무처리의 지연은 곧바로 납기에 대한 고객불만족으로 이어진다. 이러한 SCM 운영으로 인한 업무처리 시간의 단축은 다양한 정보기술의 발달에 따라 가속화될 것이다. 또한, 수요의 가시성과 동기화를 통해 잘 짜여진 공급체인의 유지가 가능하며 시장과 고객변화에 대한 대응능력이 증가하며 경험에 근거한 사전 Warning이 가능하고 시장에 근접한 수요예측의 정확도가 향상되며 궁극적으로 고객서비스와 시장고유의 확대가 가능하다.

(3) 안정된 공급

SCM을 운영함으로써 상호신뢰 관계를 형성하고 장기적인 비즈니스 파트너로서의 적극적인 제휴관계를 구축해 안정적인 거래를 확보함으로써 구매자는 호혜적인 좋은 구매가격으로 더욱 좋은 품질의 필요한 상품을 공급받을 수 있다. 또한 공급자는 장기적인 구매자를 확보하는 것으로 안정적인 생산활동을 벌일 수 있어 생산원가를 절감하면서 공급 상품의 수급조절 개선, 더 좋은 가격으로 공급하면서도 사업수익성을 개선할 수 있게 된다.

(4) 자금흐름개선

자사가 보유하는 재고수준이 현저하게 감소하게 되며 그 재고를 유지하기 위한 공간, 관리 인력 등이 동시에 감소하게 된다. 따라서 재고 상품을 구매하기 위한 자금과 재고 유지비용이 대폭 줄어들게 되어 상당한 자금 여유가 생기게 된다. 이러한 자금은 일회성이 아니고 계속적인 것이므로 결과적으로 기업의 이익에 크게 기여하게 된다.

(5) 상호이익 증가

SCM의 기본 목적이 전체 공급망의 효율을 극대화하여 공급사슬 내의 모든 기업들의 경쟁력은 물론 전 공급망의 경쟁력을 강화하는 것이므로 SCM의 모든 활동에 참여하는 업체 모두에게 그 혜택과 이익은 분배되며 그 혜택과 이익의 크기는 그들이 참여하는 정도와 노력에 비례해 돌아가게 된다.

또한, SCM의 전략적 제휴에 의한 상품 및 서비스의 호혜적인 가격 적용은 직접적으로 원가에 반영되어 가격경쟁력과 이익에 직접 기여하게 된다. 또 재고자산의 감소로 인해 그 재고의 구매 및 관리유지에 소요되는 비용이 절감되어 자금흐름과 이익에 크게 공헌하게 된다. 아울러 사무절차의 간소화 및 정보공유에 의한 사무혁신을 통해 얻어지는 사무비 절감은 회사이익에 크게 공헌할 뿐만 아니라 글로벌 경쟁시대의 경쟁력 강화에도 큰 기여를 하게 된다.

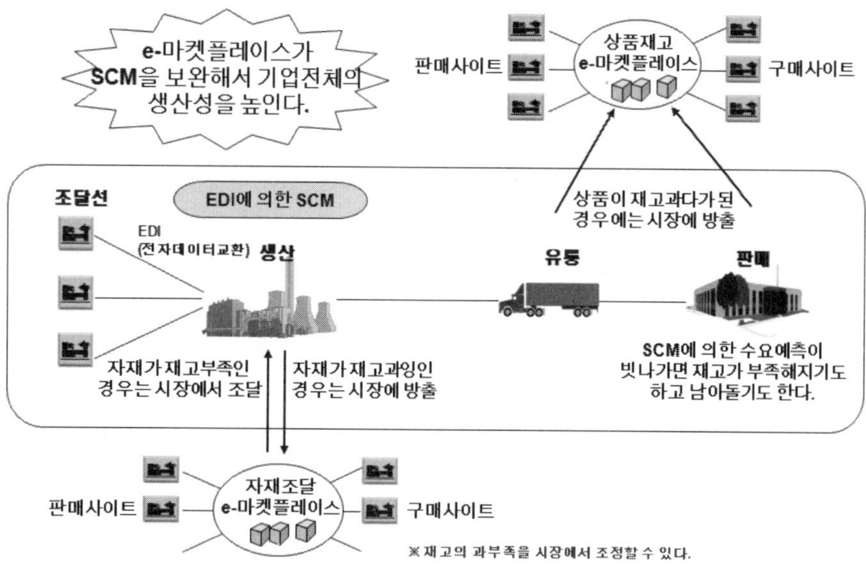

【그림 V-16】 기업의 SCM과 e-Marketplace의 관계

Part Ⅵ

정보전략계획 방법론

Chapter 22 정보시스템 개발

조직이 정보기술을 도입하여 각종 정보시스템을 효과적·효율적으로 개발하고 운영하기 위해서는 이들의 추진 및 운영과정을 경영의 기본기능에 따라 이해하고 대처하는 것이 바람직하다. 경영과정은 크게 계획(Plan), 집행(Do) 및 통제(See)의 세 가지 기본기능으로 구성된다. 그중에서도 특히 계획기능은 조직의 목표를 설정하고 그것을 달성하기 위해 수행되어야 하는 제반 행위를 결정하는 만큼 매우 중요한 의미를 갖고 있다. 더구나 많은 인력과 비용, 시간 등 막대한 자원이 소요되는 조직 전반의 MIS를 구축하기 위해서 포괄적이고도 효과적인 전략 및 계획의 수입이 선행되어야 함은 당연하다.

특히 최근 들어 정보기술의 전략적 중요성에 대한 인식이 높아지면서 기업은 물론이고 정부기관 등에서도 조직의 경영전략과 긴밀하게 연계된 정보시스템 전략 및 계획을 수립하는데 그 어느 때보다도 많은 관심과 투자를 집중하고 있다. 이는 정보시스템의 계획이 단순히 정보시스템 담당부서의 시스템 개발계획의 차원에서 벗어나 조직 전체의 전략적 차원에서 추진되어야 할 필요성을 인식하고 있음을 의미한다.[153)]

153) 김은홍 · 김화영, 『경영정보학 개론』, 다산출판사, 2006. pp. 268~286

1. 정보시스템개발 계획 개요

새로운 정보시스템들은 그 개발 범위가 크든 작든, 개발 목적이 전략적이든 운영적이든 관계없이 조직적 문제해결 과정의 결과물이라 볼 수 있다. 조직 구성원들이 기대했던 것만큼 과업을 수행하지 못하고 있음을 깨닫거나, (정보기술을 활용함으로써) 기업이 과업을 보다 성공적으로 수행할 기회를 얻을 수 있음을 인식하게 되면서 조직적 문제들을 시작한다.

조직적 문제해결 과정의 결과물인 정보시스템은 시스템 개발(system development)이라는 일련의 사건들의 부산물이다. 시스템 개발은 조직의 문제나 기회를 해결(활용)하기 위한 정보시스템과 관련된 제반 활동들을 말한다. 시스템 개발은 별개 활동들로 이루어진 일종의 구조화된 문제해결 과정으로, 이는 시스템분석, 시스템 설계, 프로그래밍, 테스트, 변환, 유지보수 등의 활동으로 이루어져 있다. 본 장에서 시스템 개발 활동은 대개 순차적으로 기술하고 있다. 그러나 이러한 활동 가운데 어떤 부분은 반복적으로 진행될 필요가 있고, 또 어떤 부분은 동시에 진행될 필요가 있다.

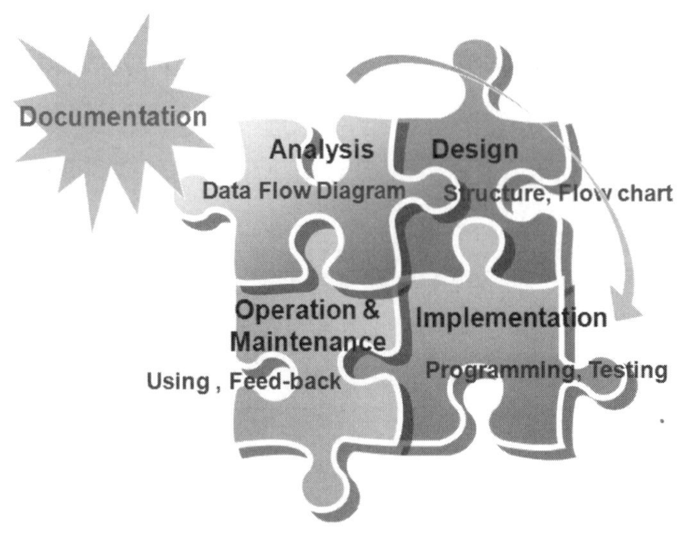

【그림 Ⅵ-1】 정보시스템개발 개요

2. 정보시스템개발의 목표 및 필요성

정보시스템의 계획은 근본적으로 조직 전체에 관한 계획의 한 부분이어야 한다. 이는 정보시스템 부문이 조직의 한정된 자원을 놓고 다른 분야와 경합을 벌여야만 할 뿐 아니라, 조직 전반에 걸쳐 다양한 기능을 지원하는 성격을 가지고 있기 때문이다. 또한 여러 형태의 사업 및 경영계획이 조직환경의 변화를 반영해야 하는 것처럼, 정보시스템의 계획 또한 조직 및 조직환경의 변화에 적응할 수 있는 방향으로 수립되어야 한다. 이렇게 볼 때 정보시스템의 계획의 목표는 조직으로 하여금 끊임없이 변화하는 내부 및 외부적 환경에 효과적으로 적응할 수 있도록 정보기술 및 정보시스템의 잠재적 가치를 극대화시키는 데 있다.

실제로 영국의 기업들을 대상으로 정보시스템의 계획을 수립하는 목표를 어디에 두고 있는지 조사한 결과에 따르면, 가장 중요한 목표로 지적된 것은 "정보시스템을 조직의 사업적 요구와 연계시키는 것"이었다. 그 다음 중요한 목표로는 "정보기술을 통한 경쟁우위의 확보", "최고경영층의 지원 확보", "미래의 정보자원 요구에 대한 예측", "정보기술정책의 확립" 등의 순서로 나타났다.

그런데 특히 최근의 조직 내·외부적 환경은 정보시스템의 계획의 필요성을 더욱 증대시키는 원인을 제공하고 있다. 우선 외부적 환경요인으로는 '변화' 그 자체가 상시화 되었을 정도로 급변하는 현대 경영환경의 특성과 정보기술의 발전에 따라 끊임없이 새로운 기술이 출현·확산되고 있다는 점을 들 수 있다. 조직 내부적으로는 신제품이나 신공정의 개발, 경영혁신의 추진 등에 따른 변화요인이 항상 내재하고 있다는 점을 들 수 있다. 결국 체계적인 정보시스템 계획의 필요성을 증대시키는 가장 중요한 원인은 끊임없이 변화하는 조직 내·외부의 환경에 조직의 정보기술 기반을 적응시켜 나가지 못하면 도태되고 만다는 인식이 크게 확산 된데 있다고 할 수 있다.[154)]

154) Ward, J. and Griffiths, P., Strate갖 Planning for Information Systems(2nd ed.), John Wiley, New York, 1996.

3. 정보시스템개발 아웃소싱

정보시스템 아웃소싱이란 정보시스템 기능의 일부 또는 전부를 외부 전문 업체에 위탁하는 것을 말한다.[155] 과거에는 보안이나 정보자원의 중요성이라는 측면에서 정보시스템 기능에 대한 아웃소싱은 제한적으로 이루어졌다. 그러나 최근에는 몇몇 주요 성공사례가 소개되어 아웃소싱에 대한 관심이 증가하고 정보통신기술의 급격한 발달에 대한 도입 및 관리가 쉽지 않음으로 인하여 아웃소싱이 늘어나고 있는 추세이다.

정보시스템 아웃소싱의 장점은

첫째, 조직의 역량을 핵심적인 분야에 집중시킬 수 있다. 정보기술에 대한 문제를 다른 조직에 일임함으로서 경영문제에 보다 관심을 기울일 수 있게 한다. 뿐만 아니라 정보시스템 기능을 보다 전문적인 업체에 위탁함으로서 정보시스템을 전략적 무기로 활용할 수 있게 만들 수 있다.

둘째, 정보기술에 대한 비용이 증대되고 있지만 아웃소싱을 통하여 비용을 절감할 수 있다. 서비스 제공업자들은 규모의 경제를 통하여 보다 저렴하게 서비스를 제공할 수 있기 때문이다. 또한 서비스 제공업자와 고정가격으로 아웃소싱을 계약함으로서 비용에 대한 불확실성을 제거할 수 있게 된다.

셋째, 정보기술 인력의 활용이 쉬워지며, 정보기술 기반 구조의 노후화에 대한 우려가 없으며 최신 정보기술을 활용할 수 있게 되어 조직의 경쟁력 향상에 많은 도움이 된다.

그러나 정보시스템 아웃소싱이 장점만 존재하는 것은 아니다. 아웃소싱으로 인한 단점은

첫째, 정보시스템 기능에 대한 통제권을 잃어버릴 수 있다. 특히 계약을 불리하게 채결할 경우 서비스 제공업체에게 전적으로 의존하는 결과를 초래한다.

155) 노태환·박종무·한동근·한영춘·김기수, 『경제·경영·정보시스템의 이해』, 영남대학교 출판부, 2008., pp. 280~282.

둘째, 조직의 중요한 기밀사항이나 정보가 유출될 가능성이 있다. 따라서 전략적으로 중요한 분야에 대한 아웃소싱은 신중을 기울여야 한다. 물론 아웃소싱 서비스업체의 입장에서는 신뢰도가 생명이기 때문에 고객업체의 기밀사항을 외부로 유출시키는 경우는 절대로 없을 것이다.

셋째, 아웃소싱을 하면 일반적으로 비용이 절감되지만, 때로는 오히려 비용이 증가할 수도 있다. 그 이유는 조직의 문화가 서로 달라 의사소통이 원활하지 못하거나 감시 감독에 따른 비용이 증가할 수 있기 때문이다. 또한 아웃소싱을 하면 정보기술 축척에 대한 한계도 나타날 수 있다.

이와 동시에 정보시스템 아웃소싱을 통하여 특성도 아래와 같이 변화해 가고 있다.

첫째, 일반적으로 아웃소싱은 중소기업에서 많이 도입하고 있다 그 이유는 중소기업의 경우 정보시스템 기능을 자체적으로 제공할 여력이 없기 때문이다. 그러나 최근에는 정보시스템 기능을 자체적으로 제공할 수 있는 대기업에서도 전략적 차원에서 아웃소싱을 추진하고 있다.

둘째, 선택적 아웃소싱이 많아지고 있다. 과거에는 모든 기능을 아웃소싱주는 형태로 추진되었지만, 최근에는 특정 기능에 대해서만 아웃소싱을 주거나 여러 기능을 여러 업체에 위탁을 하는 방식을 취하고 있다.

셋째, 아웃소싱 서버를 제공하는 업체와 서비스를 요청한 업체와의 관계가 변화해가고 있다. 과거에는 엄격한 계약으로 관계를 유지하였으나 최근에는 상호 신뢰를 바탕으로 파트너십 관계로 변하고 있다.

4. 정보시스템개발 계획의 영역 및 유형

전통적으로 정보시스템의 계획은 일반적인 조직계획과 마찬가지로 그 포괄범위 또는 계획기간을 고려하여 전략계획, 중·장기계획 및 단기계획(또는 연간계획)으로 분류해 왔다. 먼저 전략계획에서는 조직 내 MIS 기능의 기본목표를 설정하고 이를 달성하기 위해 필요한 자원과 이들 자원의 획득, 활용, 처분 등에 관한 기본적 정책지침을 결정하게 된다.

중·장기계획에서는 향후 3년 내지 5년, 길게는 10년 정도까지의 기간을 대상으로 조직목표의 달성을 위해 적합한 MIS의 구조를 설계하고, 그러한 구조를 실현시킬 수 있는 실행계획을 다룬다. 일반적으로 우리가 마스터플랜(master plan) 또는 기본계획이라고 하면 바로 이 중·장기계획을 지칭하는 것으로, 경우에 따라서는 전략계획과 중·장기계획을 하나로 묶어서 마스터플랜이라고 하기도 한다.

그에 비하여 단기계획은 조직의 운영을 위해 매년 수립되는 연간계획으로서 훨씬 구체적인 성격을 갖고 있다. 여기서는 개별적인 응용시스템의 개발, 운영, 유지보수 계획을 중심으로 실제 업무정보화를 추진·실행하는 데 필요한 예산, 인력 및 일정 등에 관한 계획과 구체적인 달성목표를 설정하는 것을 주요 내용으로 한다.

정보시스템개발 계획의 영역은 매우 넓다. 그러나 이를 크게 보면 정보시스템(Information systems : IS), 정보기술(Information Technology: IT) 및 정보관리(Information Management : IM)의 세 가지 영역으로 구분할 수 있다.[156]

1) 정보시스템 영역

기업 전체나 사업부, 또는 기능부서 차원에서 사업상의 요구와 응용시스템의 개발을 최대한 연계시킴으로써 정보기술을 통한 경쟁우위를 확보하고자 하는 데 초점을 맞추는 영역이다. 즉 정보기술의 전략적 활용방안을 모색하는 것이 이 영역의 핵심이다. 따라서 IS 영역은 "정보기술을 이용하여 무엇을 할 것인가?" 또는 "무슨 응용시스템을 확보해야 할 것인가?"라는 질문에 대한 최적의 해답을 구하는, 다분히 사업부/기능부서를 기반으로 하며, 수요지향적이면서 사업중심적인 성격을 갖는다.

2) 정보기술 영역

이 영역의 주 관심사는 " 어떻게 응용시스템을 개발하고 이용할 것인가?"에

156) Earl, M. J., "Information Systems Strategy Formulation", in R. J. Boland, Jr. and R. Hirschheim(eds.), Critical Issues in information Systems Research, Wiley, New York, 1987. 김은홍 전게서, pp. 270~271.

있다. 따라서 여기서는 컴퓨터 하드웨어 및 소프트웨어, 네트워크, 시스템개발방법론, 보완관리 등의 표준이나 지침과 관련된 제반 정보기술정책을 결정하는 것이 무엇보다도 중요하다. 이러한 정책은 궁극적으로 정보시스템 개발자나 사용자의 업무 또는 활동규범으로서의 역할을 수행하므로 IT 영역은 업무활동을 기반으로 하는 공급지향적, 기술중심적인 특성을 갖게 된다.

3) 정보관리 영역

이 영역에서는 조직 내에서 수행되어야 할 다양한 MIS 기능 또는 업무를 정의하고 이를 조직화하는 데 초점을 둔다. 즉 어느 기능 또는 업무를 어느 조직 또는 사람에게 맡겨야 하는지, 관리책임은 어디에 있는지, 전산부서와 현업부서 간의 업무관계는 어떻게 설정되어야 하는지, 성과는 어떻게 측정할 것인지 등과 같은 조직 및 관리상의 문제를 결정하는 영역이다. 따라서 IM 영역은 조직을 기반으로 하며 관계지향적, 관리중심적 특성을 가진다.

5. 정보시스템개발 수요 분석

1) 시스템 분석의 내용

시스템 분석(system analysis)은 조직이 정보시스템을 활용하여 해결하고자 하는 문제들을 분석하는 것이다. 이는 문제를 정의하고, 원인을 규명하고, 대안을 제시하고, 정보요구사항을 분석하는 활동들로 이루어져 있다.[157)]

〈표 Ⅵ-1〉 정보시스템 개발의 개요

핵심활동	내 용
시스템 분석	문제 확인 해결방안 모색 정보 요구사항
시스템 설계	논리적 설계명세 작성

157) 안중호, 『경영을 위한 정보시스템』, 홍문사, 2000, pp. 542~550.

	물리적 설계명세 작성 시스템의 기술적 구현 관리
프로그래밍	설계명세들을 프로그램 코드로 전환
테스트	단위 테스트 시스템 테스트 수용 테스트
변환	변화계획 문서화 사용자 및 기술인력 훈련
운용 및 유지보수	시스템 운용 시스템 평가 시스템 수정

자료 : 안중호, 『경영을 위한 정보시스템』, 홍문사, 2000, p. 542.

시스템 분석가는 조직 내에서 데이터를 누가 소유하고 있는지, 그리고 이러한 데이터를 누가 사용하는지 등을 분석하면서 현행 조직과 시스템의 전반적 계획(ISP)을 작성한다. 이들 관련 당사자(데이터의 소유자 및 사용자)들은 새로운 시스템 개발로 영향 받게 될 정보에 상당한 관심을 보인다. 시스템 분석가는 또한 이러한 조직적 측면 외에, 현재 조직에 활용되고 있는 하드웨어와 소프트웨어들을 간단히 기술한다.

시스템 분석가는 이러한 조직적 분석으로부터 기족의 시스템이 안고 있는 문제점들을 자세히 기술한다. 시스템 분석가는 문서·업무서류·업무절차 등을 검토하고, 현 시스템의 운영상황을 관찰하고, 정보시스템의 핵심 사용자를 인터뷰함으로써 조직이 안고 있는 문제영역과 달성하고자 하는 목표 등을 확인한다. 시스템 분석의 결과 새로운 시스템 정보시스템을 구축하거나 기존 정보시스템을 수정하는 대안이 제시된다.

2) 시스템 실행가능성

시스템 분석에는 또한 제시된 대안이 조직의 자원이나 제약요인을 고려했을 때 과연 실행 가능한 것인지를 결정하는 실행가능성 평가과정이 포함된다. 여기에는 제시된 정보시스템을 현행 기술로 구현가능한지를 보여주는 기술적 실행가능성(technical feasibility), 제안된 정보시스템이 비용보다 수익을 더 많이 주는지를 보여주는 경제적 실행가능성(economic feasibility), 법적 문제점은 없는지를 보여주는 법적 실행가능성(legal feasibility), 현행 관리적·조직적 틀에 비추어볼 때 바람직한 것인지를 보여주는 운영 실행가능성(operational feasibility), 제안된 시스템이 적정 시간 내에 운영가능한지를 보여주는 계획 실행가능성(schedule feasibility) 등이 있다. 경우에 따라서는 이러한 실행가능성을 이들 머리글자를 따서 TELOS라 부르기도 한다.

시스템 분석 과정에서 조직이 추진할 수 있는 몇 가지 대안들이 확인된다. 그 후 각 대안들에 대한 실행가능성이 평가된다. 문서로 작성된 시스템 제안서에는 각 대안들이 수익과 비용, 장점과 단점들이 기술된다. 이러한 과정들이 끝나면 경영자들은 비용, 수익, 기술적 특징, 조직적 영향 등을 고려하여 가장 바람직한 대안들을 결정하게 된다.

3) 정보요구사항 분석

시스템 분석가에게 가장 어려운 과제는 선정된 정보시스템 안이 충족시켜야 할 정보요구사항을 분석하는 것이다. 새로운 시스템의 정보요구사항 분석이란 누가, 어떤 정보를, 어디서, 언제, 어떻게 필요로 하는지를 분석하는 것이다. 요구사항 분석에는 새로운(또는 수정대상이 되는) 시스템의 목표를 주의 깊게 정의하고, 새로운 시스템의 기증을 자세히 기술하는 활동들이 포함된다. 또한, 조직의 목표, 절차, 의사결정 과정뿐만 아니라 경제적·기술적·시간적 제약요인 등이 포함되어야 한다. 잘못된 요구사항 분석은 시스템 실패와 높은 시스템 개발비용의 주요 원인이 된다. 요구사항 분석이 제대로 이루어지지 않은 채 설계된 시스템은 제기능을 발휘하지 못해 버려지거나, 또 다시 많은 비용을 투자하여 수정되어야 한다. 따라서 요구사항 분석의 중요성은 결코 가볍게 다루어져서는 안 된다.

6. 정보시스템 개발 설계

시스템 분서이 정보요구사항을 충족시키기 위해서 "어떤(what)" 시스템이 개발되어야 하는지를 기술하는 것이라면, 시스템 설계는 제안된 시스템이 목표를 "어떻게(how)" 달성해야 하는지를 기술하는 것이라 할 수 있다. 정보시스템 설계는 제안된 시스템에 대한 전반적 계획이나 모델을 만드는 작업이다. 시스템 설계는 집이나 빌딩의 청사진인 것처럼, 시스템의 형식과 구조를 자세히 기술하는 각종 명세(SPECS : specifications)들로 구성된다. 시스템 설계자는 시스템 분석 동안에 확인된 기능들을 전달할 시스템 명세들을 자세히 기술한다. 이러한 명세들은 제안된 시스템의 모든 관리적, 조직적, 기술적 요소들을 기술한다.

1) 논리적 설계와 물리적 설계

정보시스템 설계는 논리적 설계와 물리적 설계로 나누어진다. 논리적 설계(logical design)는 시스템의 구성요소와 이들 간의 관계를 나타낸다. 이것은 제안된 시스템이 실제 물리적으로 어떻게 구현되는가를 보여주기 보다는, 무엇을 수행하는가를 보여준다. 이것은 입력과 출력, 처리기능, 업무절차, 데이터 모델, 통제 등을 기술한다.

물리적 설계(Physical design)는 추상적인 논리적 모델을 새로운 시스템의 기술적 설계로 변환하는 과정이다. 물리적 설계에는 하드웨어, 소프트웨어, 물리적 데이터베이스, 입출력 매체, 매뉴얼 절차, 통제 등의 실제적 명세들이 포함된다. 물리적 설계는 추상적인 논리적 설계 계획을 사람과 기계로 이루어진 시스템으로 전환하는 명세를 제공한다.

집이나 빌딩처럼, 정보시스템은 다수의 가능한 설계 대안들을 가질 수 있다. 가령, 이들은 집중화/분산화, 온라인/배치, 부분 수작업/완전 자동화 등 다양한 대안을 가질 수 있다. 각각의 설계는 정보시스템을 구성하는 각종 기술적, 조직적 요인들의 독특한 배합을 나타낸다. 어떤 시스템을 다른 시스템보다 더 우수하게 하는 요인은 기술적, 조직적, 재무적, 시간적 제약 하에 사용자의 요구사항을 얼마나 쉽게(사용 용이성), 그리고 얼마나 효율적으로(효율성) 충족시키느냐 하는 것이다.

2) 최종 사용자의 역할

사용자의 정보요구사항은 (분석, 설계에서 변환에 이르는) 시스템 구축의 모든 노력을 밀고나가는 원동력이다. 시스템에 (기술자의 능력이나 편견이 반영되는 것이 아니라) 사용자의 업무 우선순위와 정보요구사항이 시스템에 충분히 반영될 수 있도록, 사용자는 설계 과정에 대해 충분한 통제권을 가져야 한다. 정보시스템 설계 단계에서의 사용자의 참여는 정보시스템에 대한 사용자의 이해도를 높이고, 시스템에 대한 사용자의 수용성을 높인다. 뿐만 아니라 권력이동, 그룹 간 갈등, 새로운 시스템 기능 및 절차에 대한 거부감 등으로 야기된 문제점들을 줄인다. 반면, 설계 단계에서의 사용자의 불충분한 참여는 시스템 실패의 주요 원인이 된다.

정보시스템 설계 단계에서 사용자 참여의 수준과 성격은 시스템에 따라 다르다. 단순하고 쉬운 요구사항을 가진 시스템은 정교하고, 복잡하고, 모호하게 정의된 요구사항을 가진 시스템보다 사용자 참여의 필요성이 덜하다. 시스템의 구조화가 덜 되어 있을수록 정보요구사항을 정의하기 위해 보다 많은 사용자 참여가 필요하며, 명세 작업이 완료되기까지 다양한 설계 대안이 필요하다. 또한, 시스템 개발 방법에 따라 설계에서의 사용자 참여 수준은 다르다.

Chapter 23
정보전략계획 방법론

정보전략계획(Information Strategy Planning)은 기업 등 각종 조직에서 정보시스템 계획의 필요성을 인식하기 시작한 이래 최근까지 그 개념이 지속적으로 변화 또는 진화되어 오면서 가장 폭넓게 사용되고 있는 용어이다. 원래 ISP는 1970년대에 처음 등장한 이래 1980년대까지만 해도 주로 '정보시스템계획(Information Systems Planning)'을 의미하는 용어로 사용되었는데, 1990년대 이후 경영전략과의 접목을 통한 정보시스템 구축의 중요성에 대한 인식이 크게 확산되기 시작하면서 정보전략계획(Information Strategy Planning)을 지칭하는 용어로 바뀌게 된 것이다. 이와 함께 전략적 정보시스템계획(Strategic Information Systems Planning: SISP)이라는 용어가 일부 학자들 사이에서 사용되기도 하였다.[158)]

1. 정보전략계획의 의의

오늘날 ISP는 보통 정보전략계획 또는 '정보전략계획을 수립하는 활동'을 지칭하며, 조직 전체의 전략과 연계되어 수행됨으로써 조직의 기획기능에 있어 중요한 위상을 차지하고 있다. 여기서 '정보전략계획'이란 전통적인 정보시스템 계획의 유형 중 전략계획과 중·장기계획을 포괄하는 개념으로서, 조직의 사업전략 및 계획과 연계된 장·단기적 정보요구를 지원할 수 있는 정보시스템 계획을 의미한다.

158) 자세한 내용은 김은홍·김화영, 『경영정보학 개론』, 다산출판사, 2006., pp. 272~286 참조

ISP는 "조직 내부에서 정보화를 일관성 있게 추진할 수 있도록 중·장기적인 안목으로 정보화 청사진을 작성하기 위해 필요하며, 이를 위해 현행 업무와 기존 시스템을 분석하고 이로부터 향후에 바람직한 정보시스템의 전체 모습을 마련하는 작업"으로 정의될 수 있다.[159] 그리고 ISP의 기본목적으로는 사용자들과의 의사소통 향상, 최고경영층 자원의 증대, 자원 할당과 자원 요구사항들에 대한 정확한 예측, 정보시스템 부서 활성화를 통한 비즈니스 기회의 획득, 컴퓨터 활용의 제고 등을 들 수 있다.[160]

2. BSP의 개요 및 특성

1) BSP의 개요

BSP(Business Systems Planning) 또는 전사적 분석(Enterprise Analysis)이란 조직구조와 업무프로세스, 데이터, 응용시스템의 관점에서 조직의 장·단기 정보요구를 분석하고자 하는 구조적 기법으로서, 조직 내 데이터의 실체와 속성을 규명하는 데 매우 유용한 도구이다.[161] BSP에서는 먼저 조직구와 업무프로세스를 파악하고 나서 업무프로세스의 수행과정에서 발생·가공·저장·유통되는 데이터와 현재 조직이 보유하고 있는 응용시스템 현황을 파악·정리하게 된다. 그리고 이들 조직구조, 업무프로세스, 데이터, 응용시스템 사이의 상호관계를 사용해 정리한다.

이러한 자료의 수집 및 분석이 끝나면 주요 경영관리자들과의 심층 면담을 갖게 되는데, 이 과정에서 이미 수집 ·정리된 자료의 타당성을 점검하고 지금까지 밝혀지지 않은 문제점 및 정보요구들을 추가로 파악한다. 이 면담과정은 이와 같은 본래의 목적 이외에 각급 경영관리자를 교육하고 보다 적극적인 참여와 협조를 유도한다는 점에서도 그 중요성을 찾을 수 있다. 한편 면담

159) 문대원·장시영, 『정보시스템 감리』, 명경사, 1998.

160) O'Brien, J. A., "Management Information Systems : Managing Information Technology in the Networked Enterprise", McGraw-Hill Inc., 1996.

161) Laudon, K. C. and Laudon, J. P., Management Information Systems: Managing the Digital Firm(8th ed)., Prentice-Hall, Upper Saddle River, 2004.

은 가급적 하위직 관리자를 먼저, 상급 관리자를 나중에 하는 것이 그 내용을 종합하고 조정한다는 관점에서 바람직하다. 면담시에는 사전에 작성된 면담용 설문지를 활용하는 것이 바람직하며, 사전에 정리된 자료를 가능한 많이 활용하는 것이 의사소통의 효율성을 높이는 방법이 될 수 있다.

그밖에 관리자 면담과정에서 주의하여야 할 점이 두 가지 더 있다. 첫째, 경영관리자와의 면담을 통해 모든 문제가 발견되는 것은 결코 아니며, 경영관리자들이 지적하는 것들이 모두 진짜 문제는 아니라는 점이다. 즉 별도의 분석과정을 통해 관리자들이 제기한 문제점들의 타당성을 검토하고 관리자들의 지적하지 않은 문제점들을 찾아내야 할 필요성이 있다. 둘째, 면담의 결과는 가급적 공식화, 계량화, 객관화하여 정리하여야 한다는 점으로, 이를 위하여 특히 면담용 설문지의 설계에 각별한 신경을 써야 한다.

이상 면담결과는 관리자별, 기능부문별, 그리고 전사적 차원의 문제점 및 개선방향으로 나누고 또한 현재 시스템과 관련된 문제점, 미래의 시스템에 대한 요구사항, 정보시스템과 무관한 견해 등으로 분류한 후, 이를 다시 그 원인이 되는 업무프로세스별로 분류하게 된다. 이렇게 면담자료를 정리하고 나면 이를 토대로 어떤 정보기술을 어떻게 활용할 것인가 어떤 응용시스템들이 필요한가, 응용시스템들의 전체구조는 어떻게 구축되어야 하는가, 응용시스템간 우선수위는 어떻게 되는가 등의 질문에 대한 결론을 내려야 한다. 그리고 이를 실행에 옮기기 위한 구체적인 추천사항 및 실행계획을 도출하고 나면 BSP를 통한 정보요구분석이 완료된다.

2) BSP의 특성

BSP의 장점은 크게 일반 경영관리자, 정보시스템, 정보시스템 관리자 등 세 가지 입장에서 논의될 수 있다. 우선 BSP 과정을 통하여 조직구조, 업무프로세스, 데이터, 응용시스템 등의 관점에서 조직 전반을 분석하고 이를 문서화한 다양한 산출물을 얻게 되는데, 최고 경영층 및 각 기능부문별 관리자들의 입장에서 볼 때 이들 산출물들은 조직을 보다 깊이 이해하고, 조직 내의 다양한 정보요구를 종합적으로 파악하는데 큰 도움이 된다.

정보시스템의 관점에서 BSP는 각 응용시스템이 조직에 미치는 영향정도와

우선수위 등을 고려한 정보시스템 개발계획을 수립할 수 있도록 해 주고, 이를 토대로 보다 사용자 중심의 시스템 구축이 가능해진다는 장점을 가지고 있다. 한편 정보시스템 관리자의 입장에서 볼 때 BSP는 최고경영층의 정보시스템에 대한 인식을 높일 수 있는 계기를 마련해 준다는 데서 가장 큰 의의를 갖는다. 또한 BSP를 통하여 정보자원에 대한 장기적인 투자계획 수립의 근거를 확보하고, 시스템개발 우선순위에 대한 전사적인 합의를 도출할 수 있으므로 확신을 가지고 업무를 처리할 수 있게 된다.

반면에 BSP 기법의 가장 큰 단점은 조직구조와 업무프로세스, 데이터, 응용시스템에 관한 방대한 자료를 수집하고 분석하는데 비용과 시간이 많이 든다는 것으로, BSP의 전 과정을 무리 없이 진행시키기 위해서는 평균적으로 6개월 이상의 장기간을 필요로 한다고 한다. 또한 이 기법이 근본적으로 미래보다는 현재 중심의 정보요구분석에 치중한 특성을 가지고 있다는 것도 단점으로 지적할 수 있다. 몰론 BSP도 미래의 정보요구에 대한 분석을 포함하고 는 있지만 그것이 대부분 현재 경영관리자들의 인지를 바탕으로 도출된 것이라는 점에서 근본적인 한계를 가지고 있다.

3. CSF의 개요 및 특성

1) CSF의 개요

CSF(Critical success factors)또는 핵심성공요인은 "기업 간 경쟁에서 성공적 위치를 점할 수 있도록 보장해 주는 제한된 수의 요인 또는 활동영역"으로 정의된다.[162] 따라서 경쟁에서 성공하고자 하는 경영자라면 자신의 모든 의사결정과정에서 CSF를 하나의 전제조건으로 고려하고, 아울러 계속적으로 CSF와 관련된 성과를 측정하고 점검하지 않으면 안 된다.

이러한 CSF는 대게 산업, 기업, 사업부 또는 기능부문, 그리고 개인 등 네 수준에서 정의 하는 것이 보통이다. '산업 CSF'는 산업 특성이나 환경에 의해

162) Rockart, J. F., "Chief Executives Define Their Own Data Needs", Harvard Business Review, Mar./Apr. 1979, pp. 81~91.

결정되며 동종 산업 내 모든 기업에게 적용되는 성공요인이다. '기업 CSF' 또는 전사적 CSF는 기업의 특성이나 환경, 산업 CSF에 의해 결정되는 것으로, 개별 기업의 성공을 보장하는 요인을 의미한다. 또한 '기능 부문 CSF'는 전사적 CSF의 성공적 달성을 위해 각 기능부문에서 핵심적으로 고려해야 할 요인을, '개인 CSF'는 전사적 CSF 및 기능부문 CSF의 달성을 위한 각 구성원의 핵심적인 목표로 볼 수 있다.

ISO 도구로서의 CSF방법론은 하향식(top-down) 또는 규범적 접근에 의해 경영층의 정보요구를 파악하고자 하는 기법으로 볼 수 있다. 여기서는 무엇보다도 산업, 기억, 기능부문 및 개인 차원의 CSF를 도출하는 데 중점을 둔다. 이어서 이들 CSF의 성과를 지속적으로 점검하는 데 필요한 정보를 정의하고, 이러한 정보를 효과적으로 제공할 수 있는 정보시스템체계를 정의하게 된다. 또한 경영층의 경우 비정형적 정보에 대한 요구가 많음에 주목하여, BSP와는 달리 특별한 분석방법이나 절차 등의 형식에 구애받지 않고 요구정보를 파악한다는 점도 이 기법의 특징이다.

2) CSF 방법론의 기본과정

CSF 방법론은 기업이 속한 산업과 기업 고유의 특성 및 경영자 특성 등을 고려하여 CSF를 하향식으로 정의하고, 여기에 기업이 처한 환경적 요소와 현실적 요소를 감안함으로써 체계적인 정보의 창출과 활용이 가능하다는 기본가정에서 출발한다. CSF 도출을 통하여 정보시스템 계획을 수립하는 과정을 크게 나누어 보면 ① 조직 환경 및 목표 분석, ② 조직의 문제 및 요구사항 파악, ③ CSF 추출, ④평가항목 및 측정방안 도출, ⑤정보 및 정보시스템 요구분석, ⑥ 추진 우선순위 설정, 그리고 ⑦ 실행계획 수립 등의 단계를 거치게 된다.[163)]

먼저 CSF를 도출하기 위해서는 CSF 분석가 또는 분석팀이 조직 및 환경에 대한 깊은 이해를 가지고 있어야 한다. 왜냐하면 조직의 특성 및 환경, 그중에서도 특히 조직목표는 가장 중요한 CSF의 출처가 되기 때문이다. 좀 더 구체적으로 분석가는 조직의 목표, 구조 및 업무흐름, 각 부문별 목표 및 주요 업무 등에 대해 완전히 이해하고 있어야 한다.

163) Bullen, C. V., and Rockart, J. F., "A Primer on Critical Success Factors", CISR Working Paper, No. 69, Sloan School of Management, MIT, June 1984.

이러한 조직에 대한 이해를 바탕으로 분석가는 먼저 조직이 직면하고 있는 주요 문제점 및 요구사항을 파악해야 한다. 즉 조직의 각 부문별 담당자나 간부들과의 면담 등을 통하여 조직이 처한 문제점과 이에 대처하기 위해 요구되는 사항들을 미리 파악함으로써, 향후 구체적인 CSF 추출을 위한 자료조사 방식에 대한 계획의 수립이 가능해진다.

이어서 조직 내 각급 관리자들로부터 전사적, 기능부문 및 개인 CSF는 물론, 각 CSF별로 그 성과를 평가할 수 있는 지표 및 측정방법과 관련된 구체적인 내용에 과한 의견을 수렴해야 한다. 이때 의견수렴 방법에는 크게 면담과 설문조사의 두 가지 방식이 있다. 그런데 이 과정에서 특히 주의할 점은 면담이나 설문조사에 앞서 관련자들에 대해 CSF 개념 및 추출과정 등에 대한 충분한 교육을 실시해야 한다는 점이다. 그리고 CSF와 평가지표를 정의하는 과정에서 필요하다면 그 횟수에 구애받지 말고 보충면담이나 워크숍 등을 반복적으로 실시해야 한다.

이상의 과정을 거쳐 CSF와 평가지표가 정의되고 나면, 그로부터 필요한 정보 및 정보시스템에 대한 요구를 도출할 수 있게 된다. 이렇게 해서 CSF 성과의 평가와 통제를 위해 반드시 확보해야 할 응용시스템들의 목록을 작성하고, 이들 간의 개발 우선순위를 결정하게 된다. 마지막으로, 우선순위에 입각하여 구체적인 실행계획을 작성하게 되면 CSF 방법론의 모든 과정이 끝나는 것이다.

3) CSF방법론의 장단점

ISP 도구로서 CSF 방법론이 가지는 가장 큰 장점은 무엇보다도 비교적 조직의 현재 상황과 독집적인 정보요구를 도출함으로써 조직의 목표와 정보시스템을 직접적으로 연계시킬 수 있다는 데 있다. 조직의 구조 및 업무프로세스 분석, 관리자들의 인식 등을 출발점으로 하는 BSP와 비교해 볼 때, CSF 방법론의 장점을 쉽게 이해할 수 있을 것이다. 이러한 장점은 특히 사전에 조직목표 및 전략체계를 명확히 설정하고 있는 조직에서 더 크게 나타나지만, 설사 그렇지 않은 조직이라 할지라도 CSF 방법론을 적용함으로써 비교적 쉽게 조직목표와 정보시스템 구축을 연계시킬 수 있다고 한다.[164)]

164) Earl, M. J., "Information Systems Strategy Formulation", in R. J. Boland, Jr. and R. Hirschheim(eds.),

또한 CSF 방법론은 경영층의 정보요구분석을 위한 목적 이외에 기존 또는 개발예정인 응용시스템의 평가를 위한 목적으로 활용할 수 있다는 장점도 있다. 즉, 각 응용시스템이 CSF의 성과를 측정·통제하는 데 얼마나 많은 기여를 하느냐에 따라 시스템의 전략적 및 경영관리적 가치를 평가할 수 있다는 것이다. 또한 특별히 정형화된 형식이나 절차에 구애받지 않고 비교적 손쉽게 적용할 수 있다는 점도 이 방법론이 가진 또 하나의 장점으로 지적할 수 있다.

반면에 CSF 방법론은 그 자체로서 완전한 정보시스템 계획수립 방법론이 아니고 다른 방법론과 함께 활용될 수 밖에 없다는 점에서 근본적인 한계를 가지고 있다. 이는 방법론의 특성상 CSF와 무관한 영역을 포함하여 조직의 모든 업무프로세스를 포괄하는 정보요구의 분석이 불가능하기 때문이다. 그 밖에도 경영자들의 CSF에 대한 인식이 미흡한데다가 사람마다 생각하는 방식이 다르기 때문에 실제로 CSF를 추출하는 과정이 그렇게 쉽지 않다는 점도 이 방법론이 단점 중 하나로 지적할 수 있다.

4. 정보전략계획의 이행

업종이나 규모 등의 조직특성에 따라 다르겠지만 ISP는 보통 3개월에서 6개월 정도의 기간이 소용되는 비교적 복잡한 과정을 거쳐 이루어진다. 이 과정에는 조직의 내적·외적 환경에 관한 다양한 자료의 수집·분석이 필요하고 또 이러한 과정을 거쳐 산출되는 최종계획서는 앞에서 언급한 바와 같이 정보시스템, 정보기술 및 정보관리영역에서의 전략과 중·장기계획을 포함해야 한다.

정보전략계획의 이행을 위한 투입물과 산출물의 경우 먼저 투입되어야 할 정보의 유형은 다음과 같이 정리할 수 있다.

ISP를 위해 투입되어야 할 자료 및 정보는 다음 네 가지 유형으로 나눌 수 있는데, 그 밖에 이러한 자료를 수집하고 분석하기 위한 도구나 기법, 절차를 포함하는 ISP 방법론도 별도의 투입물로 볼 수 있다.

네 가지 유형에는

Critical Issues in information Systems Research, Wiley, New York, 1987.

첫째, 내부 경영환경정보를 들 수 있다. 내부 경영환경정보는 조직의 경영전략, 경영목표, 보유자원, 업무프로세스, 조직문화·가치 등이 포함된다.

둘째, 외부 경영환경에는 조직운영에 영향을 미치는 경제·사회·법·제도적 환경, 산업 및 경쟁 환경 등의 정보를 포함하고 있어야 한다.

셋째, 내부 기술환경에는 현대 조직이 보유하고 있는 정보기술 기반 및 그 수준, 성숙도, 예산 특히 이미 개발되었거나 개발예정인 응용시스템 구성정보 등이 요구된다.

넷째, 외부 기술환경은 국내 및 국제적인 정보기술의 발전추세와 활용현황 등이 필요하다.

앞에서 우리는 정보시스템 계획의 영역을 IS, IT, IM 등 세 가지 영역으로 구분하여 정의 하였는데, ISP를 수행한 결과로 얻게 되는 다양한 산출물 역시 이들 영역별로 나누어 볼 수 있다.

정보시스템(IS) 전략 및 계획은 조직목표 달성 또는 경쟁우위 확보를 위해 향후 각 부서나 기능별로 어떠한 정보시스템을 구축해야 하는가를 설정하는 것으로, 특히 바람직한 비즈니스 모형을 토대로 조직 내 정보흐름을 설계한 정보체계(Information Architecture)와 각 응용시스템의 기능 및 시스템 간 연계를 포함하는 업무시스템체계(Business Systems Architecture) 또는 정보시스템체계(IS Architecture)를 정의하는 것이 주 관심사가 된다.

정보기술(IT) 전략 및 계획은 필요한 컴퓨터 하드웨어 및 소프트웨어, 네트워크, 데이터베이스 등 IT 자원을 정의하고 그와 관련된 각종 방법론, 표준, 보안관리 등에 대한 정책방향을 설정하는 것으로, 특히 정보기술체계 (IT Architecture)를 정의하는 것이 중요하다.

정보관리(IM) 전략 및 계획은 조직 내의 정보시스템 담당부서의 조직화 방안을 중심으로 해서, 정보시스템 및 정보기술의 관리기능을 정의하고 이를 조직내에 적절히 분담하여 권한과 책임소재를 확고히 하는 것이 주 내용이 된다. 특히 정보기술에 대한 투자관리와 인력관리, 외주관리, 비용의 회계처리 방안 등을 확립하는 것이 중요한 과제가 된다.

〈표 Ⅵ-2〉 전통적인 계획 과정과 바람직한 계획 과정 비교

속 성	전통적인 계획과정	바람직한 계획과정
범 위	프로젝트 중심	사명(mission)중심
접근방법	상향식(bottom-up)	하양식(top-down)
철 학	반응적(reactive)	사전 행동적(proactive)
정보시스템 이미지	자료 처리	의사결정
계획 기간	단기(6개월 정도)	장기(5년 정도)
지원 활동	운영/관리	운영/관리/전략
지원하는 의사결정	잘 정의된 의사결정	다양한 의사결정 지원
혁 신 성	일부분	조직전체
지 향 점	정보시스템조직	조직 전반

국내·외 컨설팅업체나 SI업체에서는 각자 ISP를 수행하기 위한 과정이나 절차, 도구 등을 정의한 방법론을 개발하여 활용하고 있다. 여기서는 ISP를 위해 거쳐야 할 기본적인 절차를 소개하고 실제 국내의 대형 SI업체에서 적용하고 있는 ISP 방법론을 소개하기로 한다.

정보전략계획 이행을 위한 절차를 살펴보면 어떠한 조직이 어떠한 목적으로 어떻게 진행할 것인가에 따라서 매우 광범위하게 적용되지만, 근본적인 면에서는 큰 차이가 없다. 따라서 여기서는 ISP를 수행하는 과정에 반드시 포함되어야 할 기본절차를 제시하고자 한다. 이를 위하여 그 동안 주로 전문 컨설팅기관들에 의해 개발되어 온 다양한 ISP 방법론을 비교·검토한 결과 여섯 단계의 기본 절차를 도출할 수 있었다.

1) 착수단계

효과적인 정보전략계획 프로젝트를 수행하기 위해서는 사전에 충분한 환경 조성이 이루어져야 하는데, 이 착수단계에 포함되는 활동을 나열해 보면 다음과 같다.

① 프로젝트의 목적, 범위, 최종결과물 등의 명확한 정의

② 프로젝트에 적용할 방법론, 도구 등의 정의 및 확보

③ 프로젝트 전담팀의 구성 및 교육
④ 프로젝트 단계의 조정 및 관리방법의 결정
⑤ 자료수집을 위한 면담대상자 및 각 기능별·부서별 협조자 명단의 확정
⑥ 구체적인 프로젝트 일정, 역할 및 책임 분감, 중간성과물 등의 정의

이상과 같은 착수단계에서 특히 중요한 것은 조직구성원들, 특히 최고경영층에서 ISP의 필요성을 확실하게 인식시키는 것이다. 이는 최고경영층의 지원을 통해서만 ISP 프로젝트에 필요한 자원을 충분히 확보할 수 있을 뿐만 아니라, 계획을 수립하는 과정에서 최고경영층의 적극적 참여를 통한 방향제시가 필요하기 때문이다. 최고경영층 이외에도 각 기능부문의책임자들의 역할도 매우 중요하므로, 착수단계에서 이들을 적극적으로 설득하여 자발적인 참여와 협조를 이끌어낼 수 있어야 한다.

2) 환경/전략 분석 단계

조직 내·외부의 경영 및 기술 환경에 대한 분석을 통하여 현재의 문제점과 향후 발전방향을 개괄적으로 파악하는 단계로, 이에 관해서는 이미 앞에서 ISP의 투입물이라는 관점에서 상세히 설명한 바 있다.

3) 업무요건 정의 단계

각종 문서나 컴퓨터 파일 등을 분석하거나 조직 내 각 부문의 경영자나 담당자들과의 면담을 통해서 업무상의 정보요구를 파악하고 우선수위를 결정하는 단계이다. 또한 이 단계는 현재 구축되어 있거나 구척예정인 정보시스템의 현황 및 문제점을 파악하는 과정을 포함하는데, 넓게 되면 이 과정은 바로 앞 단계의 내부 기술환경 분석에 포함시킬 수도 있을 것이다. 결론적으로 업무요건 정의 단계는 현행 시스템의 개선방향과 미래의 정보요구를 분석·종합하여 바람직한 정보요구사항을 정의하고, 이들 간의 우선순위를 결정하는 단계이다.

4) 체계 정의 단계

여기서는 지금까지의 분석결과를 토대로 바람직한 조직의 정보체계, 업무

(또는 정보)시스템 체계 및 정보기술체계를 정의하고 미래의 정보관리체계를 설계하게 된다. 이들은 모두 ISP의 핵심이 되는 산출물이다.

5) 이행계획 수립 단계

이전 단계에서 정의한 각종 체계들이 조직 내에 실제로 구현되기까지는 상당한 시일이 필요하다. 따라서 이들 체계로 이행하는 과정에 대한 보다 구체적인 계획이 필요하게 되는데, 이를 이행계획(migration plans) 또는 실행계획(implementation plans)이라고 한다. 이행계획은 보통 대략적인 소요예산이라든가 일정계획을 포함하며, 이들 계획을 바탕으로 수립되는 각종 자원의 조달계획 등을 포함된다. 특히 최근에는 이행계획의 수립에 있어서 아웃소싱을 자원확보의 중요한 대안의 하나로 고려하는 것이 바람직하다는 견해가 점차 설득력을 얻고 있다.

6) 완료단계

지금까지의 분석결과와 정의한 내용을 모두 포함하는 ISP 보고서를 작성하고 난 후, 조직구성원 전체가 그 내용을 공유할 수 있도록 해야 한다. 이를 위해서는 새로 작성된 ISP 보고서의 요약본을 구성원들에게 배포하고, 별도의 홍보 및 교육을 실시하는 것이 필요하다. 또한 중·장기적 관점을 기반으로 하는 ISP가 소기의 성과를 얻기 위해서는 특히 계획의 사후관리가 중요한데, 여기에는 사후점검과 유지보수가 포함된다. 사후점검이란 실제로 계획이 이행되고 있는지를 정기적으로 점검하여 필요한 조치를 취하는 것을 의미한다. 또한 계획가간이 비교적 장기인 경우 시간이 지나면서 당초 예상했던 것과는 다른 상황이 발생하는 경우가 많은데, 이때는 계획의 적절한 유지보수가 필요하게 된다. 이처럼 적절한 시기에 유지보수가 이루어지지 않는다면 그 계획은 이미 계획으로서의 가치를 상실하기 때문이다. 끝으로, 이상과 같은 계획의 사후점검과 유지보수를 제대로 수행하기 위해서는 그 책임과 권한을 명문화하여 조직 내 특성 부서나 인력에 부여하지 않으면 안 된다.

5. 정보전략계획의 장애요인 및 성공요인

지금까지 많은 조직에서 ISP 수행을 위하여 적지 않은 시간과 노력을 투자해 왔으나 이와 같은 투자가 항상 소기의 성과로 이어지는 것은 아니었다. 그 동안 실제 기업을 대상으로 ISP의 장애요인 또는 성공요인들을 조사한 다양한 연구 결과를 보면, 조사에 따라 약간씩 다른 요인들이 제시되거나 요인별로 상대적 중요도가 다르게 평가되기도 하지만 대체로 유사한 결과를 보여주고 있다. 기존 문헌에서 효과적인 ISP 수행에 장애가 되는 것으로 지적되어 온 대표적인 요인들은 다음과 같다.[165)]

① 최고경영층의 참여 및 지원 부족
② 효과측정의 어려움
③ 사업특성에 대한 적절한 대처능력의 부족
④ 적절한 능력을 갖춘 프로젝트 팀장 확보의 어려움
⑤ 전문 인력의 부족
⑥ 조직 내의 정치적 갈등
⑦ 정보기술 기반의 취약성

이상 요인들을 성공적인 ISP 수행을 위해 사전에 예방 또는 제거해야 할 요인으로 본다면 이들로부터 성공요인의 도출이 가능해진다. 또한 실제 기업을 대상으로 직접 ISP의 성공요인을 분석한 실증적 연구결과에서 조사된 ISP의 성공요인을 중요도가 높음 순으로 제시하면 다음과 같다.[166)]

① 최고경영층의 참여
② 최고경영층의 지원
③ 명확한 비즈니스전략의 설정
④ 기술보다 비즈니스 우선의 접근
⑤ 정보시스템 부서의 관리능력

165) Lederer, A. and Mendelow, A. L., "Information Resource Planning : Overcomming Difficulties in Identifying Top Management's Objectives", MIS Quarterly, 11(3), 1987, pp. 389~399 : Lederer, A. L. and Sethi, V., "The Implementation of Strategic Information Systems Planning Methodologies", MIS Quarterly, 12(3), 1988, pp. 445~461.

166) Earl, M. J., "Experiences in Strategic Information Systems Planning", MIS Quarterly, 17(1), 1993.

Chapter 24
정보시스템의 프로젝트 관리

정보시스템 분야에서는 오래전부터 정보시스템 개발 프로젝트의 성패를 결정짓는 요인을 도출하기 위하여 다양한 방법으로 조사 또는 연구가 수행되어 왔다. 그 결과 대부분의 연구에서 체계적인 프로젝트 관리 활동의 수행여부는 성공적인 정보시스템 구축에 중대한 영향을 미치는 요인으로 밝혀졌다.[167] 이에 여기에서는 정보시스템 프로젝트 관련한 내용을 살펴보고 이에 대한 방안 등에 대하여 기술하였다.

1. 정보시스템 프로젝트 관리의 의의와 목적

프로젝트 관리(Project management)를 프로젝트의 요구사항을 충족시키는 데 필요한 지식이나 기량, 도구, 기법 등을 프로젝트 활용에 적용하는 것으로 정의하고 있다. 즉, 특정한 목적을 가지고 수행되는 프로젝트가 계획된 자원 안에서 간과 예산을 통하여 최적의 자원을 활용하고 고객이 만족할 만한 품질을 확보할 수 있도록 이에 대한 필요한 기술 및 관리활동으로 정의하고 있는 것이다.[168] 즉 프로젝트 관리란 사업관리측면의 활동과 기술관리 측면의 활동을 모두 포함하고 있으며, 프로젝트에 주어진 자원과 비용, 일정을 효율적으로 관리

167) Fox T. L. and spence, J. W., "the Effect of Decision style on the Use of a Project Management Tool : An Empirical Laboratory Study", ACM SIGMIS Database, 36(2), 2005. pp. 28~42
168) 김은홍·김화영, 『경영정보학 개론』, 다산출판사, 2006., pp. 417~432

하는 활동을 말한다.

이와 같이 프로젝트는 체계적·효과적으로 관리되지 않으면 안 된다는 점을 잘 보여주고 있다. 즉 똑같은 프로젝트를 수행한 경험이 없고 어느 정도 시간이 경고한 이후에야 프로젝트가 제대로 진행되고 있는지 알 수 있는 상황에서 정해진 시점까지 프로젝트의 목적을 성공적으로 달성하는 것은 쉬운 일이 아니다.

한편 프로젝트관리의 가장 큰 목적은 궁극적으로 고개만족에 있다. 그리고 고객만족을 위해서는 프로젝트 관리 과정에서 특히 고객과의 신뢰관계를 바탕으로 프로젝트의 일정과 비용, 품질 등 세 가지 요소를 고려해야 한다. 그런데 이들 요소는 서로 상충관계를 가지고 있어 예를 들면, 비용을 낮추는데 치중하다보면 품질이 저하될 수 있다. 반면 품질에 치중하다보면 시간이나 비용 등이 추가적으로 상승할 수 있다.

따라서 프로젝트의 계획 및 실행 또는 프로젝트 계획의 변경시 반드시 이러한 점을 감안하여 이 세 가지 요소가 서로 균형을 유지하는 가운데 고객이 요구하는 목적을 효과적으로 달성하도록 관리해야 한다.[169)]

2. 정보시스템 프로젝트의 성공요인

정보시스템 프로젝트의 성공 및 실패요인을 살펴보면, 실패요인으로는 프로젝트 관리자의 역량 부족, 기대목표의 설정 및 관리 실패, 관리자들의 리더십 부족, 요구사항의 명확화 부재, 부적절한 계획의 수립 및 실행, 프로젝트 예측 노력의 부족, 조직의 문화 또는 윤리성과의 부적합, 프로젝트 팀과 비즈니스 또는 타 조직의 부적합, 의사소통의 부적절성 등을 들 수 있다.

성공요인으로는 경영층의 확고한 의지, 사용자의 참여, 프로젝트 관리자의 수준 있는 역량, 명확한 비즈니스 목표의 제시, 개발범위의 최소화, 표준 소프트웨어 기반의 구축, 적절한 방법론의 제시, 프로젝트의 예측성의 신뢰도 강화 등을 들 수 있다.

169) Amir, M. and Leon, F., "Establishing Project Control : Schedule, Cost and Quality", Sam Advanced Management Journal, 1999

Reference
참고문헌

권순범·조윤호, 「유비쿼터스 개론」, 국민대학교 출판부, 서울, 2005
김세현, "정보시스템 시큐리티," 「경영과 컴퓨터」, 1987년 3-7월호
김은홍, "정보시스템 부문의 조직관리기법," 제 23기 경영정보관리사 양성과정 교재, 한국생산성본부, 1997. 10.
김은홍·김화영, 『경영정보학 개론』, 다산출판사, 2006.
김의창·송유진·문태수, 『e-비즈니스시대의 정보관리론』, 학현사, 2005
김효석·홍일유, 『디지털경제시대의 경영정보시스템』, 법문사, 2000.
남기찬, "아웃소싱의 네 단계 관리전략," Information Systems Review, 1(1), 1999.
노태환·박종무·한동근·한영춘·김기수, 『경제·경영·정보시스템의 이해』, 영남대학교 출판부, 2008.
문대원·장시영, 『정보시스템 감리』, 명경사, 1998.
민승기, "CRM 기술동향", 「전자통신동향분석」, 16(5), 2001.
박영태·김영미·김현지. "SCM 도입의 활성화 방안과 발전 전략에 관한 연구." 「물류학회지」, 13(2), 2003.
백기복, 「조직행동연구」, 창민사, 2004.
백상용·박경수, "한국 경영정보학 연구 경향 분석:1974-1993," 「경영정보학연구」, 1995.
서한준·최명례, "IT 아웃소싱 운영 효율과 만족 증대를 위한 SLA 지표 선정 프레임워크," Entrue Journal of Information Technology, 2004.
안중호, 『경영을 위한 정보시스템』, 홍문사, 2000.

이영희·이정우, "지식관리시스템(SCM)의 성공요인 : 공기업 사례들의 분석," 「한국경영정보학회 춘계학술대회논문집」, 2004,244-252.

이재규·최형림·김현수 편저, 「인터넷 환경의 지식시스템」, 법영사, 서울, 2006

이재남·김영걸, "정보시스템 아웃소싱의 성공을 위한 인과모형에 관한 연구 : 구조방정식 모형 접근방법," 「경영학연구」, 제28권 3호, 1999.

이재남, 「UIT를 위한 경영정보학원론」, 국민대학교 출판부, 서울, 2005. 2

이진주·김상훈, "MIS성과에 대한 평가모형," 「경영과학의 응용」, 2, 1985.

이태공·박성범·이헌중, 「정보기술 아키텍처」, 도서출판 기한재, 2000.

임규건·김광용·김민용·서우종· 안병석 공역, 「e-Business 시대를 위한 경영정보시스템」, (Turban, E.,McLean, E. and Wetherbe,J. 원저 「Information Technology Management」), 사이텍미디어, 서울, 2003

장시영, "전사적 아키텍처 기회(EAP)을 통한 IT 아키텍처의 구축 : 정보시스템(ISP)의 새로운 패러다임," Working Paper, 성균관대학교 경영연구소, 2001.

장형욱·이상식·박병권, "공급사슬구조에 따른 SCM활동과 경영성과에 관한 연구." 「정보시스템연구」, 15(2), 2006, 173-193

전성현·정승렬·배준범, "리엔지니어링 성공요인의 이원론적 분석," 「경영정보학연구」, 11(2), 2001, 205-221

정경수·고일상·박관희·이재정·정철용·한영춘·홍사능, 「경영정보시스템」, 이프레스, 2006.

정보통신부, "정보통신산업 상품 및 서비스 분류체계," 2005.

정인근·이명무, "Supply Chain Management 도입의 주요 성공요인," 「한국SCM학회지」, 1(1), 2001, 41-50

정호원, "경영전략으로서의 전자상거래", 네트워크트랜드, 1997

조남규, "CBD 도입을 위한 실천적 방법," 「정보처리학회지」, 10(3), 2003, 111-117.

최승은·김효근, "기업의 e-transformation 수준 평가모델 개발에 관한 연구", 「경영정보학연구」, 15(2), 2005,219-239.

한국인터넷진흥원, "2006년 상반기 정보화실태조사." 2006.8.

한국전산원, "공공기관의 CIO 제도 도입에 있어서의 현안문제와 대응방안," 1998.

한국전산원, "전자상거래를 위한 보안기술 체계 및 요소기술에 대한 이해," 1996.6

한국전산원, “SLA를 강화한 정보시스템 운영계약 참조모델,” 2004.10.

한국전산원, 「알기 쉬운 ITA : 경영혁신의 첫걸음」, 2006.

한국전산원, 「정보기술아키텍쳐 안내서」, 2003.12.

한국전자거래진흥원, “국내기업의 e-비즈니스 현황 조사,” 2005.12

Amir, M. and Leon, F., “Establishing Project Control : Schedule, Cost and Quality”, Sam Advanced Management Journal, 1999

CIO Insight, “The CIO Insight Research Study: Leadership”, 2003. 11.

Earl, M. J., “Information Systems Strategy Formulation”, in R. J. Boland, Jr. and R. Hirschheim(eds.), Critical Issues in information Systems Research, Wiley, New York, 1987.

Earl, M. J., “Experiences in Strategic Information Systems Planning”, MIS Quarterly, 17(1), 1993.

Fox T. L. and spence, J. W., “the Effect of Decision style on the Use of a Project Management Tool : An Empirical Laboratory Study”, ACM SIGMIS Database, 36(2), 2005.

George, J. F. and King, J. L., “Examining the Computing and Centralization Debate”, communications of the ACM, 34(7), 1991, 63-72.

Hammer, M. and Champy, J., “Reengineering the Corporation: A Manifesto for Business Revolution”, Harper Business New York, 1993.

Hirschheim, R, A., “Office Automation : A Social and Organizational Perspective”, Wiley, New York, 1985.

Johnson, R.A., “The Ups and Downs of Object-Oriented Systems Development”, communications of the ACM, 43(10), 2000, 69-73.

Kalakota, r. and Whinston, A., “Frontier of Electronic Commerce”, Addison-Wesley, New York, 1996.

Karlsen, J.T. and Gottschal k, P., “Project Manager Roles in IT Outsourcing”, Engineering Management Journal, 18(1), 2006, 3-9

Lacity M. C. and Willcocks L. P., “An Empirical Investment of Information Technology Souring Practices: Lesson form Experience”, MIS Quarterly, 22(3), 1998, 363-408.

Laudon K. C. and Laudon J. P., “Management Information System”, Organization and Technology(3rd ed.), Macmillan, New York, 1994.

Laudon, K. C. and Laudon, J. P., "Management Information Systems: Managing the Digital Firm(8th ed).", Prentice-Hall, Upper Saddle River, 2004.

Lederer, A. and Mendelow, A. L., "Information Resource Planning : Overcomming Difficulties in Identifying Top Management's Objectives", MIS Quarterly, 11(3), 1987

Lederer, A. L. and Sethi, V., "The Implementation of Strategic Information Systems Planning Methodologies", MIS Quarterly, 12(3), 1988.

McLead, R., Jr., "Management Information Systems(6th ed.)", Prentice-Hall, Englewood Cliffs, 1995.

O'Brien, J. A., "Management Information Systems: Management Information Systems: Management Technology in the Networked Enterprise", McGraw-Hill Inc., 1996.

Pan, S.L. and Lee, J.N., "Using E-CRM for A Unified View of The Customer", Communications of the ACM, 46(4), 2003, 95-99

Prince, T., Information Systems for Management Planning and Control , Irwin, Homewood, 1996.

Ralph, M. S. and Reynolds, G. W., "Fundamentals of Information Systems", Tomson Learning, Inc., 2003.

Rockart, J. F., "Chief Executives Define Their Own Data Needs", Harvard Business Review, Mar./Apr. 1979, pp. 81~91.

Ryggles, R. L., "Knowledge Management Tools, Butter worth - Heinemann", Boston, 1997.

Scott, G. M., "Principles of Management Information Systems", McGraw-Hill, New York, 1986.

Taylor, J. C., "Participative Design: Linking BPR and SAP with an STS Approach", Journal of Organizational Change Management, 11(3), 1998, 233-245

Weiss, J. W. and Anderson, Jr.,D., "CIOs and IT Professionals as Change Agents, Risks and Stakeholder Managers : A Field Study", Engineering Management Journal, 16(2), 2004, 13-18.

Zmud, R. W., "Information Systems in Organizations", Scott, Foresman and Co., Glenview, 1983.

Index
색인

ㄱ

ㅁ

ㅂ

ㅅ

ㅇ

저자약력

이재영

청주대학교 경상대학 무역학과 졸업(경영학사)
청주대학교 대학원 무역학과 수료(경영학석사, 경영학박사)

현 청주대학교 경제통상학부 무역학전공 전임강사

국제통상전략연구원 원장 (현), 청주세관 이의신청 심의위원, 한국전자거래진흥원 이러닝 수출전략연구회 연구위원, 청주대학교, 충남대학교, 우송대학교 강사

저서

정보화시대 무역의 이해(우용출판사, 2007)

논문

"중국의 반덤핑제도에 관한 연구", "WTO 기술무역협정과 위생 및 식물검역협정과의 주요 쟁점 연구", "한국 기술무역의 수출 강화 방안" 외 다수

경영정보의 이해

2011년 2월 23일 초판 인쇄
2011년 2월 26일 초판 발행

저자 / 이재영
발행인 / 고우용
발행처 / 우용출판사
등록일 / 1997년 11월 25일
출판등록 / 제 313-1997-139호
주소 / 서울특별시 마포구 망원1동 338-53
전화번호 / 02) 324-6577
팩시밀리 / 02) 324-6177

정가 / 19,000원

ISBN / 978-89-6249-021-3 93320

www.choolpansa.com